Karl H. Grünauer

Katholische Religion

Probleme unserer Zeit aus christlicher Sicht

9./10. Jahrgangsstufe

ISBN 3-89291-**618**-7

Unterrichtspraxis SEKUNDARSTUFE I

KARL-HANS GRÜNAUER

Weltreligionen

unter religiösen und sozial-ethischen Gesichtspunkten

• TAFELBILDER • FOLIENVORLAGEN • ARBEITSBLÄTTER mit LÖSUNGEN

Inhaltsübersicht:

1. Auf der Suche nach einem höheren Wesen
2. Völker suchen Gott
3. Wie und warum beten Menschen?
4. Ist der Mensch ein religiöses Wesen?
5. Was verbindet die Weltreligionen?
6. Wie können wir die Weltreligionen vergleichen?
7. Was wir über den Islam wissen wollen!
8. Was islamischen Gläubigen wichtig ist!
9. Der Prophet Mohammed - Leben, Berufung und Wirken
10. Was das Verhältnis Christen und Mohammedaner stark belastete!
11. Wie leben islamische Mitschüler nach ihrem Glauben?
12. Wie gläubige Muslime leben
13. Welche religiösen Pflichten erfüllen Muslime?
14. Ehen mit Ausländern
15. Muslime bei uns - einander besser verstehen
16. Muslimische Kultur bei uns - wir müssen sie nur entdecken!
17. Wie sich Christentum und Islam kulturell bereicherten
18. Was Christen und Muslime unterscheidet und verbindet
19. Was wir über das Judentum wissen wollen!
20. Was jüdischen Gläubigen wichtig ist!
21. Jüdische Gläubige erinnern sich ihrer Geschichte
22. Der Jahreskreis im jüdischen Kalender
23. Die Juden - das Volk vieler Völker
24. Wo fanden Juden ihr Zuhause?
25. Wichtiges über das Judentum
26. Info-Text: Feste und Feiern der Juden
27. Judentum und Christentum haben gemeinsame Wurzeln oder: Wie aus dem jüdischen Paschafest das christliche Osterfest wurde!
28. Info-Text: Eliezer Ben-Yehuda - der Mann, der die Bibelsprache wiederbelebte
29. Info-Text: Wurde Edith Stein als gläubige Katholikin oder als geborene Jüdin umgebracht?
30. Was wir über den Hinduismus wissen wollen!
31. Der Hinduismus - die älteste Religion der Welt
32. Religionen aus Fernost, aber doch sehr nah!
33. Das große Bad
34. Info-Text: Die Götterwelt der Hindus
35. Welchen Weg gehen Hindus bis zur Erlösung?
36. Mahatma Gandhi (1869-1948) - ein bedeutender Hindu
37. Was wir über den Buddhismus wissen wollen!
38. Wer gründete den Buddhismus?
39. Der Buddhismus war anfangs eine Mönchs-bewegung
40. Der Buddhismus im Fernen Osten - und doch so nah!
41. Die wichtigsten Glaubensinhalte des Buddhismus
42. Das Wesen der buddhistischen Religion
43. Mandalas - Wegweiser für die Reise ins Innere
44. Was ist Meditation?
45. Was wir über das Christentum wissen wollen!
46. Was Christen wichtig ist!
47. Die 7 Sakramente der katholischen Kirche - was bedeuten sie?
48. Was feiern Christen beim Gottesdienst?
49. Warum glauben Christen an ein Leben nach dem Tod?
50. Wer war Jesus Christus?
51. Jesus Christus - sein Leben und Wirken und wie ihn damals die Menschen beurteilten!
52. Die "Ameise" im Land der Mapuche - Wie Christen missionieren und in aller Welt helfen!
53. Wie kann sich der Mensch von Schuld befreien?
54. Warum Jugendsekten nichts mit echter Religion zu tun haben!
55. "Das Problem des Überlebens"

Weltreligionen
Nr. 615 *120 Seiten* € 17,90

Unterrichtspraxis SEKUNDARSTUFE I

KARL-HANS GRÜNAUER

Ethik

Nach ethischen Maßstäben entscheiden + handeln

• TAFELBILDER • FOLIENVORLAGEN • ARBEITSBLÄTTER mit LÖSUNGEN

Inhaltsübersicht:

Nach ethischen Maßstäben entscheiden und handeln
Sich entscheiden und stets richtig handeln?
Situationen, in denen ich mich entscheiden muss
Den anderen achten, verstehen und annehmen Immer diese Entscheidungen! Situationen, in denen ich mich entscheiden muss! Sich richtig entscheiden. Wie verhalte ich mich gegenüber dicken Mitschülern? Sei fair! Monis Gast. Wie können wir verlassenen Tieren helfen? Pflanzen brauchen Pflege. Sinnvolle Freizeit - sinnlose Freizeit
Wege zur Entscheidungsfindung
Handeln oder nicht handeln? Sind Streiche immer lustig? Die Folgen einer Handlung wahrnehmen und abschätzen können
Wie verhalten wir uns bei Konflikten?
Eigene innere Einstellungen bei Entscheidungs- und Handlungskonflikten
Verletzt, verärgert, wütend. Mit Konflikten leben lernen. Sympathisch - unsympathisch. "Mobbing" - eine böse Form der Konfliktbewältigung. Ein "prägendes" Jugenderlebnis mit Konsequenzen. Steine für oder gegen den Konflikt?
Möglichkeiten der Konfliktlösung
Sich Konflikten stellen und Konflikte wagen. Beispiele der Versöhnung. Wie soll sich Kurt entscheiden? Zeichen und Gesten der Versöhnung. Durch Konfliktbewältigung innerlich reifen Versöhnung - Verständnis - Vertrauen - Frieden
Woran sollen wir uns orientieren? Maßstäbe, die in einigen Bereichen unser Handeln beeinflussen können
Was haben Spielregeln, Brauchtum und Schulordnung gemeinsam? Sich an Normen orientieren. Sich an Maßstäben orientieren
Maßstäbe, denen eine umfassende Regelungsfunktion zukommt
Die Zehn Gebote des Volkes Israel. Muss man sich immer an Gebote und Gesetze halten? Ein schlechtes Gewissen haben ... Gewissen haben bedeutet ... Wie können wir uns das Gewissen vorstellen? Gebote und Verbote
Richtlinien und Orientierungspunkte Werte - Normen - Achtung der Menschenwürde
Welche Werte sind für andere wichtig? Unsere "Werte" - Pyramide. Werte und Tugenden sehen Jugendliche und Erwachsene unterschiedlich. Was für andere gilt, muss nicht für mich gelten! Stadt ohne Gesetze. Was Lehrlinge und Ausbilder von Arbeitstugenden halten! Was ist jungen Leuten wichtig? Schlecht fürs Image? Welche Werte sind für uns Menschen besonders wichtig? Menschenwürde - was ist das? Verletzung der Menschenwürde - was ist das?
Soziale Kompetenz entwickeln und stärken

Ethische Maßstäbe
Nr. 616 *88 Seiten* € 15,90

Unterrichtspraxis

KARL-HANS GRÜNAUER

Ethik

Ethische Grundfragen in der Literatur

• TAFELBILDER • FOLIENVORLAGEN • ARBEITSBLÄTTER mit LÖSUNGEN

Inhaltsverzeichnis

1. Elisabeth von Thüringen und Mutter Teresa: Für andere - einfach nur - da sein
2. Es gibt nichts Gutes, außer man tut es! Oder: Die Fabel vom großen Löwen und der kleinen Maus
3. Veronika am Kreuz und ai: Warum alte Überlieferungen sehr aktuell sein können!
4. Vom Nachmachen und Nachahmen: Ist Tarzan ein Vorbild?
5. Die Frage aller Fragen: Was zählt wirklich auf der Welt?
6. Wunschlos glücklich? Auf der Suche nach dem Hemd des Glücklichen (Leo Tolstoi)
7. Ein echter Hans im Glück - oder: Wie man sich selbst in die eigene Tasche lügt!
8. Die drei Wünsche eines Ehepaares (Johann Peter Hebel)
9. Eine Frage der inneren Einstellung: Die lebenslustige Sonne und die missmutige Wolke
10. Übermut tut selten gut - oder: Die Fabel vom frechen Flachfisch
11. Auf der Suche nach dem großen Glück - auch eine Frage des Mutes
12a. Was ist Glück? Antworten aus dem Alten und Neuen Testament
12b. Was ist Glück? Was weise Männer und das einfache Volk dazu sagen!
13. Jeder sagt, er sieht das gleiche - und doch ist es verschieden!
14. Wie nehmen wir die Welt wahr? Im Land der Hinkenden ist der normal Gehende die Ausnahme!
15. Eine Frage der Konzentration: Wenn ich stehe, dann stehe ich!
16. Die Zeit stellt viele Fragen: Dreiundfünfzig Minuten
17. Das Problem, Außenseiter zu sein: Allein und ohne Freunde
18. Wie Konflikte entstehen: Die beiden Geschichten von der Nuss
19. Diebstahl oder nicht? Die Geschichte von der Möhre (Peter Härtling)
20. Der erste Schritt zum Frieden: Fehlt vielleicht nur eine einzige Stimme?
21. Gewaltlosigkeit: Das Harte und Starke wird fallen
22. So lassen sich Konflikte vermeiden!
23. Kain und Abel - oder: Die uralte Geschichte vom Neid und von der Missgunst
24. Abraham und Lot - oder: Die Geschichte, wie Konflikte ohne Gewalt gelöst werden können!
25. Schafft endlich den Krieg ab!
26. Bewaffneter Friede, ein Kriegsgedicht von Wilhelm Busch?
27. „Für den Frieden gerüstet?" fragt Carl Friedrich von Weizsäcker
28a. „Hiroshima!" ein Gedicht von Marie Luise Kaschnitz
28b. „Ich bedauere absolut nichts!" - und die Frage der Schuldfähigkeit
29. Für Gewaltlosigkeit in der Geschichte gibt es viele Beispiele: Lao-tse, Christus, Gandhi
30. Eine Frage des Gewissens
31. Die Wozu-Frage, gestellt von Luise Rinser
32. Das Gleichnis von der Eisenbahn - oder: Wohin geht unsere Lebensreise? (Erich Kästner)
33. Der Tunnel - oder: Was kommt danach? (Friedrich Dürrenmatt)
34. „Ich kann nicht!" - oder: Wie man sich selbst am besten nicht verwirklicht!
35. Der kranke Regenwurm - Das Leben ist ein Risiko oder: Wenn die Angst lähmt!
36. Was ist Freiheit? oder: Bei keiner Frage gehen die Meinungen so weit auseinander!
37. „I have a dream" - Visionen und Utopien von Martin Luther King
38. SOS-Kinderdörfer - die Lebensaufgabe des Österreichers Hermann Gmeiner
39. Fragen an den Wind, gesungen und getextet von Bob Dylan
40. „Es ist der Name für das blanke Metall..." oder: Darf für alles Geld verlangt werden?
41. Vom Haben und nicht haben (müssen)
42. Etwas besitzen wollen - sich an etwas erfreuen - oder: Wozu ist eine Blume gut?
43. Haben wollen und Sein - Der Kompromissvorschlag des Johann Wolfgang von Goethe
44. Die Geschichte vom Eichenwald - ein modernes Märchen?
45. Albert Schweitzers Umweltерziehung: Die Ehrfurcht vor dem Leben ist Erziehungsziel Nr. 1
46. Franz von Assisi: Ist das Leben schützenswert? - Und: Wer hat die Welt so schön erschaffen?
47a. Ich bin für meine Rose verantwortlich, sagte der kleine Prinz
47b. Man sieht nur mit dem Herzen gut, sagte der Fuchs
48. Der eigensüchtige Riese, mehr als ein Märchen von Oscar Wilde
49. Luis Trenker: „Wer nie fortgeht, kommt nie heim!"
50. Wo ist das Göttliche geboren? fragt eine alte Hindu-Legende

Ethische Grundfragen i. d. Literatur
Nr. 617 *102 Seiten* € 16,50

Unterrichtspraxis SEKUNDARSTUFE I

KARL-HANS GRÜNAUER

Ethik

In sozialer Verantwortung leben + lernen

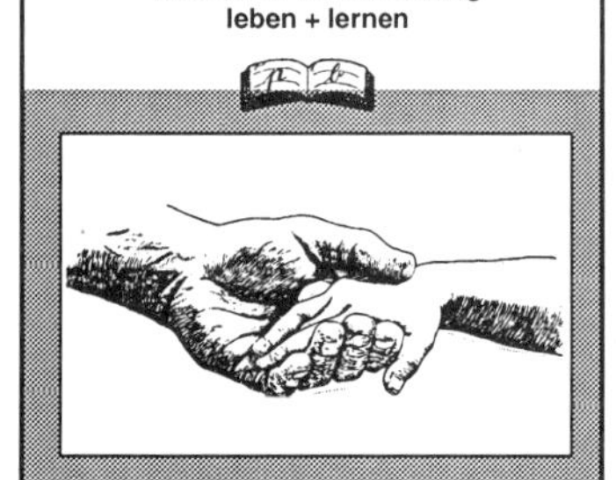

• TAFELBILDER • FOLIENVORLAGEN • ARBEITSBLÄTTER mit LÖSUNGEN

Inhaltsübersicht:

Wahrnehmen von Personen
Personenwahrnehmung
Stärken und Schwächen - wie nehme ich sie bei anderen wahr? Wie nehmen wir Dinge wahr? Vorurteile erkennen - Wie kommt man Vorurteilen auf die Spur? Wie und warum entstehen Vorurteile? Wer gibt Vorurteile weiter? Vorurteile sind Pauschalurteile! Schwierige Situationen beobachten und einschätzen lernen!
Folgerungen aus der Personenwahrnehmung
Achtsam miteinander umgehen (1): Wie Konflikte entstehen? Achtsam miteinander umgehen (2): Konflikte vermeiden. Miteinander rücksichtsvoll umgehen: Umgangsformen
Miteinander leben und lernen
Der Einzelne vor dem eigenen Urteil
Kein Mensch ist vollkommen - Jeder hat Stärken und Schwächen. Sollen wir einem Idealbild entsprechen? Garantiert Erfolg in der Schule auch Erfolg im Leben? Was gibt mir Mut - was gibt mir Hoffnung? Ich möchte lernen und verstehen - Wer unterstützt mich? Test: Überprüfe deine Arbeit in der Schule. Sich selbst kritisch prüfen - wie geht das? Selbstkritik - wer übt sie gerne gegen sich selbst? Warum fällt Selbstkritik so schwer?
Der Einzelne und das Urteil anderer
Wie finde ich meine Rolle als ...? Persönliche Entfaltung erfordert Kompromissbereitschaft. Miteinander leben ist nicht immer leicht!
Verantwortung für Kinder in schwierigen Situationen. Kinder bei uns und in anderen Ländern
Kinder im Krieg. Worunter Kinder in aller Welt leiden. Behinderte haben Probleme. Wie hat Helen Keller ihr Leben gemeistert? Wege aus einer wortlosen Welt. Wir haben Verantwortung gegenüber behinderten Kindern. Die schwierige Situation von behinderten und kranken Kindern nachempfinden können. Behinderten Kindern helfen - aber wie? Hilfe durch Handel(n) Steyler Missionare berichten von einer philippinischen Insel. Kinder brauchen Hilfe (auch bei uns!)
Soziale Verantwortung: anderen in Not helfen
Der Einzelne als Helfer
"Das Schlimme ist, dass unsere Arbeit nichts bessert!" Warum arbeitet Barbara im Altenheim? - Menschliche Probleme. Wie hilft der CARITAS-Verband Not leidenden Menschen? Brauchen Behinderte Hilfe nur vom Staat? Warum brauchen ausländische Mitbürger unsere Hilfe? Helfen - aber wie? - Die "Ameise" im Land der Mapuche. Wie hilft die Kirche in aller Welt? Sehen, wo Hilfe gebraucht wird! "Wie kann Gott so viel Leid zulassen?" Warum arbeitet Schwester Andrea in den Slums von Kalkutta? Wie hilft UNICEF? Misereor hilft in der ganzen Welt
Der Einzelne als hilfsbedürftige Person
Telefonseelsorge - warum?

Soziale Verantwortung
Nr. 614 *110 Seiten* € 17,50

Stand der Preise 2003 - Bitte beachten Sie unsere aktuelle Preisliste!

Inhaltsverzeichnis

❶ "Die Würde des Menschen ist unantastbar" - einander achten und helfen

❷ Jesus Christus - Anstoß und Herausforderung

❸ Kirche in der Geschichte - Ringen um die Verwirklichung des Evangeliums

❹ An Grenzen stoßen - die Hoffnung nicht aufgeben

"Die Würde des Menschen ist unantastbar" - einander achten und helfen

Beachtung der Menschenwürde und der Menschenrechte als grundlegende Fundamente unserer Gesellschaft
Entwicklung eines Gespürs für den Wert und die Würde des Menschseins
Aufmerksam werden auf die biblische Botschaft, dass jeder Mensch von Gott gewollt und geliebt ist
Erkenntnis, dass das Eintreten für Menschenrechte und für das Recht auf Leben zum Grundauftrag der Christen gehört
Leitlinien zum Schutz des menschlichen Lebens finden und umsetzen

❶ Damit das Leben ein Geschenk bleibt - den Menschen und seine Würde schützen

● Fall 1: Ist "Nachsitzen" Freiheitsberaubung? - Fall 2: Darf diese CD gespielt werden?	AB, Texte
● Die Menschenwürde und das Grundgesetz	AB, Texte
● Recht auf Leben und Freiheit der Person	AB, Text, Fragen
● Wann bist du ein Mensch? - Schwangerschaftsabbruch pro und contra!	AB, Text, Fragen
● Mensch vom ersten Augenblick an!	AB, Text, Fragen, Bild
● Mensch, bis zum letzten Augenblick!	AB, Text, Fragen
● "Haben Sie den letzten Willen schriftlich?"	AB, Text, Fragen
● Dürfen Ärzte Sterbehilfe leisten?	AB, Texte, Fragen
● Gehörlose im III. Reich	AB, Text, Fragen
● Eingriffe in das Erbgut - ja oder nein?	AB, Text
● Gewalt gegen Menschen	AB, Texte, Fragen
● Jeder Mensch hat ein Recht auf Leben	AB, Texte, Fragen, Folie
● Menschen auf der Flucht	AB, Texte, Fragen, Folie
● Flucht und Vertreibung	AB, Fragenkatalog

Gestaltung einer Klassen- oder Schulausstellung zum Thema Menschenrechte

❷ Jeder Mensch ist einmalig und unverwechselbar - Geschöpf und Abbild Gottes

● Anwalt des Lebens sein	AB, Texte, Fragen, Folie
● Als der liebe Gott mithalf, eine Kirche zu bauen	AB, Text
● Ein Glück, Leben als Geschenk zu bekommen	AB, Text, Fragen
● Der Mensch vor Gott	AB, Texte, Bilder
● Der Herr ist mein Hirte	AB, Texte, Fragen, Bild

Diskussion über Lebensstadien und -entwicklungen des Menschen als freie und eigenverantwortliche Person
Biblische Aussagen reflektieren und meditieren

Hinweis:
Ergänzende Unterrichtsmaterialien aus dem **pb-Verlag Puchheim** zu diesem Lernziel finden Sie in:
Katholische Religion 5, In Gemeinschaft miteinander leben und glauben
Thema 6: Menschen in Not - Begegnung kann verändern
Katholische Religion 6: Eigene Interessen und Fähigkeiten entdecken und entfalten
Thema 5: Mit Anforderungen umgehen - Orientierung für unser Handeln finden
Katholische Religion 7: Auf der Suche zu sich selbst
Thema 2: Mit Konflikten leben lernen - Modelle der Konfliktlösung
Katholische Religion 8: Lebensplanung und Sinnfindung
Thema: 6: Den eigenen Weg suchen - was dem Leben Halt und Richtung gibt

Ethik (Band 1) In sozialer Verantwortung leben und lernen

Rechte und Gesetze
Thema 2: Die Bedeutung von Grundrechten im demokratischen Staat

RELIGION	Name:	Klasse:	Datum:	Nr.

Fall 1: Ist "Nachsitzen" Freiheitsberaubung?

Marco muss nach der Schule sofort nach Hause. Das hat ihm seine Mutter, alleinerziehend, berufstätig, zwei Kinder, beim Frühstück dringend eingeschärft: „Ich habe einen Termin, bei dem es um einen wichtigen Auftrag geht. Du musst auf deine kleine Schwester aufpassen, die Babysitterin kann nicht."
Sechste Stunde. Werkraum Kunst. Eine neunte Klasse. Auf dem Lehrplan steht Modellieren mit Ton. Die Lehrerin verteilt den klebrig-feuchten Werkstoff auf die einzelnen Plätze. Die Klasse ist beschäftigt. Als die Stunde sich ihrem Ende nähert, beginnen einige Schülerinnen und Schüler hinter dem Rücken der Lehrerin mit dem nassen Ton herumzualbern. Ein Schüler wirft einen Klumpen Ton durch die Klasse, der Getroffene wirft zurück, in kurzer Zeit ist die Schlammschlacht im Gang. Als es klingelt, hängen Tonklumpen an der Tafel, an den Fenstern, und der Boden ist total vermatscht. Die Lehrerin, die dem Radau mit verschränkten Armen zugesehen hat, schließt den Werkraum ab, steckt den Schlüssel ein und sagt: „Ihr hattet euer Vergnügen, jetzt kommt die Arbeit. Der Raum wird so nicht verlassen. Erst wenn ihr picobello aufgeräumt habt, schließe ich wieder auf." Marco verweist auf seine Zwangslage, ein anderer Schüler protestiert: „Die Reinigung ist im Service drin - das müssen wir nicht machen." Die Lehrerin bleibt unerbittlich - die Klasse muss aufräumen. Erst nach einer Viertelstunde ist sie zufrieden und lässt Schülerinnen und Schüler gehen. Marco kommt eine Stunde zu spät nach Hause, seine Mutter ist empört, ihr Auftrag ist weg. Sie verklagt die Lehrerin wegen Freiheitsberaubung. Wer hat recht?

Arbeitsaufgaben: ✍ ☺ ✋ ♡

❶ Spielt zuerst folgende Situationen in einem Rollenspiel: a) Lehrerin und Klasse b) Mutter und Marco
❷ Welche Gründe hat die Mutter, die Lehrerin zu verklagen?
❸ Wie würdest du als Richter/Richterin urteilen?
❹ So lautete das Urteil:
Nachsitzen, eine andere Form des Einsperrens, war in diesem Fall eine Erziehungsmaßnahme, für die es in den Schulgesetzen eine ausreichende Grundlage gibt. Die Lehrerin bekam recht, die Klage wurde abgewiesen. Das bedeutet aber nicht, dass Grundrechte nicht auch für Schüler gelten. Früher war das umstritten. Erst das Bundesverfassungsgericht hat klargestellt, dass es im Rechtsstaat keine "besonderen Gewaltverhältnisse" geben darf, in denen Grundrechte keine Geltung haben.

Fall 2: Darf diese CD gespielt werden?

Laut dröhnt die Anlage im städtische Jugendzentrum „Tornado". Es läuft ein Lied der Gruppe "Volkszorn" aus der CD „Alles für Deutschland": „Große kleine Punker schlagen, tausend dumme Türken jagen, das ist das, was uns gefällt." Wutentbrannt rennt Jochen aus seinem Büro und drückt die Stopptaste. Mit einem Mal ist es in dem halbdunklen Raum totenstill. Maik nimmt einen Schluck aus seiner Bierflasche und knallt sie auf die Theke. Sein Kumpel - kahlrasierter Schädel, schwere Schuhe - grinst den Sozialarbeiter an. Im Hintergrund lümmeln sich sechs Halbwüchsige, alles Kleiderschränke in Sweat-Shirts und Trainingshosen, auf dem geplatzten Sofa. „He, Alter - was soll denn der Stress", sagt Maik, „ich denke, bei uns ist Meinungsfreiheit angesagt." Jochen will gerade zu einer flammenden Rede ansetzen, in der die Worte „Volksverhetzung", „Grenzen der Meinungsfreiheit", „Menschenwürde" und "Gleichheit vor dem Gesetz" einen Ehrenplatz haben - da stoppt ihn Gerd, sein älterer Kollege, mit einer Handbewegung. Gerd zeigt auf die Wand hinter der Theke. Dort hängt ein handgeschriebenes Plakat, „Spielregeln" überschrieben. Paragraph eins: Keine Waffen. Zwei: Keine Drogen. Drei: Keine politische Propaganda. „Dagegen habt ihr verstoßen", sagt er zu der Gruppe. „Das bedeutet: Zwei Wochen Aufräumdienst - alles klar?" Jochen will protestieren. Gerd zieht ihn mit ins Büro. "Die muss man doch anzeigen", protestiert er. Gerd antwortet: „Die wollten Dich provozieren, ist doch klar. Wenn wir sie anzeigen, sind sie weg - und dann verlieren wir ganz den Kontakt."

Arbeitsaufgaben: ✍ ☺ ✋ ♡

❶ Anzeigen oder nicht? Wie denkt ihr darüber?
❷ Wie weit dürfen rechts- oder linksradikale Parolen und Lieder toleriert werden?
❸ Wie denkt ihr über folgende Aussage:
Jochen hat recht - Volksverhetzung ist unter Strafandrohung untersagt. Auch das Grundrecht auf Meinungsfreiheit hat Grenzen: nämlich da, wo Strafgesetze oder die Würde anderer Menschen verletzt werden. Vermutlich vernünftig aus der Sicht des Sozialpädagogen handelt Gerd.
❹ Wie denkt ihr aus christlicher Sicht über den Liedtext?
❺ Gegen welche Grundrechte verstößt der Liedtext?

Fallbeispiele aus: PZ, Nr. 96 12/98, Bonn/Wiesbaden

RELIGION	Name:	Klasse:	Datum:	Nr.

Die Menschenwürde und das Grundgesetz

Im Artikel 1 (GG) steht folgendes:
"(1) Die Würde des Menschen ist unantastbar. Sie zu achten und zu schützen ist Verpflichtung aller staatlichen Gewalt.
(2) Das deutsche Volk bekennt sich darum zu unverletzlichen und unveräußerlichen Menschenrechten als Grundlage jeder menschlichen Gemeinschaft, des Friedens und der Gerechtigkeit in der Welt.
(3) Die ... Grundrechte binden Gesetzgebung, vollziehende Gewalt und Rechtsprechung als unmittelbar geltendes Recht."
Dieser Artikel ist als Leitprinzip der Verfassung von größter Bedeutung. In der Wertordnung des Grundgesetzes verkörpert die Menschenwürde den obersten Wert. Wie bedeutend die Menschenwürde in unserem Staat gesehen wird, sieht man auch daran, dass dic Rechtsprechung im Falle einer Verletzung des Artikels 1 die Verfassungsbeschwerde zulässt.
Dieses in jedem Sinn erste Grundrecht ist in dieser Form eine Neuheit der deutschen Verfassungsgeschichte. Es ist die eindeutigste Reaktion auf die Menschenverachtung des Nationalsozialismus. Dieses Grundrecht schützt die Unantastbarkeit der Würde des Menschen als den höchsten Rechtswert überhaupt. Die Unantastbarkeit der Menschenwürde bildet den Mittelpunkt des Wertesystems des Grundgesetzes. Darüber hinaus bildet das Bekenntnis zu den Menschenrechten die Grundlage jeder menschlichen Gemeinschaft. Schließlich binden die Grundrechte alle staatliche Gewalt und begründen ein demokratisches Verständnis vom Staat. Eine Änderung des Grundgesetzes, die die in Artikel 1 niedergelegten Grundsätze berührt, ist nach Artikel 79 Abs. 3 unzulässig.

Zum Nachdenken!
Wenn diese "Norm der Normen" in ihrer Allgemeinheit auch völlig unbestritten ist, verhinderte das nicht, dass es in der Geschichte der Bundesrepublik immer wieder Konflikte über das durch diesen Artikel geschützte Gut gab. Beispiele dazu wären:
a) die Reichweite von Befehl und Gehorsam in der Bundeswehr
b) die Behandlung von Strafgefangenen ("Kontaktsperregesetz")
c) die Genforschung (menschliches Leben aus der Retorte)
oder d) der Schutz der Privatsphäre.
Hier besteht immer wieder die Gefahr, dass in technischen Fortschritten die Versuchung auch zu solchen Kontrollen des Privatlebens liegt, die durch keinen grundgesetzkonformen Zweck begründet sind. Beispiele dazu sind:
a) der maschinenlesbare Personalausweis, der mit der schnellen und lückenlosen Grenzkontrolle begründet wurde
b) das weltweite Buchungssystem der Fluggesellschaften, das jederzeit Pläne und Standort eines Reisenden feststellen lässt
Die Würde des Menschen wird schon dort berührt, wo er nicht mehr weiß, welche Informationen über ihn wem bekannt sind. Der Preis des Fortschritts der elektronischen Datenverarbeitung sind die unendlichen Möglichkeiten des Missbrauchs. Vor allem in der heutigen Zeit der automatischen Datenverarbeitung ist es notwendig, dass der Einzelne selbst bestimmen kann, welche personenbezogenen Angaben er weitergibt.

Arbeitsaufgaben:
❶ In den meisten Staaten der Welt werden Menschenrechte verletzt. Nur die massivsten Verstöße finden intenationale Aufmerksamkeit. Stellt Beispiele zusammen und berichtet darüber vor der Klasse!
❷ Informiert euch über die Aufgaben der Menschenrechtsgruppe "amnesty international" und berichtet vor der Klasse!
❸ Diskutiert folgende Fragen:
a) Wann kann die Genforschung gegen Menschenrechte verstoßen?
b) Warum kann der Datenschutz auch Menschenrechtsschutz sein?
c) Gelten die Grundrechte auch für Strafgefangene?

RELIGION	Name:	Klasse:	Datum:	Nr.

Recht auf Leben und Freiheit der Person

Im Art. 2 (GG) steht folgendes:
(1) Jeder hat das Recht auf die freie Entfaltung seiner Persönlichkeit, soweit er nicht die Rechte anderer verletzt und nicht gegen die verfassungsmäßige Ordnung oder das Sittengesetz verstößt.
(2) Jeder hat das Recht auf Leben und körperliche Unversehrtheit. Die Freiheit der Person ist unverletzlich. In diese Rechte darf nur auf Grund eines Gesetzes eingegriffen werden.

Dieser Artikel, der insgesamt vier Grundrechte (freie Entfaltung der Persönlichkeit, Leben, körperliche Unversehrtheit und Freiheit der Person) enthält und der auch am Beginn des Katalogs stehen könnte, besagt, dass mit dem Leben des Menschen das Recht zu leben unauflöslich verknüpft ist. Dieses Recht schließt ein, dass es ein Leben in Freiheit ist, das heißt, dass dem Menschen über Gewissens- und Gedankenfreiheit hinaus auch ein Handlungsspielraum mitgegeben ist, der nur unter den in Abs. 1 genannten Bedingungen beschränkt werden darf. Da auch die Rechte anderer, die verfassungsmäßige Ordnung und das Sittengesetz an die Grundrechte gebunden sind, unterliegen Freiheiten und ihre Grenzen denselben Schranken. Damit sind mit den Konflikten aus Grundrechtskollisionen auch die Lösungswege wie Verhältnismäßigkeit oder Güterabwägung vorgezeichnet.
Art. 2 beinhaltet auch das Recht, dass die Freiheit nicht durch willkürliche Festnahmen, überlange Untersuchungshaft oder vergleichbare Eingriffe beschränkt werden darf. Wenn diesem Grundrecht ein hoher Wert zukommt, so wird man heute angesichts der zunehmenden organisierten Kriminalität Verständnis für eine Verschärfung der Regeln über die vorläufige Festnahme aufbringen müssen: Die politische Kontroverse um diesen beispielhaften Grundrechtekonflikt wird so schnell nicht mehr verstummen, da die ihn auslösenden Probleme zunehmen werden. Die Kontrahenten stellen die Argumente einander gegenüber, dass die große Zunahme zum Beispiel der Eigentumsdelikte nur durch verschärfte Maßnahmen von Polizei und Gerichten einzudämmen sei, während von anderen in diesen Maßnahmen eine Beschränkung der Freiheit gesehen wird, die auch durch die Zunahme der Kriminalität nicht gerechtfertigt sei. Bei der hier notwendigen Güterabwägung können sich mit der Veränderung der Verhältnisse immer auch Meinungsverschiebungen ergeben. Festzuhalten bleibt, daß die Beschränkung dieses Grundrechts notwendig wird zur Sicherung anderer Grundrechte wie desjenigen auf Eigentum. Dass die Rechtsgarantien bei Freiheitsentzug erst im Art. 104 GG genauer ausgeführt sind, ist wegen des engen Zusammenhangs mit Art. 2. bedauerlich, war aber angesichts der angewandten Rechtssystematik wohl nicht zu vermeiden. Ebenso wird man die mit Art. 102 abgeschaffte Todesstrafe in Verbindung mit dem Recht auf Leben nach Art. 2 sehen müssen.
Am Recht auf körperliche Unversehrtheit wird man den Wandel, den Grundrechte durchlaufen, besonders deutlich sehen. War damit ursprünglich die Erinnerung an die Morde und Körperverletzungen durch KZ-Schergen verbunden, die auf alle Zeit ausgeschlossen sein sollten, so wird man mit diesem Grundrecht heute eher Eingriffe in die Gesundheit verbinden, die durch industrielle und gesellschaftliche Entwicklungen ausgelöst werden. Sowohl die Produktion hochgiftiger Chemikalien in eng besiedelten Räumen wie die Zunahme des Straßenverkehrs- andere Giftquellen sind leicht auszumachen - beeinträchtigen heute die körperliche Unversehrtheit.
Abgesehen davon, dass es sich auch hierbei meist um Grundrechtskollisionen, im letzten Beispiel mit dem Recht auf Mobilität, handelt, liegt das Problem der Berufung auf Art. 2 Abs. 2 darin, dass die Versehrtheit des Körpers, z. B. durch Krebs, nicht mit einem einzelnen Auslöser (z. B. Dieselruß), in engem zeitlichen Zusammenhang oder gar durch direkte Einwirkung zu begründen ist. Das freilich fordert dieser Artikel auch nicht. Die Frage ist, ob das Recht auf körperliche Unversehrtheit des Einzelnen auch einzuklagen ist über die statistische Wahrscheinlichkeit, dass eine Erkrankung oft Jahrzehnte nach Erhalt einer niedrigen Strahlendosis ausbricht. Zumindest wird man aus Art. 2 Abs. 2 ableiten können, dass der Staat verpflichtet ist, durch weiter zu verschärfende Umweltgesetze alles zu tun, um auch die Wahrscheinlichkeit einer körperlichen Versehrtheit möglichst gering zu halten.

Arbeitsaufgaben: ✍ ☺ ✋ 💡

❶ Welche vier Grundrechte beinhaltet Artikel 2 des Grundgesetzes?
❷ Welche Rechte stehen dem Grundrecht der freien Entfaltung der Persönlichkeit gegenüber?
**❸ Welche Grundrechtskollisionen gibt es bei der vorbeugenden Verbrechensbekämpfung.
Denkt an den Lauschangriff oder das Kontaktsperregesetz?**
❹ Was bedeuten die Begriffe "Verhältnismäßigkeit" und "Güterabwägung"?
❺ Wie hat sich das Grundrecht auf körperliche Unversehrtheit gewandelt?
❻ Welche Idee stand ursprünglich hinter diesem Grundrecht?
❼ Warum steht der Arbeitsschutz heute in Zusammenhang mit dem Recht auf körperliche Unversehrtheit?
❽ Kennt ihr noch andere Konflikte aus Grundrechtskollisionen?

RELIGION	Name:	Klasse:	Datum:	Nr.

Wann bist Du ein Mensch?

"Jeder hat das Recht auf Leben und körperliche Unversehrtheit." Aber was ist menschliches Leben? Gilt dieses Recht auch für den Embryo im Mutterbauch? Der Artikel 2 der Grundrechte gibt auf diese Frage keine Antwort. Zweimal bereits musste sich das Bundesverfassungsgericht mit dem Abtreibungsparagraphen 218 des Strafgesetzbuches befassen: 1975 verwarf es die sogenannte Fristenregelung, nach der in den ersten zwölf Wochen die Abtreibung straffrei bleiben sollte. Im Urteil formulierten die Richter vier Gründe, aus denen ein Schwangerschaftsabbruch straffrei bleiben könne: 1. Wenn die Schwangerschaft auf eine Vergewaltigung zurückgeht, 2. aus medizinischen Gründen, 3. wenn die Erbanlagen des Embyos geschädigt sind, 4. aus sozialen Gründen.
Dieser sogenannten "Indikationslösung" schloss sich der Gesetzgeber dann an.
Nach der Wiedervereinigung dann, im Juli 1992, suchte der Bundestag einen Kompromiss mit dem in den neuen Bundesländern weitergeltenden DDR-Recht: In den ersten zwölf Wochen sollte die Abtreibung straffrei sein, wenn die Schwangere sich mindestens drei Tage vor dem Eingriff hat beraten lassen. Das Bundesverfassungsgericht akzeptierte diese Neuordnung des Abtreibungsrechts nur mit deutlichen Einschränkungen; es verhinderte aber nicht den Abschied vom Strafrecht. Wie der Staat seiner Schutzpflicht nachkommt, muss der Gesetzgeber entscheiden. Nur wenn ein effektiver Schutz des ungeborenen Lebens nicht anders erreichbar sei, müsse der Schwangerschaftsabbruch notfalls bestraft werden. (Ausnahme, wenn Leben oder Gesundheit der Schwangeren in Gefahr, der Embryo geschädigt ist oder die Schwangerschaft auf Vergewaltigung zurückgeht). Damit ließen die Verfassungsrichter Raum für das "Beratungskonzept". Vom Strafgesetz an sich missbilligte Schwangerschaftsabbrüche können in den ersten zwölf Wochen straffrei gestellt werden, sofern eine qualifizierte Beratung der Schwangeren durchgeführt wird. Die Beratung soll das Ziel verfolgen, sie zu ermutigen, das Kind auszutragen. Das Gesprächsangebot soll Informationen über soziale, wirtschaftliche und praktische Hilfen für ein Leben mit dem Kind vermitteln. Die endgültige Entscheidung bleibt aber dann der Frau überlassen. Seit 1995 ist diese Regelung Gesetz.

Zum Nachdenken:
Schwangerschaftsabbruch pro und contra!

In der Diskussion über der Abtreibungsparagraphen 218 stehen sich unterschiedliche Auffassungen und Wertvorstellungen unversöhnlich gegenüber. Die Entscheidung des Bundesverfassungsgerichts ist rechtlich verbindlich - die Diskussion beenden konnte sie nicht.
Pro: In den ersten Wochen der Schwangerschaft ist der Embryo noch eine Zellansammlung ohne eigene Persönlichkeit. Abtreibung ist daher nicht als Tötung anzusehen. In vielen Ländern ist die Abtreibung bis zur zwölften Woche völlig freigegeben, so dass sie sogar als Mittel zur Familienplanung angewandt wird (etwa in Ländern des ehem. Ostblocks).
Contra: Der menschliche Embryo ist vom ersten Augenblick an ein menschliches Wesen - moderne wissenschaftlich-medizinische Erkenntnisse bestätigen das. Die Abtreibung eines menschlichen Embryo kann nicht nach den gleichen Maßstäben bewertet werden wie die Entfernung eines Blinddarms oder einer Geschwulst.
Pro: Das Recht, über eine Abtreibung zu entscheiden, hat allein die Frau ("Mein Bauch gehört mir!"). Staat, Kirche, Familie sollen sich aus dieser Entscheidung heraushalten.
Contra: Das werdende Kind ist medizinisch gesehen ein Teil der Mutter. Doch ist es nicht deren "Besitz". Kinder sind nie Eigentum der Eltern, über das sie selbstherrlich verfügen könnten. Sie haben von Anfang ihrer Existenz an ein von der Mutter unabhängiges Recht auf Leben, das allerdings in Konflikt mit den Lebensrechten der Mutter geraten kann.
Pro: Abtreibung gänzlich zu verbieten ist sinnlos und gefährlich. Frauen, die sich in einer verzweifelten Lage befinden und abtreiben wollen, werden somit Kurpfuschern ausgeliefert. Unzählige Frauen würden ihr Leben verlieren, wie die Erfahrungen der Vergangenheit zeigen.
Contra: Abtreibung ist Mord. Er geschieht an unschuldigen, wehr- und hilflosen Wesen. Die massenweise Tötung ungeborenen Lebens ist gleichzustellen mit der Vernichtung der Juden durch die Nazis. Frauen, die ihre Kinder töten, und alle, die dabei mitmachen, müssen strafrechtlich verfolgt werden.
Pro: Wer Abtreibung mit Mord vergleicht, beleidigt Frauen und nimmt ihre Notlage nicht ernst. Die meisten Frauen, die abtreiben wollen, befinden sich in einer subjektiv ausweglosen oder verzweifelten Lage. Keine schwangere Frau wird ihr ungeborenes Kind bedenkenlos abtreiben. Eine Gesellschaft, die nicht bereit ist, ausreichend zu helfen, hat auch nicht das Recht, eine Frau zum Austragen der Schwangerschaft zu zwingen. Die soziale Lage vieler schwangeren Frauen ist bedrückend, vor allem, wenn sie schon mehrere Kinder haben, in einer zu kleinen Wohnung leben, erwerbstätig sein müssen und keine genügende Unterstützung durch den Vater des Kindes bekommen.
Contra: Keine Frau in Deutschland muss aus materieller Not ein Kind abtreiben, denn für jedes Kind kann gesorgt werden. Notfalls kann die Mutter ihr Kind zur Adoption freigeben. *Michael Bechtel, in: PZ Extra 12/98*

RELIGION	Name:	Klasse:	Datum:	Nr.

Mensch, vom ersten Augenblick an!

Artikel 2 (2) GG:
Jeder hat das Recht auf Leben und körperliche Unversehrtheit.

Zu den schwierigsten Fragen, die in Zusammenhang mit obigem Artikel 2 des Grundgesetzes verhandelt werden, gehört die Frage des Schwangerschaftsabbruches. Diese Frage ist rechtlich letztlich nicht zu entscheiden. Warum? In der Kontroverse um den Paragraphen 218 nehmen beide Seiten Grundrechte für sich in Anspruch. Die Befürworterinnen der Schwangerschaftsunterbrechung machen vor allem das Recht auf freie Entfaltung der Persönlichkeit geltend. Die Gegner der Abtreibung berufen sich auf das Recht auf Leben (des ungeborenen Kindes).
Auf der einen Seite werden vor allem das Recht der Mutter auf ein menschenwürdiges Leben und auf ihre allgemeine Handlungsfreiheit vorgetragen. Auf der anderen Seite stehen die Argumente jener Frauen, die das Recht des ungeborenen Kindes auf Leben uneingeschränkt einfordern.
Diese Kontroverse konnte auch das Bundesverfassungsgericht nicht abschließend klären. Die katholische Kirche vertritt die Position, dass das Recht auf Leben des ungeborenen Kindes den absoluten Vorrang habe und dass damit ein Schwangerschaftsabbruch in jedem Fall moralisch und gesetzlich ausgeschlossen werden müsse.
Befürworter des Schwangerschaftsabbruchs argumentieren, dass es bei menschlichem Leben nicht um biologische Funktionen allein, sondern um die Möglichkeiten eines würdigen Lebens von Kind und Mutter gehen müsse. Die medizinische Indikation im Hinblick auf ein später schwerstbehindertes Kind ist eine der Konsequenzen aus dieser Einstellung.
Welcher Seite man nun auch zustimmen mag, sicher ist, dass der Schutz des werdenden Lebens nicht unbedingt durch strafrechtliche Maßnahmen zu gewährleisten ist, weil sich diese nach aller Erfahrung als untauglich erwiesen haben.
Wenn im Vordergrund der Schutz des werdenden, also des besonders schwachen Lebens steht, so verliert eine Strafe ihren Sinn, die hier fast ausschließlich dem alten Rachegedanken zuzuordnen wäre. Selbst zur Abschreckung kann die Androhung von Strafmaßnahmen gerade in diesem Konfliktfall nicht dienen. Andererseits wäre mit dem Grundgesetz eine gesetzliche Regelung unvereinbar, die den Schwangerschaftsabbruch - egal bis zu welchem Zeitpunkt - als erlaubt erklärte, da dies gegen die grundsätzliche Schutzwürdigkeit des Lebens und der körperlichen Unversehrtheit verstieße.
Festzuhalten ist: Die Anbindung des Rechts auf Leben an das Naturrecht jeglicher Tradition gibt dabei dem schutzlosen Kind Vorrang vor sozialen Komplikationen der Mutter oder der Eltern.

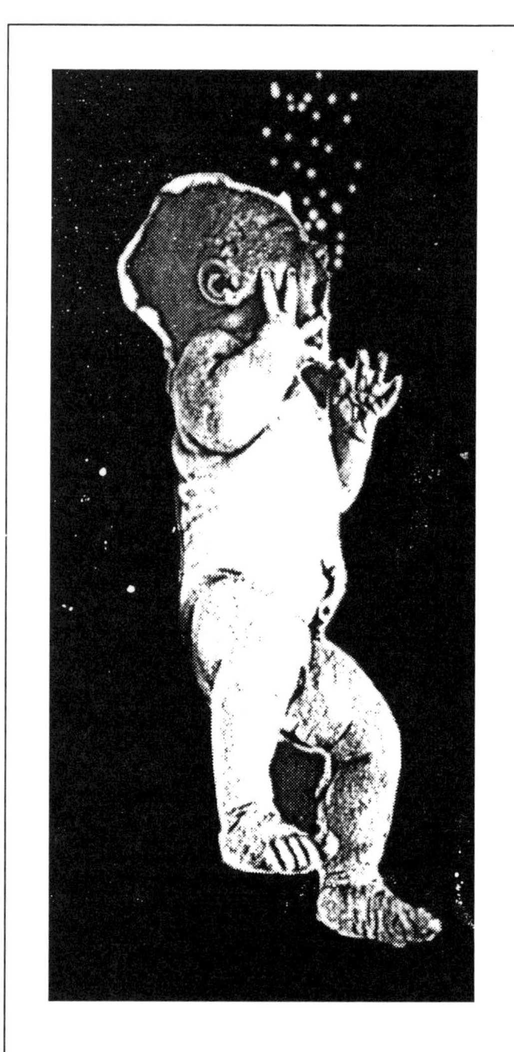

Arbeitsaufgaben: ✍ ☺ ✋ 💡

❶ **Darf die "Abtreibung auf Krankenschein" ein Grund sein, den Schutz des Lebens aufzugeben?**
❷ **Kann der Schutz des Lebens mit dem Strafrecht allein gesichert werden?**
❸ **Warum kann der Schutz des Lebens vor allem durch persönliche und gesellschaftliche Einstellungen gewährleistet werden?**
❹ **Welche Argumente lassen sich aus christlicher Sicht für den Schutz des ungeborenen Lebens finden?**

RELIGION	Name:	Klasse:	Datum:	Nr.

Mensch, bis zum letzten Augenblick!

„Ich bin direkt von der Schule, und so mit vielen Theorien über Sozialarbeit, in eine Einrichtung gekommen, die für "doppeltbelastete Menschen" besteht: im Altenheim für psychisch Kranke.
Deswegen hatte ich am Anfang auch große Schwierigkeiten, da ich mich gleichzeitig auf das Alter und seine Folgen (z.B. Pflegebedürftigkeit) und auf psychische Krankheiten einstellen musste. Besondere Schwierigkeiten machte mir die körperliche Pflege der Menschen, da dadurch für mich ihre Hilflosigkeit und Abhängigkeit deutlich wurde. Ich empfand den Anblick eines alten Körpers als unangenehm und merkte, dass ich die alten Menschen erstmal als Menschen kennen lernen wollte, ohne sie als "Pflegeperson" zu betrachten.
Glücklicherweise hatte ich dort sehr verständnisvolle Kolleginnen und Kollegen, und so gab es für mich die Möglichkeit, in den ersten zwei Monaten die Pflege auszulassen und die Menschen auf andere Weise kennen zu lernen. Durch diese Entscheidung war der seelische Druck erstmal von mir genommen, obwohl mir klar war, dass die Pflege eines Tages mit dazugehören würde. Im ersten Monat habe ich dies verdrängt und habe mir gewünscht, dass es sich von allein entwickeln würde - was dann auch geschah.
Unter den 32 Bewohnern gab es eine Frau, die besonders pflegebedürftig war, und merkwürdigerweise habe ich mich - man kann fast sagen - in sie verliebt. Sie war 85 Jahre alt und nicht bettlägerig, aber durch den körperlichen Abbau auf unsere Hilfe angewiesen. Sie musste gewaschen, gewickelt und gefüttert werden. Diese Hilflosigkeit hat mich nicht abgeschreckt, da diese Frau für mich wie für alle Mitarbeiter etwas Besonderes ausstrahlte. Obwohl sie nicht mehr hören und auch nicht mehr richtig sprechen konnte, strahlte sie eine wahnsinnige Liebe aus, die jeden automatisch anzog.
Ich fand das sehr beeindruckend, dass ein Mensch so viel Liebe geben kann, obwohl er so "behindert" ist. Ich habe angefangen, sie zu füttern und habe mich mit ihr angefreundet. Ich weiß, dass sie meinen Namen nie gewusst haben kann, aber ich glaube, sie mochte mich genauso wie ich sie. Irgendwann hatte ich Lust, ihre ganze Pflege zu übernehmen und habe mir alles von der Kollegin, mit der ich mich am besten verstand, zeigen lassen. So hat es sich ergeben, dass ich nach und nach auch andere Bewohner waschen konnte, ohne Magenschmerzen zu haben. In dieser Zeit ist mein Selbstvertrauen sehr gewachsen - ich war richtig stolz auf mich. So langsam wurden die Einrichtung und die Arbeit wie ein zweites Zuhause für mich. Viele Mitarbeiter haben sich mit mir gefreut und mir oft gesagt, dass ich mich gut eingelebt hätte und man mir vom Gesicht ablesen könnte, wie wohl ich mich fühlte.
Ich bekam in dieser Zeit Angst vor dem Tag, an dem Frau H. sterben und mir etwas Liebgewordenes verloren gehen würde. Am meisten hatte ich Angst davor, dass sie stirbt, während ich weg bin. Ich wäre sogar am liebsten bei ihrem Tod dabei gewesen, um so den Schlusspunkt für diese Beziehung finden zu können. Auf jedem Seminar hatte ich diese Gedanken in mir. Als es dann soweit war, habe ich eine Lösung für mich gefunden, die es mir leichter machte. Ihr Sterben hat drei Tage gedauert, und am zweiten Tag habe ich ihr schon gewünscht, dass sie nicht so lange leiden muss. Sie ist in der Nacht gestorben, so dass ich nicht dabei war. Und als ich zum Frühdienst kam, bin ich zu ihr gegangen und habe sie zusammen mit einer Kollegin gewaschen und angezogen. Dabei habe ich Abschied von ihr genommen. Ich brauchte noch nicht einmal zu weinen, weil ich das Gefühl hatte, dass alles gut so war. Ich habe sie gestreichelt, obwohl ich wusste, dass sie diese Nähe nicht mehr fühlen konnte. Plötzlich empfand ich so etwas wie Fremdheit, die vorher nie dagewesen war, weil ich sah, dass der Körper zwar noch da war, aber die Seele nicht mehr.
Auch als ich später ihre Sachen in Kisten und Koffer einpackte, war ich ausgeglichen und froh. Ich glaube, es war gut für mich, alles so hautnah mitzuerleben. So war mir dieser Tod verständlich und nicht wie bei den anderen Bewohnern, die im Krankenhaus gestorben sind oder sterben, völlig fern und unvorstellbar. Manchmal denke ich, dass es schade ist, dass die Frau nie gewusst hat, was sie für mich bedeutete. Die erste Zeit hat sie mir sehr gefehlt, und ich hatte plötzlich zwei bis drei Stunden mehr Zeit am Tag. Gleichzeitig hatte ich Angst, eine andere intensive Beziehung zu einem Bewohner bzw. einer Bewohnerin aufzubauen, da ich wusste, dass mein Jahr bald zu Ende sein würde.
Trotz alledem habe ich inzwischen wieder einige alte Menschen, die ich lieb habe und mit denen ich möglichst viel mache. Im Nachhinein überlege ich, ob ich aus dieser Situation gelernt habe, dass ich den Tod mir noch näher stehender Menschen auf diese Weise verstehen und verkraften kann. Auf jeden Fall verspüre ich in mir den Wunsch, dass bei meinem Sterben jemand dabei ist - und meine Hand hält."

entnommen aus:
Das Diakonische Jahr - ein Programm kirchlicher Jugendarbeit, hrsg. von Wilhelm Gerwig und Friedrich Sticht, für den Arbeitskreis Freiwillige Soziale Dienste Stuttgart, edition aej Stuttgart 1986, Verlagswerk der Diakonie Stuttgart

Arbeitsaufgaben:

❶ Wie denkt ihr über diese Geschichte?
❷ Gibt es "unwertes Leben", wie der Nationalsozialismus meinte?
❸ Schlagt im Lexikon zum Begriff "Euthanasie" nach! Erklärt!
❹ Warum verdienen Kranke, Behinderte, Alte, Arme, Fremde und Ausgestoßene aus christlicher Sicht besonderen Schutz?

RELIGION	Name:	Klasse:	Datum:	Nr.

"Haben Sie den letzten Willen schriftlich?"

Zur Würde des Menschen gehört es, in Würde sterben zu dürfen. Viele verbinden damit die Forderung, das Selbstbestimmungsrecht des Menschen gesetzlich auch auf sein Sterben auszudehnen. Welche Reehte hat der Patient?
Marta L., 87 Jahre alt, leidet an Alterszucker und Arteriosklerose. Die Verkalkung hat zum geistigen Verfall geführt: Sie ist seit drei Jahren bettlägrig, Altenpflegerinnen müssen sie betreuen wie ein Wickelkind. Die Tochter kommt zweimal die Woche. Aber Marta L. erkennt sie selten und nur für kurze Momente.
Wegen eines Zucker-Komas kommt Marta L. dann in eine Klinik. Der Zucker wird neu eingestellt, die Patientin könnte entlassen werden. Aber Untersuchung folgt auf Untersuchung - die Tochter fragt vergeblich nach dem Sinn einer Bauchspiegelung. Schließlich platzt ihr der Kragen: „Lassen Sie meine Mutter endlich in Frieden sterben!" „Haben Sie den Willen Ihrer Frau Mutter, nicht behandelt zu werden, schriftlich?“ fragt der Chefarzt.
Der Fall ist typisch - Patientenverfügungen haben Angehörige selten zur Hand, wenn es ernst wird. Und auch die werden nicht immer respektiert. In Bayern ist deshalb durch Gesetz geregelt, dass jeder, der eine Betreuungs-Verfügung niederschreibt, sie kostenlos beim Amtsgericht seines Wohnortes hinterlegen kann. So soll gesichert sein, dass die Wünsche im Notfall mit gerichtlichem Nachdruck berücksichtigt werden können.
Patientenverfügungen stützen sich auf Paragraph 226 des Strafgesetzbuches. Danach bedarf ein medizinischer Eingriff der Einwilligung des Patienten. Kann er seinen Willen nicht mehr selbst äußern, soll die Verfügung verhindern, dass die Ärzte ihm „durch Mutmaßungen einen Willen unterstellen“. Oder dass sie ihn für unzurechnungsfähig erklären, wenn er etwas anderes will als sie.
Den oft geäußerten Wunsch nach dem erlösenden Medikament, der erlösenden Spritze (aktive Sterbehilfe) können Ärzte nach dem Gesetz ohnehin nicht erfüllen. Aber sie entscheiden, wie lang die Behandlung fortgesetzt wird. Die moderne Apparatemedizin, so viele Leben sie rettet, ist in einem bestimmten Stadium keine Hilfe mehr, sondern Bedrohung. Sie verlängert das Sterben.
Den älteren Ärzten sitzt bei diesem Thema „noch der Hitler im Genick“. Die Jungen sind eher unbelastet, da hört man oft: „Was man jedem Tier zubilligt, darf der Mensch nicht haben.“ Doch es gibt auch Warnungen: Wer als Arzt im Pflegeheim arbeitet, dem fallen bei der Frage nach der Sterbehilfe sofort einige Aasgeier von Verwandten ein.
Ärzte, die so etwas denken oder sagen, müssen sich immer öfter die Gegenfrage gefallen lassen: „Was treibt Sie an, Leben so sinnlos zu verlängern?“
Bei den evangelischen Christen reicht das Meinungsspektrum vom Recht auf einen gütigen Tod bis zur Mahnung, dass ein Christ seinen Tod nicht selbst bestimmen dürfe. In der katholischen Kirche gilt das als klares Gebot. Passive Sterbehilfe darf über „Hilfe beim Sterben“ nicht hinausgehen. Sogar die Einstellung der Behandlung bei einem unheilbar Hirnverletzten aber sei "Verfügung über das Leben selbst".
Die Volksvertreter haben bislang jede gesetzliche Regelung abgelehnt: Aktive Sterbehilfe berge „außerordentliche Gefahren des Missbrauchs“. Tötung auf Verlangen, inzwischen in einigen europäischen Ländern unter bestimmten Voraussetzungen straffrei, soll strafbar bleiben. Die passive Sterbehilfe (Verzicht auf lebensverlängernde Maßnahmen) entziehe sich einer gesetzlichen Regelung: Sie bleibe in jedem Fall eine Gewissensentscheidung des Arztes, weil die konkrete Situation sich nicht in Vorschriften hineinzwängen lasse.
Die letzte Verantwortung bleibt bei den Ärzten: Wo hört die unterlassene ärztliche Hilfeleistung auf, wo fängt die verantwortliche passive Sterbehilfe an? Die „Grundsätze zur ärztlichen Sterbebegleitung“, die der Vorstand der Bundesärztekammer im September 1998 verabschiedet hat, sagen erneut Nein zu jeder Sterbehilfe. Allerdings stellen sie klar: Trotz der Pflicht des Arztes zur Lebenserhaltung könne es Situationen geben, in denen Maßnahmen zur Lebensverlängerung nicht mehr angebracht sind. Entscheidend sei der Patientenwille. Bei nicht mehr einwilligungsfähigen Patienten, die keine schriftliche Willenserklärung abgegeben haben, hat das Vormundschaftsgericht das letzte Wort. Dies wird durch die derzeitige Rechtsprechung bestätigt, wie ein Beschluss des Oberlandesgerichts Frankfurt vom Juli 1998 zeigt.

Alois Kottmair, in: PZ Extra 12/98, Bonn, Wiesbaden

Arbeitsaufgaben: ✍ ☺ ✋ ♡

❶ Was versteht man unter dem Begriff "passive Sterbehilfe"?
❷ Was meint "aktive Sterbehilfe"?
❸ Soll der Arzt in jedem Fall das Sterben verlängern?

❹ Zum Nachdenken:
"Nichts hält die Natur auf - die Blätter fallen, wenn es die Jahreszeit so will" (Volksweisheit)
"Worüber ich mich immer wieder wundere, ist dies: Es gibt auf der Welt über 30 Millionen Gesetze, um die Zehn Gebote durchzuführen" (Albert Schweitzer)

RELIGION	Name:	Klasse:	Datum:	Nr.

Dürfen Ärzte Sterbehilfe leisten?

Fall 1: Dr. H. darf nicht beim Sterben helfen - Er will einer Gelähmten weitere Leiden ersparen
Daniela (27) wird bei einem Verkehrsunfall schwer verletzt und ist seitdem vom Hals abwärts gelähmt. Nur der Kopf lässt sich noch drehen, sie kann sprechen. Mit der Zunge kann sie im Notfall einen Alarmknopf drücken.
Durch den Bruch der Halswirbel ist das Schmerzempfinden der Patientin unvorstellbar gestiegen. Jede Berührung der Haut wird zu einer Tortur. Jahrelang erträgt die Patientin diese entsetzlichen Qualen. Aber irgendwann kam der Moment, wo Resignation den Lebensmut besiegte.
Daniela sagt: „Ich denke, dass jeder erwachsene Mensch das Recht haben muss zu sagen, dass er jetzt nicht mehr kann.“ Und: „Ich bete jeden Tag zu Gott, dass er mich sterben lässt. Denn was auch immer nach dem Tod sein wird, es wird besser sein als das, was jetzt ist. Ich weiß nicht, ob Gott mir einen Freitod verzeihen wird. Ich muss es darauf ankommen lassen. Ich will sterben.“

Fall 2: Darf Dr. D. aktive Sterbehilfe leisten?
Ist dieser Mann zu verurteilen? Ganz offen bekannte Chefarzt Dr. Sven D. von der Aids-Spezialklinik am Akademischen Medizinischen Zentrum in Amsterdam: "Wir haben einen Aids-Patienten von seinen Qualen erlöst. Auf seinen ausdrücklichen Wunsch hin, mit einer tödlichen Giftspritze."
Das Geständnis einer Tat, die zwei Namen hat. Aktive Sterbehilfe ist der eine. Mord der andere. Doch wo liegt die Grenze? Tatsache ist: Noch nie standen die Ärzte einer Krankheit so hilflos gegenüber wie Aids. Noch immer ist ihr Kampf gegen die tödliche Seuche aussichtslos.
Die Amsterdamer Ärzte beschlossen den Aids-Kranken im Endstadium human, schmerzlos und würdevoll sterben zu lassen. Und ihm ein qualvolles, langwieriges, unerträgliches, unmenschliches Dahinsiechen zu ersparen.
Aids rückt damit die Diskussion um die Sterbehilfe in ein ganz neues Licht. Denn ist die Krankteit einmal ausgebrochen, gibt es für den Betroffenen keine Rettung mehr. „Sterbehilfe ist ein vielschichtiges Problem“ , erklärt der Münchner Rechtsanwalt Lutz Libbertz. „Wir unterscheiden zwei Arten. Beim Amsterdamer Beispiel handelt es sich um aktive Sterbehilfe. Sie zielt darauf ab, den Patienten zu töten. Das ist strafbar und muss strafbar bleiben. Daneben gibt es noch die passive Sterbehilfe. Dabei bemüht sich der Arzt nicht mehr, das Leben des Patienten zu verlängern, und nimmt seinen Tod beiliegend in Kauf. Das bleibt straffrei.“
Deshalb wurde, so glaubt Anwalt Libbertz, auch das Verfahren gegen den deutschen Professor H. eingestellt, der seiner todkranken Krebspatientin Hermine Eckert vier Gramm Zyankali überließ.
„Bis zur endgültigen Klärung leisten wir keine Sterbehilfe mehr, obwohl schon mehrere Patienten darum gebeten haben, sagt Dr. Bernhard K. , Professor H.'s Stellvertreter in der Eubios-Klinik. „Grundsätzlich sind wir aber dafür, wenn bestimmte Voraussetzungen erfüllt sind. Der Patient muss unheilbar krank und die Behandlung aussichtslos sein, so wie bei Aids.“
Eine andere Lösung nennt Hans-Leo Hoesch, Vizepräsident der Deutschen Gesellschaft für humanes Sterben, in Augsburg: Unsere Mitglieder erhalten erst nach einer Wartefrist eine Broschüre mit detaillierten Selbstmord-Anleitungen. Darin steht, welche Medikamente zum Tod führen und wo sie ohne Rezept erhältlich sind, zum Beispiel in Frankreich oder den Niederlanden. Die Ein-Jahres-Frist dient dazu, unüberlegte Kurzschluss-Selbstmorde zu vermeiden. Wer allerdings ein positives Aids-Zeugnis vorlegt, bekommt die Broschüre sofort." *Michael Timm, in: Bunte 21/87*

Arbeitsaufgaben: ✍ ☺ ✋ 💡

❶ Was versteht man unter aktiver Sterbehilfe?
❷ Was versteht am unter passiver Sterbehilfe?
❸ Ist aktive Sterbehilfe Mord?
❹ Welche Meinung vertritt der Münchner Rechtsanwalt?
❺ Hat sich bis heute an dieser Rechtsauffassung (§ 216 verbietet Tötung auf Verlangen) etwas geändert?
❻ Warum muss das Leben auch im Endstadium unter dem Schutz der Rechtsordnung stehen?
❼ Wie siehst du als Christ die Frage der Sterbehilfe?
❽ *Unterstreicht bei folgenden Aussagen Argumente gegen die Sterbehilfe rot!*
humanes, schmerzloses und würdevolles Sterben ist gewährleistet - Töten ist immer strafbar - kein qualvolles, langwieriges, unerträgliches, unmenschliches Dahinsiechen ist gegeben - Erleichterungen beim Sterben und leidenslindernde Maßnahmen sind zulässig - Sterbehilfe ist ein Akt der Barmherzigkeit - die Unantastbarkeit menschlichen Lebens ist gefährdet - Selbstmord-Anleitungen helfen Menschen, human zu sterben - dem Missbrauch sind Tür und Tor geöffnet, Fehlentwicklungen drohen - der Arzt hat Anwalt des Lebens zu sein

RELIGION	Name:	Klasse:	Datum:	Nr.

Gehörlose im Dritten Reich

Am 31. Januar 1933 ergriffen die Nationalsozialisten die Macht in Deutschland. Damit begann für alle Gehörlosen und viele Tausend Behinderte eine verhängnisvolle Zeit. Die Sterilisierung „Erbkranker“ und die Vernichtung „lebensunwerten“ Lebens war aber keine Erfindung der Nazis. Sie wurde lange vor Hitler bereits angebahnt. Sie wurde aber von den Nazis bis zur grausamen und menschenverachtenden Endkonsequenz durchgeführt. Am 14. Juli 1933 wurde in Nürnberg das „Gesetz zur Verhütung erbkranken Nachwuchses“ verkündet. Es brachte unendliches Leid über viele Gehörlose. Etwa 16.000 taubgeborene Menschen wurden in der Zeit des Nationalsozialismus zwangssterilisiert. Das bedeutete: Frauen wurden unfruchtbar gemacht, damit sie keine Kinder mehr gebären konnten. Die Nazis sagten: „Blindgeborene, Taubgeborene und andere Behinderte sind für das deutsche Volk wertlos. Sie schaden dem ganzen Volk. Sie dürfen sich nicht vermehren. Das deutsche Volk braucht gesunde, starke Menschen, keine unheilbar Kranken.“ Die Nazis gingen in ihrem Rassenwahn sogar noch weiter: „Mehrfach behinderte Menschen sind für das ganze Volk schädlich. Sie sind wertlos. Man muss ihnen Hilfe zum Sterben geben. Man darf sie töten. Das ist erlaubt.“

Euthanasie ist ein griechisches Wort und bedeutet soviel wie „schöner Tod“. Sterbehilfe.

Die „Heil- und Pflegeanstalt Hadamar“ war eine grausame Tötungsanstalt. Viele Tausend mehrfach behinderte Menschen wurden dort während des Dritten Reiches ermordet. So wie Frau M. Sie ist 57 Jahre alt, gehörlos. Am 26. Juli 1941 wird sie von der Anstalt Kalmenhof nach Hadamar gebracht. Fünf Tage später bekommt ihre Familie einen Brief: Keine Besuche! Keine Briefe! Keine Pakete! 18 Tage später erreicht die Angehörigen ein zweiter Brief aus Hadamar. Frau M. sei an Lungentuberkulose gestorben. Der Brief ist eine Lüge! Frau M. wurde durch eine Spritze mit Gift ermordet. Wie gesagt, viele Tausend Behinderte erlitten das gleiche Schicksal.

Der gehörlose jüdische Künstler David Ludwig Bloch studierte an der Münchner Staatsakademie für angewandte Kunst und bekam dort auf Grund seiner Begabung 1934 ein Stipendium. Wegen seines jüdischen Glaubens wurde er von der Gestapo in das KZ Dachau gebracht. Durch die Hilfe eines amerikanischen Verwandten wurde er freigekauft und floh nach China. In Shanghai lernte er seine gehörlose Frau kennen. Bloch hat in vielen Lithographien die Todeslager der Nazis und die Zerstörung der jüdischen Kultur gemalt. Bloch erinnert sich: „Die Gehörlosen im KZ gehörten mit zu den Ersten, die von der SS zur Ermordung selektiert wurden. Einige von ihnen konnten nur überleben, weil hörende Mithäftlinge unter eigener Lebensgefahr für die Gehörlosen beim Zählappell antworteten.“ Bloch lebt heute als anerkannter Künstler in New York.

Euthanasie ist ein griechisches Wort und bedeutet soviel wie „schöner Tod“. Sterbehilfe.

Text aus Wanderausstellung „200 Jahre Gehörlosenbildung in Bayern“, Reinhard Eisenberg

Arbeitsaufgabe:

Gestaltet unten einen Bild-Aufruf mit einem Appell an die Menschlichkeit!

RELIGION	Name:	Klasse:	Datum:	Nr.

Eingriffe in das Erbgut - ja oder nein?

Im Rahmen eines weltweiten gigantischen Forschungsprojektes sollen bis zum Jahr 2005 die Bausteine des menschlichen Erbguts vollständig entschlüsselt sein. Wird es dann möglich sein, die Anlagen auch für unheilbare Krankheiten vorauszusagen? Und welche Folgen hat das? Diskutiert diese und unten stehende Fragen!

"Wenn es mich nicht gäbe, fände ich das wahnsinnig schade", sagt Heidi M. und lacht ihr lustiges Lachen. Denn hätte ihre Mutter gewusst, welche Gene sie ihrer Tochter vererben würde und hätte sie die heutigen Möglichkeiten zu vorgeburtlichen Gentests nutzen können, gäbe es wahrscheinlich keine Heidi M. Im Erbgut der jungen Frau sitzt eine tödliche Zeitbombe: die Anlage für Chorea Huntington oder den Veitstanz, wie dieses seltene, aber schreckliche Leiden im Volksmund genannt wird. In etwa 15 Jahren vielleicht wird sie die Kontrolle über ihren Körper verlieren und langsam geistig verdämmern. Vielleicht. Vielleicht aber auch nicht. Nicht jede Anlage führt zum Ausbruch der Krankheit.

Die Jagd nach den Genen

Unter dem Motto, das „Buch des Lebens" zu entschlüsseln, begann vor acht Jahren mit dem "Human Genom Project" in Amerika eine beispiellose Hetze nach dem menschlichen Erbgut-vergleichbar nur mit einem großen Goldrausch. Die Nuggets heißen Gene und sie sind viel mehr wert als Gold. Manche jedenfalls. Denn unter den 80 000 bis 100 000 Genen im menschlichen Bauplan - so glauben die Forscher - sind nur wenige wirklich wichtig. Und die lassen sich patentieren, sobald sie isoliert sind.

Wem gehört das Erbgut?

Darf sich ein Forscher wirklich Gene aneignen, und damit Teile des menschlichen Körpers, die nicht er, sondern die Evolution erfunden hat? „Kein Patent auf Leben" fordern die Kritiker. Doch die meisten bisher bekannten Gene befinden sich bereits im Besitz von privaten Firmen oder Institutionen. Der amerikanische „Gen-Crack" Craig Venter, der im Alleingang bereits in drei Jahren das gesamte menschliche Genom entschlüsselt haben will, bekennt ganz offen: „Das ist kein Akt der Nächstenliebe. Es ist Business, Geschäft an vorderster Front von Forschung und Medizin." Das Recht am menschlichen Erbgut bedeutet zugleich das Recht, Gentests zu entwickeln und zu verkaufen.

Gentests können segensreich wirken: Wenn in der Familie Erbkrankheiten vorkommen, kann eine Untersuchung zeigen, ob man selbst davon betroffen ist. Humangenetiker schildern immer wieder die große Erleichterung bei heiratswilligen Paaren, die grünes Licht für Ehe und Kinderwunsch bekommen. Manchmal erzählen sie aber auch von solchen, bei denen die Ampeln auf Rot stehen... Hunderte von Amerikanerinnen haben sich die Signale ihrer Weiblichkeit- ihre Brüste - amputieren lassen, nur weil der Test auf das BRCA 1-Gen, das angeblich für vererbtes Mammakarzinom zuständig ist, positiv ausfiel. Inzwischen weiß man, dass dieser Test nicht mehr Wahrsagekraft besitzt als eine Kristallkugel. Selbst in Hochrisikofamilien - also dort, wo bereits Mutter, Schwestern, Tanten an Brustkrebs verstorben sind - entwickeln nur sieben Prozent der Frauen mit einem positiven Testergebnis auch tatsächlich Krebs. Zum Glück waren die Gynäkologen in Deutschland immer viel vorsichtiger und die Frauen hierzulande weniger hysterisch. Solange es keine vernünftigen Therapien gegen Gen-Schäden gibt- und es wird sie trotz aller vollmundigen Heilsversprechungen noch lange nicht geben -, bleibt das Geschäft mit den Gentests ein Geschäft mit der Angst. Und ein Geschäft gegen die Würde des Menschen. Denn wer will schon wirklich wissen, ob er eines Tages Krebs oder einen Herzinfarkt, Diabetes oder Bluthochdruck, Morbus Parkinson oder Alzheimer bekommt?

Tests für eine schöne neue Welt?

Wenn Genuntersuchungen so selbstverständlich werden wie das Messen des Blutdrucks, so wird das Genprofil zur Voraussetzung für einen Job, für eine Versicherungspolice oder für die Geburt eines Kindes", befürchtet Mark Skolnick, einer der profiliertesten amerikanischen Genforscher. In den USA verlieren Menschen bereits ihre Arbeit, ihren Versicherungsschutz, ihre Adoptionsverfahren, nur weil sie Anlagen in sich tragen, die zum Ausbruch einer Krankheit führen könnten. Die Visionäre einer Branche, die in den nächsten Jahren auf Milliarden Umsätze hofft, wollen selbst Säuglingen und Ungeborenen bald ihre Veranlagung auf Arteriosklerose und Fettleibigkeit, Intelligenz, Musikalität oder gar Gewalttätigkeit attestieren. Doch was fangen wir mit diesem Wissen an? Bei einer Umfrage unter deutschen Schwangeren erklärte fast jede fünfte, dass sie ein Kind mit der Anlage zur Fettsucht abtreiben lassen würde!

Dürfen die Ärzte sortieren?

Von der „Schwangerschaft auf Probe" ist es nicht mehr weit bis zur kontrollierten Zeugung im Labor. Schon jetzt könnten Ärzte die künstlich befruchteten Eizellen von genetisch vorbelasteten Eltern nach dem Motto sortieren: „Die guten in den Uterus, die schlechten in den Ausguss". Doch wer bestimmt, welche „gut" und welche „schlecht" sind? Behindertenverbände warnen eindringlich vor einer Diskriminierung auf Grund von Erbanlagen durch die Hintertür der humangenetischen Beratungsstellen. Die Welt wäre um viele Genies ärmer, „wenn ihren Eltern rechtzeitig Einblick in deren genetische Konstitution gegeben worden wäre, und sie den Muskelschwund von Toulouse-Lautrec, die Homosexualität bei Michelangelo oder die Wachstumsstörungen eines Abraham Lincoln entdeckt hätten", vermutet der Konstanzer Biologe Ernst Peter Fischer. Und ein Kind von Heidi M. wäre vielleicht genauso fröhlich und liebenswert geworden wie sie selbst. Aber wir wissen es nicht. Dieses Kind wird es nie geben.

Erentraud Hömberg, in: PZ Extra 12/98, Bonn, Wiesbaden

RELIGION	Name:	Klasse:	Datum:	Nr.

Gewalt gegen Menschen

Beispiel 1: Aggression in der Familie

Ein Blick in die Statistiken zeigt eine erschreckende Bilanz: Jährlich werden 600 Kinder in der Bundesrepublik Deutschland erschlagen, 60.000 Kinder werden schwer misshandelt, 3.000.000 Kinder werden durch Prügel „erzogen".
Infas befragte die Bundesbürger, in welcher Form sie eine Bestrafung untenstehender Verhaltensweisen befürworten.
Das Ergebnis:

1. Tiere quälen:	1970: 78 %	1976: 81 %	1985: 82%
2. Ehefrau verprügeln:	1970: 62 %	1976: 65 %	1985: 67%
3. Kinder verprügeln:	1970: 60 %	1976: 65 %	1985: 68%

Arbeitsaufgaben: ✍ ☺ ✋ 💡

❶ Was bedeuten diese Zahlen?
❷ Wie denkt ihr darüber?
❸ Worin könnten Gründe dieser "Verrohung" liegen?

Pro Tag werden durchschnittlich neun Tiermisshandlungen gemeldet, dagegen "nur" etwa drei Kindesmisshandlungen pro Monat. Eine Untersuchung ergab, dass ca. 85 von 100 Eltern ihre Kinder schlagen. Eine Nürnberger Zeitung meldete 1984: „Die Zahl der misshandelten Kinder in Nürnberg steigt beängstigend an. Die Gründe liegen oft im sozialen Abstieg vieler Familien als Folge der Arbeitslosigkeit." Als besonders gefährdete Kinder gelten:
- die erst- und letztgeborenen
- die nicht geplanten,
- die nicht ehelich zur Welt gekommenen,
- die längere Zeit von ihren Eltern getrennt lebenden,
- die den Erwartungen der Eltern nicht entsprechenden,
- die Frühgeburten,
- behinderte Kinder,
- Problembabys, die viel schreien und schlecht essen.

Übrigens: Die Tierschutzverbände in der Bundesrepublik zählen eine halbe Million Mitglieder, während der Deutsche Kinderschutzbund ca. 36.000 Mitglieder (Stand 1985) hat.

Beispiel 2: Bettina kommt mit der Puppe in der Hand

Zehn Minuten Umbaupause. Nicht auf der Bühne des Stadttheaters, sondern im Sitzungssaal 128 des Landgerichts Nürnberg-Fürth. Wachtmeister rücken Tische hin und her, tragen Stühle von der einen Ecke des Raumes zur anderen. Die Juristen legen alle ihre schwarzen Roben ab.
Was das soll? Der ganze Aufwand gilt einem 13 Jahre alten Mädchen namens Bettina (Name geändert). Der Gerichtssaal soll auf das Kind nicht bedrohlich wirken. Deswegen haben die Richter auch ihr Podest verlassen und sich im Stuhlkreis zusammengesetzt.
Die Schülerin ist von ihrem Lehrer (43) sexuell missbraucht worden. Es begann mit einer innigen Umarmung und endete mit regelmäßigem Geschlechtsverkehr. Das vom Lehrer geheim gehaltene Verhältnis dauerte eineinhalb Jahre lang.
Mit einer Puppe in der Hand betritt Bettina den Saal. Vom Vorsitzenden Richter wird sie liebevoll, ein wenig großväterlich ungeschickt begrüßt. Wie ferngesteuert geht sie den Weg von der Tür zu ihrem Platz. Der Richter will das Eis brechen. Er erklärt ihr, welche Erwachsenen hier sitzen und dass sie die Wahrheit suchen wollen. Dann plaudert er über die Schulnoten und findet es schrecklich schade, dass Bettina durch ihren Auftritt vor Gericht nicht wenigstens eine Mathe-Probe blaumachen konnte. Es geht in dem Prozeß nicht darum, die 13-jährige nach Details aus ihrem ungewollten und viel zu frühen Sexualleben zu fragen. Das ist nicht nötig, weil der Angeklagte alle Vorwürfe gestanden hat. Dem Gericht ist es viel wichtiger, einen Eindruck von dem Mädchen zu erhalten. Wie hat es die Erfahrung des Missbrauchs verarbeitet? Wirkt das Kind noch sehr gehemmt oder eingeschüchtert? Für das Urteil sind diese Fragen von entscheidender Bedeutung. Nur etwa 20 Minuten dauert das Frage- und Antwortspiel. Man hat den Eindruck, Bettina verlässt den Sitzungssaal entspannter als sie ihn betreten hat.

Arbeitsaufgaben: ✍ ☺ ✋ 💡

❶ Warum führt sexueller Missbrauch bei Kindern zu massiven seelischen Störungen und Schäden?
❷ Warum wird oft in den Medien so wenig über die Menschenwürde bei den Opfern von Verbrechen berichtet?
❸ Was versteht man unter dem Satz "Opferschutz geht vor Täterschutz"?

Text 2 : Harald Baumer, in: PZ Nr. 96 12/98

RELIGION	Name:	Klasse:	Datum:	Nr.

Jeder Mensch hat ein Recht auf Leben

Folienbild:

Beschreibt das Bild: ✍ ☺ ✋ 💡

1. Aus welcher Zeit könnte es stammen?
2. Welche Aufgabe haben die "Aufseher"?
3. Welche Rolle spielen die "Strafgefangenen"?
4. Wer könnte ein solches Bild zeichnen?
5. Welchen Grund gibt es, ein solches Bild zu zeichnen?
6. Welches Verbrechen wird im Bild erkennbar?
7. Warum wird hier gegen die Menschenwürde verstoßen?

Das Bild rechts zeigt eine Kinderzeichnung aus dem Konzentrationslager Theresienstadt, eine Festung unweit Prags. Von den 87.000 Insassen starben 37.000 an Hunger oder Krankheit.

Texte zum Nachdenken:

"Seit dem 22. 7. fährt täglich ein Zug mit je 5.000 Juden von Warschau über Malkinia nach Treblinka, außerdem zweimal wöchentlich ein Zug mit 5.000 Juden von Przemysl nach Belzec ..."
Theodor Ganzenmüller, Reichsverkehrsministerium, am 28. Juli 1942

"Aus dem Generalgouvernement werden jetzt, bei Lublin beginnend, die Juden nach dem Osten abgeschoben. Es wird hier ein ziemlich barbarisches und nicht zu beschreibendes Verfahren angewandt, und von den Juden selbst bleibt nicht mehr viel übrig. Im Großen kann man wohl feststellen, dass 60 Prozent davon liquidiert werden müssen, während nur 40 Prozent bei der Arbeit eingesetzt werden können ...
Die in den Städten des Generalgouvernements frei werdenden Gettos werden jetzt mit den aus dem Reich abgeschobenen Juden gefüllt, und hier soll sich dann nach einer gewissen Zeit der Prozess erneuern."
Joseph Goebbels, Tagebucheintrag am 27. März 1942

"Die Würde des Menschen ist unantastbar. Sie zu achten und zu schützen ist Verpflichtung aller staatlichen Gewalt."
Artikel 1, Grundgesetz der Bundesrepublik Deutschland

RELIGION	Name:	Klasse:	Datum:	Nr.

Jeder Mensch hat das Recht auf Leben

Am Morgen um kurz vor sieben Uhr kündigt man mir an: In zehn Minuten kommt der erste Transport! Tatsächlich kam nach einigen Minuten der erste Zug von Lemberg aus an. 45 Waggons mit 6700 Menschen, von denen 1450 schon tot waren bei ihrer Ankunft. Hinter den vergitterten Luken schauten, entsetzlich bleich und ängstlich, Kinder durch, die Augen voll Todesangst, ferner Männer und Frauen. Der Zug fährt ein: 200 Ukrainer reißen die Türen auf und peitschen die Leute mit ihren Lederpeitschen aus den Waggons heraus. Ein großer Lautsprecher gibt die weiteren Anweisungen: Sich ganz ausziehen, auch Prothesen, Brillen usw. Die Wertsachen am Schalter abgeben, ohne Bons oder Quittung. Die Schuhe sorgfältig zusammenbinden (wegen der Spinnstoffsammlung), denn in dem Haufen von reichlich 25 Meter Höhe hätte sonst niemand die zugehörigen Schuhe wieder zusammenfinden können. Dann die Frauen und Mädchen zum Friseur, der mit zwei, drei Scherenschlägen die ganzen Haare abschneidet und sie in Kartoffelsäcken verschwinden lässt.
Dann setzt sich der Zug in Bewegung. Voran ein bildhübsches junges Mädchen, so gehen sie die Allee entlang, alle nackt, Männer, Frauen, Kinder, ohne Prothesen. Ich selbst stehe mit dem Hauptmann Wirth oben auf der Rampe zwischen den Kammern. Mütter mit ihren Säuglingen an der Brust, sie kommen herauf zögern, treten ein in die Todeskammern! - An der Ecke steht ein starker SS-Mann, der mit pastoraler Stimme zu den Armen sagt: Es passiert Euch nicht das Geringste! Ihr müsst nur in den Kammern tief Atem holen, das weitet die Lungen, diese Inhalation ist notwendig wegen der Krankheiten und Seuchen. Auf die Frage, was mit ihnen geschehen würde, antwortet er: Ja, natürlich, die Männer müssen arbeiten, Häuser und Chausseen bauen, aber die Frauen brauchen nicht zu arbeiten. Nur wenn sie wollen, können sie im Haushalt oder in der Küche mithelfen. - Für einige von diesen Armen ein kleiner Hoffnungsschimmer, der ausreicht, dass sie ohne Widerstand die paar Schritte zu den Kammern gehen - die Mehrzahl weiß Bescheid, der Geruch kündet ihnen ihr Los! - Sie steigen die kleine Treppe herauf und dann sehen sie alles. Mütter mit ihren Kindern an der Brust, kleine nackte Kinder, Erwachsene, Männer und Frauen, alle nackt - sie zögern, aber sie treten in die Todeskammern.
Ich drücke mich in eine Ecke und schreie laut zu meinem und ihrem Gott. Wie gern wäre ich mit ihnen in die Kammern gegangen, wie gern wäre ich ihren Tod mitgestorben. Sie hätten dann einen uniformierten SS-Offizier in ihren Kammern gefunden - die Sache wäre als Unglücksfall aufgefasst und behandelt worden und sang- und klanglos verschollen. Noch also darf ich nicht, ich muss noch zuvor künden, was ich hier erlebe! - Die Kammern füllen sich. Gut vollpacken - so hat es der Hauptmann Wirth befohlen. Die Menschen stehen einander auf den Füßen. 700 bis 800 auf 25 Quadratmetern in 45 Kubikmetern! Die SS zwängt sie physisch zusammen, soweit es überhaupt geht. - Die Türen schließen sich. Währenddessen warten die andern draußen im Freien, nackt. Man sagt mir: Auch im Winter genauso!
Ja, aber sie können sich ja den Tod holen! sage ich - Ja, grad for das sinn se ja dah! - sagt mir ein SS-Mann darauf in seinem Platt. - Jetzt endlich verstehe ich auch, warum die ganze Einrichtung Heckenholt-Stiftung heißt. Heckenholt ist der Chauffeur des Dieselmotors, ein kleiner Techniker, gleichzeitig der Erbauer der Anlage. Mit den Dieselauspuffgasen sollen die Menschen zu Tode gebracht werden. Aber der Diesel funktioniert nicht! Der Hauptmann Wirth kommt. Man sieht, es ist ihm peinlich, dass das gerade heute passieren muss, wo ich hier bin. Jawohl, ich sehe alles! Und ich warte. Meine Stoppuhr hat alles brav registriert. 50 Minuten, 70 Minuten - der Diesel springt nicht an! Die Menschen warten in ihren Gaskammern. Vergeblich. Man hört sie weinen, schluchzen ... Nach 2 Stunden 49 Minuten - die Stoppuhr hat alles wohl registriert - springt der Diesel an. Bis zu diesem Augenblick leben die Menschen in diesen vier Kammern, viermal 750 Menschen in viermal 45 Kubikmetern! - Von neuem verstreichen 25 Minuten. Richtig, viele sind jetzt tot. Man sieht das durch kleine Fensterchen, in dem das elektrische Licht die Kammern einen Augenblick beleuchtet. Nach 28 Minuten leben nur noch wenige. Endlich, nach 32 Minuten ist alles tot! -
Von der anderen Seite öffnen Männer vom Arbeitskommando die Holztüren. Man hat ihnen - selbst Juden - die Freiheit versprochen und einen gewissen Promillesatz von allen gefundenen Werten für ihren schrecklichen Dienst. Wie Basaltsäulen stehen die Toten aufrecht aneinander gepresst in den Kammern. Es wäre auch kein Platz, hinzufallen oder auch nur sich vornüber zu neigen. Selbst im Tode noch kennt man die Familien. Sie drücken sich, im Tode verkrampft, noch die Hände, so dass man Mühe hat, sie auseinanderzureißen, um die Kammern für die nächste Charge freizumachen. Zwei Dutzend Zahnärzte öffnen mit Haken den Mund und sehen nach Gold. Gold links, ohne Gold rechts. Andere Zahnärzte brechen mit Zangen und Hämmern die Goldzähne und Kronen aus den Kiefern. - Unter allen springt der Hauptmann Wirth herum. Er ist in seinem Element. - Einige Arbeiter kontrollieren Genitalien und After nach Gold, Brillanten und Wertsachen. Wirth ruft mich heran: Heben Sie mal diese Konservenbüchse mit Goldzähnen, das ist nur von gestern und vorgestern! Die nackten Leichen wurden auf Holztragen nur wenige Meter weit in Gruben von 100 mal 20 mal 12 Meter geschleppt. Nach einigen Tagen gärten die Leichen hoch und fielen alsdann kurze Zeit später stark zusammen, so dass man eine neue Schicht auf dieselben draufwerfen konnte. Dann wurde zehn Zentimeter Sand darüber gestreut, so dass nur noch vereinzelte Köpfe und Arme herausragten.

Niederschrift des SS-Obersturmführers Kurt Gerstein vom 4. 5. 1945. In: Vierteljahreshefte für Zeitgeschichte Jahrgang 1 (1953), S. 189ff.

RELIGION	Name:	Klasse:	Datum:	Nr.

Jeder Mensch hat das Recht auf Leben

(Fragen zum Text)

Der Text beschreibt die Massenvergasungen von Juden im Jahre 1942 durch die Nationalsozialisten. Insgesamt 6 Millionen Juden fielen in den KZs dem Nazi-Regime zum Opfer. Die Namen Bergen-Belsen, Buchenwald, Dachau, Flossenbürg, Mauthausen, Neuengamme und Oranienburg stehen für millionenfache Verletzung von Menschenwürde und Menschenrecht. Ausgesprochene Vernichtungslager waren die Anlagen von Auschwitz mit Birkenau, Belzec, Chelmno, Sobibor und Treblinka. Allein in Auschwitz wurde 1 Million Juden ermordet, zumeist vergast.

Arbeitsaufgaben:

❶ Welche menschenunwürdigen Prozeduren mussten die Juden vor dem Gang in die Gaskammern über sich ergehen lassen?

____

❷ Denkt euch in die Opfer hinein! Was musste in ihnen vorgehen, als sie nackt den Weg in die Gaskammern antraten?

____

____

❸ Warum waren die beschwichtigenden Worte des starken SS-Manns für viele Juden kein Trost?

____

❹ Welche Menschenverachtung der Nazis wird sichtbar, wenn sie das KZ "Heckenholt-Stiftung" nennen?

____

❺ Was meint der SS-Mann, wenn er sagt: "Ja, grad for das sinn se ja dah!" ?

____

❻ Warum ist es schwierig, jüdische Familien selbst nach der Vergasung zu "trennen"?

____

❼ Welche grausamen "Arbeiten" werden an den Leichen vorgenommen?

____

❽ Wie werden die Leichen der Juden "bestattet"?

____

Der Völkermord der Nazis an den Juden ist ein Verbrechen ohnegleichen in der Menschheitsgeschichte.
Beantwortet folgende Fragen!

1. *Welche christlichen Gebote wurden im 3. Reich völlig außer Kraft gesetzt?*
2. *Was können wir heute tun, um die Völkerverständigung zu vertiefen?*
3. *Wo geschehen auch heute noch Greueltaten gegen einzelne Völker?*
4. *Warum müssen sich Christen gegen Menschenrechtsverletzungen auflehnen?*
5. *Warum ist für Christen die Menschenwürde unantastbar?*
6. *Warum hängen Menschenwürde und das Recht auf Leben eng miteinander zusammen?*
7. *Warum hängen Menschenwürde und die Sicherung des Friedens miteinander zusammen?*
8. *Warum ist das Leben das höchste Gut der Menschen, für das es sich lohnt, immer und überall einzutreten?*

RELIGION	Name:	Klasse:	Datum:	Nr.

Lösung: Jeder Mensch hat das Recht auf Leben

(Fragen zum Text)

Der Text beschreibt die Massenvergasungen von Juden im Jahre 1942 durch die Nationalsozialisten. Insgesamt 6 Millionen Juden fielen in den KZs dem Nazi-Regime zum Opfer. Die Namen Bergen-Belsen, Buchenwald, Dachau, Flossenbürg, Mauthausen, Neuengamme und Oranienburg stehen für millionenfache Verletzung von Menschenwürde und Menschenrecht. Ausgesprochene Vernichtungslager waren die Anlagen von Auschwitz mit Birkenau, Belzec, Chelmno, Sobibor und Treblinka. Allein in Auschwitz wurde 1 Million Juden ermordet, zumeist vergast.

Arbeitsaufgaben:

❶ Welche menschenunwürdigen Prozeduren mussten die Juden vor dem Gang in die Gaskammern über sich ergehen lassen?
Transport in Zügen mit vergitterten Luken, Abgabe aller Wertsachen, Haarschnitt und nackt ausziehen

❷ Denkt euch in die Opfer hinein! Was musste in ihnen vorgehen, als sie nackt den Weg in die Gaskammern antraten?
Bloßstellung ihrer Person, Verlust jeder Menschenwürde, Entwürdigung, Verlust jedweder Menschenrechte

❸ Warum waren die beschwichtigenden Worte des starken SS-Manns für viele Juden kein Trost?
Sie wussten am Leichengeruch, was ihnen bevorstand.

❹ Welche Menschenverachtung der Nazis wird sichtbar, wenn sie das KZ "Heckenholt-Stiftung" nennen?
Heckenholt war der Name des Erbauers der Vergasungsanlage.

❺ Was meint der SS-Mann, wenn er sagt: "Ja, grad for das sinn se ja dah!" ?
Das Konzentrationslager hat seinen Sinn in der Vernichtung der Juden.

❻ Warum ist es schwierig, jüdische Familien selbst nach der Vergasung zu "trennen"?
Sie haben sich im Tode fest aneinander gedrückt.

❼ Welche grausamen "Arbeiten" werden an den Leichen vorgenommen?
Es wird das Zahngold aus dem Kiefer gebrochen, Genitalien und After werden auf Wertsachen untersucht.

❽ Wie werden die Leichen der Juden "bestattet"?
Sie kamen in Massengräbern zur letzten Ruhe.

Folienbild:

RELIGION	Name:	Klasse:	Datum:	Nr.

Menschen auf der Flucht

Folienbild:

Texte zum Nachdenken:
Allgemeine Erklärung der Menschenrechte der Vereinten Nationen (UN) von 1948

Artikel 3:
Jeder Mensch hat das Recht auf Leben, Freiheit und Sicherheit.

Artikel 9:
Niemand darf willkürlich festgenommen, in Haft gehalten oder des Landes verwiesen werden.

Artikel 13:
(1)
Jeder Mensch hat das Recht auf Freizügigkeit und freie Wahl seines Wohnsitzes innerhalb eines Staates.
(2)
Jeder Mensch hat das Recht, jedes Land, einschließlich seines eigenen, zu verlassen sowie in sein Land zurückzukehren.

RELIGION	Name:	Klasse:	Datum:	Nr.

Menschen auf der Flucht

Es war schon dunkel geworden. Auf der Straße versammelte sich der Zug der Menschen - es ging los. Überall aus den Nebenstraßen strömten Menschen zu dem Zug. Wir liefen stundenlang, blieben wieder stehen. Nach ungefähr fünf Stunden standen wir vor einem großen Gebäude, wir wurden hineingetrieben und standen auf einem Hof. Dort verbrachten wir die Nacht. Nachts kamen Russen und holten Mädchen und Frauen. Laufend wurden Menschen vom Hof geholt und weggeschickt. Durch meine Infektion konnte ich kaum laufen und hatte hohes Fieber. Ein tschechischer Offizier sagte plötzlich, dass es für kranke und alte Menschen ein Auto gäbe. Wir bekamen Platz auf dem Lastwagen. Es war der 30. Mai. Wir fuhren ein Stück durch die Stadt. Es war ein sehr heißer Tag. 32000 Menschen sollen auf diesem Marsch gewesen sein. Nur Frauen, Kinder und ganz alte Leute. Am Abend gab es ein Gewitter. Die Menschen mit ihren Pappkoffern hatten durch den Regen oftmals nur noch den Henkel in der Hand. Die Straßengräben waren voll mit weggeworfenen Sachen, Schuhen, Kinderwagen. Dann schrien wieder Frauen nach ihren Kindern. Eine Bekannte von mir brachte in einem dieser Straßengräben ihr Kind zur Welt. Wir sind an diesen Menschen vorbeigefahren und sahen, dass die meisten, die ihr Gepäck nicht mehr tragen konnten, es in den Straßengraben warfen.

Auf Pferden ritten Soldaten und schlugen auf die Menschen ein. Der Marsch ging bis Pohrlitz. Wir waren unter den ersten fünftausend Menschen, die dort ankamen. Wir mussten in eine Schule hinein. Dort übernachteten wir. Ich suchte nach Verwandten, nach den Großeltern. Man sah nur Menschen, einer suchte den anderen, sie schrien. Ich fand dann meine Freundin. Wir kamen am nächsten Tag auf ein Feld, auf dem fünf riesige Hallen standen. Das war eine Zuckerfabrik gewesen. Es standen die Wände und der blanke Betonboden. Dort hinein wurden wir getrieben. Das waren mittlerweile so an die zwanzigtausend Menschen in den fünf Hallen. In diesem Lager waren wir dreizehn Tage lang. Die Hitze war furchtbar. Am zweiten Tag brachen Ruhr und Typhus aus. In den ersten Tagen gab es überhaupt nichts zu essen. Rumänische Soldaten kamen und teilten ab und zu ein Stück Brot aus. Dann kamen Bauern mit Wasserwagen. Es hieß aber, wir sollten es nicht trinken, da es vergiftet sei. Viertausend Menschen kampierten in einer Lagerhalle. Wir lagen in Reihen auf dem Betonboden. Nachts kamen die Russen. Meine Mutter hatte mich in dem Bettbezug versteckt. Meine kleine Schwester kam unter den Kinderwagen. Den kleinen Bruder nahm meine Mutter immer auf den Arm. Wenn dann die Russen durch die Reihen gingen, war ich einigermaßen versteckt. Ich hörte unentwegt das furchtbare Schreien. Hinter uns lag eine vierundachtzigjährige Frau, die wurde vergewaltigt. Als ein junges Mädchen von Russen weggezogen werden sollte, hat sich die Mutter dagegengestellt, sie wurde mit dem Gewehrkolben erschlagen. Am nächsten Morgen lag die 84-jährige Frau in ihrem Blut und Kot. Sie konnte nicht mehr hinausgehen.

Etwas weiter von uns lag eine Mutter mit fünf kleinen Kindern. Sie lag eines Morgens tot da. Die zwei Kleinsten krabbelten auf ihr herum. Die größeren Kinder brüllten. Einige Menschen, die vorbeigingen, haben sich ein Kind genommen. Nach drei Tagen hat man dann die Kranken herausgeholt und sie in eine fünfte Baracke hineingelegt. Sie lagen auf dem Boden in ihrem Kot ohne jegliche Hilfe. Dann hat man Latrinen gebaut um das Lager herum. Man hob Gruben aus, legte ein Brett darüber. Wenn man ruhrkrank ist, muss man unentwegt aufs Klo laufen. Mich grauste es. Ich wollte ein paar Meter weiter ins Feld gehen, da hat der Posten nach mir geschossen. Er traf mich aber nicht. Nach den ersten Tagen wurden die Toten herausgeschleift. Auf Leiterwagen wurden sie hinaufgeworfen. Sie wurden fünfzig Meter weiter ins Feld gefahren und dort begraben. Kalk kam darüber. Täglich gab es fünfzig bis sechzig Tote, verhungert oder gestorben an Typhus, Ruhr oder Vergewaltigung.

Am 13. Tag in Pohrlitz sagte meine Mutter zu uns: "Heute nacht hauen wir ab." Sie ging mit uns zu den Großeltern, ihrer Mutter und ihrem Vater. Sie lebten in der gleichen Baracke wie wir. Als die Großmutter von unserer Flucht erfuhr, hat sie vor meiner Mutter am Boden gekniet und hat gebettelt: "Nimm mich mit." Meine Mutter lehnte ab, weil es ein furchtbares Risiko war. Das Lager war bewacht. Wer flüchtete, wurde erschossen. Die beiden alten Leute waren total erschöpft durch Ruhr und Typhus. Mutter wusste, dass sie die Flucht mit ihnen nie schaffen würde. Nachts sind wir auf dem Bauch aus dem Lager gerobbt. Ein paar hundert Meter weiter haben wir uns in einer Scheune versteckt. In der Morgendämmerung kam ein Tscheche vorbei, und meine Mutter gab ihm das Geld. Dieser Tscheche nahm uns auf seinem Bauernwagen mit bis nach Untertannowitz. Dort hatte Mutter Verwandte. Sie lebten auch nicht mehr in ihrem Haus, weil es Tschechen besetzt hatten. Wir durften in einen Raum, in dem vorher russische Soldaten gewesen waren, und den sie als Stall benutzt hatten. Wir haben ihn sauber gemacht und lebten dort ein Jahr. Nach einem Jahr wurden wir ausgesiedelt. Im April 1946 wurde ein Transport zusammengestellt. Wir kamen zuerst 14 Tage nach Nikolsburg in ein Auffanglager. Dort wurden wir entlaust. Mein Vater war auch inzwischen entlassen worden. Mit Viehwaggons wurden wir durch die Tschechoslowakei gefahren und kamen nach Allach - wieder in ein Auffanglager. Von dort kamen wir nach Landsberg und lebten dann in Ummendorf drei Jahre in einem Zimmer eines Bauernhauses. Mein Vater bekam Arbeit in einem Fliegerhorst. Ich habe in Ummendorf beim Bauern gearbeitet. Dafür gab es eine Wassersuppe am Tag mit Schnittlauch drin. Dann wurde ich beim Landratsamt Landsberg angestellt. Ich ging jeden Tag zu Fuß zu meiner Arbeit, das waren immer sechs Kilometer. 1949 kaufte mein Vater eine Baracke, die er abarbeitete. Für uns war das ein Schloss ...

Augenzeugenbericht von Inge Neumeyer, in: Mühlfenzl, Rudolf (Hrsg.): Geflohen und vertrieben. Königstein/Ts. 1981

RELIGION	Name:	Klasse:	Datum:	Nr.

Flucht und Vertreibung

Es gibt kaum ein Jahrhundert, in dem nicht Menschen aus ihrem Land vertrieben wurden. Ihr kennt viele Beispiele aus der Geschichte. Auch heute könnt ihr in den Tagesmeldungen immer wieder von sog. "ethnischen Säuberungen" im ehemaligen Jugoslawien (z.B. Kosovo, Bosnien-Herzogewina), von Massenfluchten in Uganda/Afrika oder von der Verfolgung der Kurden im Grenzgebiet der Türkei und im Iran lesen.

Arbeitsaufgaben: ✍ ☺ ✋ 💡

❶ Von welcher großen Massenflucht und Vertreibung in Deutschland ist in unserem Text die Rede?
❍ 1945/46 am Ende des 2. Weltkrieges
❍ 1953 nach dem Berliner Mauerbau
❍ 1989 nach dcr Wiedervereinigung

❷ Warum verstoßen Vertreibung und Flucht gegen die Menschenwürde?

____

____

❸ Welche Menschenrechte werden vor allem bei Vertreibung und Flucht außer Kraft gesetzt?
❍ Recht auf körperliche Unversehrtheit
❍ Recht auf Freizügigkeit
❍ Recht auf Meinungsfreiheit
❍ Recht auf gleiche Behandlung vor dem Gesetz

❹ Versucht den Begriff der Menschenrechtsverletzung zu beschreiben!

____

____

❺ Erklärt folgende Menschenrechtsverletzungen!
Euthanasie: ________________________________
KZ: ________________________________
Holocaust: ________________________________
Pogrom: ________________________________

____

❻ Nennt andere Beispiele von Menschenrechtsverletzungen!

____

❼ Warum gehört das Eintreten für die Menschenwürde zum Grundauftrag eines Christen?

____

____

❽ Was hat die Kirche damals gegen die Massenvertreibungen unternommen?

____

❾ Was tun die Kirchen und internationalen Hilfsorganisationen heute gegen Massenvertreibungen und Flucht unterdrückter Volksgruppen?

____

❿ Was können wir persönlich für Flüchtlinge und Asylsuchende tun? oder: Wo liegen Möglichkeiten, Flüchtlingselend im eigenen Land abzubauen?

RELIGION	Name:	Klasse:	Datum:	Nr.

Lösung: Flucht und Vertreibung

Es gibt kaum ein Jahrhundert, in dem nicht Menschen aus ihrem Land vertrieben wurden. Ihr kennt viele Beispiele aus der Geschichte. Auch heute könnt ihr in den Tagesmeldungen immer wieder von sog. "ethnischen Säuberungen" im ehemaligen Jugoslawien (z.B. Kosovo, Bosnien-Herzogewina), von Massenfluchten in Uganda/Afrika oder von der Verfolgung der Kurden im Grenzgebiet der Türkei und im Iran lesen.

Arbeitsaufgaben: ✍ ☺ ✋ 💡

❶ Von welcher großen Massenflucht und Vertreibung in Deutschland ist in unserem Text die Rede?
● 1945/46 am Ende des 2. Weltkrieges
❍ 1953 nach dem Berliner Mauerbau
❍ 1989 nach der Wiedervereinigung

❷ Warum verstoßen Vertreibung und Flucht gegen die Menschenwürde?
Das Recht auf Heimat und Sicherheit ist ein wertvolles Menschenrecht.
Flucht ist eine Folge von Unrecht, Krieg und Aggression.

❸ Welche Menschenrechte werden vor allem bei Vertreibung und Flucht außer Kraft gesetzt?
● Recht auf körperliche Unversehrtheit
● Recht auf Freizügigkeit
❍ Recht auf Meinungsfreiheit
❍ Recht auf gleiche Behandlung vor dem Gesetz

❹ Versucht den Begriff der Menschenrechtsverletzung zu beschreiben!
Wer einen anderen Menschen gegen seinen Willen nur als "Mittel zum Zweck" benutzt, ihn wie eine Sache behandelt, missachtet die Würde des Menschen.

❺ Erklärt folgende Menschenrechtsverletzungen!
Euthanasie: *Vernichtung "unwerten" Lebens, z. B. Behinderte, Alte, Kranke im 3. Reich*
KZ: *Vernichtungslager der Nazis gegen politisch Andersdenkende, Außenseiter, Juden*
Holocaust: *Vernichtung der Juden*
Pogrom: *Ausgrenzung bestimmter Völker, Benachteiligung, Einschränkung der Bürgerrechte*

❻ Nennt andere Beispiele von Menschenrechtsverletzungen!
Folter, Sklaverei, Ächtung, Gehirnwäsche, Kindsmisshandlung, Kinderpornografie, Kinderarbeit u. a.

❼ Warum gehört das Eintreten für die Menschenwürde zum Grundauftrag eines Christen?
Christus hat uns Christen den Auftrag zur Nächstenliebe gegeben.
Nächstenliebe setzt die Ehrfurcht vor dem Leben voraus.

❽ Was hat die Kirche damals gegen die Massenvertreibungen unternommen?
humanitäre Hilfe, vereinzelt Widerstand gegen Hitler (z. B. Pater Rupert Mayer, D. Bonhoeffer, Pater Maximilian Kolbe),

❾ Was tun die Kirchen und internationalen Hilfsorganisationen heute gegen Massenvertreibungen und Flucht unterdrückter Volksgruppen?
humanitäre Hilfen und medizinische Hilfen, wenn die Politik versagt

❿ Was können wir persönlich für Flüchtlinge und Asylsuchende tun? oder: Wo liegen Möglichkeiten, Flüchtlingselend im eigenen Land abzubauen?
individuelle Schüler-Antworten

RELIGION	Name:	Klasse:	Datum:	Nr.

Anwalt des Lebens sein

„Die rumänischen Polizeikräfte halten bei ihrer Arbeit stets die rumänischen Gesetze und die Verfassung ein und leisten damit ihren Beitrag zur Verteidigung der fundamentalen Menschenrechte und der Freiheit der Bürger."
Mit diesen Worten wies der Chef der Generalinspektion der Polizei am 24. Mai 1995 in einem offenen Brief die schweren Vorwürfe, die amnesty international gegen die Polizei erhoben hatte, als „völlig unbegründet" zurück. Einige Leute, die „nicht objektiv und ausreichend über die Situation in Rumänien informiert" seien, hätten „systematisch falsche Informationen" an die Organisation weitergegeben, fügte er hinzu. Eine Behauptung, die als Drohung gegen alle Mitglieder inländischer Menschenrechtsorganisationen und mutige Einzelpersonen betrachtet werden muss, die es wagen, Anzeige zu erstatten oder über erlittene Misshandlungen und Folterungen zu berichten.
Denn nach dem Willen der derzeitigen Machthaber und der sie stützenden Parteien soll künftig auch die „Verleumdung von Staat und Nation" und die „Verbreitung falscher Informationen" mit hohen Haftstrafen geahndet werden.
Es werden zahlreiche Änderungen des Strafgesetzbuches angestrebt, die auf eine verschärfte Einschränkung der Meinungsfreiheit hinauslaufen. Der rumänische Nachrichtendienst S.R.I. handelt bereits in diesem Sinne zum „Schutz der nationalen Sicherheit". Er überwachte und schikanierte den regionalen Vorsitzenden einer Roma-Organisation sowie inländische Menschenrechtsaktivisten, weil sie schwere Menschenrechtsverletzungen an Roma untersucht und Informationen darüber weitergegeben hatten, auch an amnesty international. Im Bericht des Geheimdienstes von 1994 wurden sie deshalb der „Diffamierung des rumänischen Staates" bezichtigt.

Folter auf den Polizeirevieren

Zeigen Opfer von Folterungen und Misshandlungen die Täter aus den Reihen der Polizei an, kommt es häufig zu massiven Einschüchterungsversuchen mit dem Erfolg, dass die meisten Ermittlungen und Strafverfahren eingestellt werden, etwa „weil die Anzeigen zurückgezogen wurden" oder „weil die Zeugen nicht mehr erschienen".
Während der Ceausescu-Zeit war die damals noch "militie" genannte Polizei wegen der brutalen Misshandlungen, die unzählige Bürger vor allem auf Polizeirevieren erlitten, berüchtigt. Viel hat sich daran bis heute nicht geändert. Alfred Pana aus Suditi im Kreis Ialomita wurde im Juli 1995 auf der Polizeistation sogar so schwer gefoltert, dass er zwei Tage später seinen Verletzungen erlag. Über ungehemmte Gewaltakte und illegale Handlungen von Polizisten, denen die Opfer ohne Anspruch auf Wiedergutmachung ausgeliefert sind, wird aus allen Teilen des Landes berichtet. Die geschätzte Dunkelziffer ist hoch, nicht nur, weil überkommene Ängste geschürt und die Opfer massiv eingeschüchtert werden, sondern auch, weil kaum Aussicht auf die Strafverfolgung eines Täters besteht.
Alle militärisch organisierten Kräfte - und dazu zählt immer noch auch die Polizei - unterstehen nach wie vor einer militärischen Sondergerichtsbarkeit, bei der Solidarität mit den Beschuldigten häufig offensichtlich ist.
Eine unabhängige Justiz gibt es bisher nicht. Der Justizminister kann direkt in alle Gerichtsverfahren eingreifen. Höchst selten kommt es daher zur Verurteilung von Polizisten, denen schwere Menschenrechtsverletzungen angelastet werden. Strafen sind oft vergleichsweise gering und kaum als solche zu betrachten.

Verfolgung von Minderheiten

Unter Misshandlungen und willkürlichen Verhaftungen durch die Polizei leidet vor allem die Minderheit der Roma, die diesen meist rassistisch motivierten Übergriffen weitgehend schutzlos ausgeliefert ist und auch bei Gewaltakten aus der Bevölkerung kaum wirksame Hilfe von den Sicherheitskräften erwarten kann.
Die dehnbare Auslegung und willkürliche Anwendung dieser Rechtsvorschriften erhöhen den Verfolgungsdruck. Noch ist die Zahl derer, die verhaftet und verurteilt werden, weil sie öffentlich missliebige kritische Meinungen geäußert haben, gering, aber es gibt solche Fälle schon wieder.
Die Satire eines Journalisten über den Staatspräsidenten führte ebenso zu Untersuchungshaft und Strafverfahren wegen „Beleidigung der Staatsgewalt" wie eine Autoaufschrift, die auf Bestechlichkeit von Polizisten zielte.
In Rumäniens neuer Verfassung sind fundamentale Menschenrechte verankert, aber sie werden nicht verteidigt; sie sind in größter Gefahr.

Arbeitsaufgaben:

❶ Welche Grundrechte werden in Rumänien verletzt?
❷ Welche internationale Hilfsgruppe nimmt sich der verfolgten Menschen an?
❸ Was könnt ihr gegen Menschenrechtsverletzungen tun?
❹ Nennt andere Gruppen, die sich um Menschenrechte kümmern!
❺ Was unternehmen die Kirchen zur Durchsetzung der Menschenrechte?

RELIGION	Name:	Klasse:	Datum:	Nr.

Anwalt des Lebens sein

Folienbilder: Wie die Kirche in aller Welt hilft!

RELIGION	Name:	Klasse:	Datum:	Nr.

Als der liebe Gott mithalf, eine Kirche zu bauen

In vielen Missionsländern wohnen die Christen weit verstreut. Eine Kirche ist dann nicht nur ein Versammlungsraum, um einen Gottesdienst zu feiern, sondern auch das äußere Zeichen der Zusammengehörigkeit, der Treffpunkt, zu dem man nicht nur hingeht, sondern von dem man auch wieder etwas mitnimmt in den Alltag der Buschhütten, der Wellblechbuden, der oft harten Arbeit. Pater Rackers erzählt, wie er seinen Kirchbau in Ghana erlebt hat:

1974 wurde ich nach Nkatia-Kwahu versetzt, um in der St. Peter's Secondary School, einem Internatsgymnasium mit etwa 600 Schülern, als Schulseelsorger (Chaplain) und Lehrer zu wirken. Gleichzeitig wurde ich auch noch Pastor der Stadt mit 8000 Einwohnern. - Die Schule wurde bereits 1958 erbaut und dann Jahr für Jahr erweitert. Damals gab es dort 11 katholische Christen. Wir bauten im Ort eine kleine Volksschule und später noch eine Haupt- und Mittelschule dazu. In den letzten 20 Jahren haben wir ca. 1000 Personen getauft, meistens Erwachsene und Schulkinder über 12 Jahre.

Als ich damals dorthin kam, baten mich die Leute, ihnen doch in der Stadt ein Haus zu bauen, das als Pfarrzentrum und Kirche dienen könnte. Tagsüber könne es dann auch noch als Kindergarten genutzt werden. Bislang sind es für die meisten Christen noch viele Kilometer Fußweg, wenn sie in unsere Schulkirche kommen wollen. Bei schönem Wetter ist die Kirche dann gestopft voll, bei Regen fehlt die Hälfte der Kirchenbesucher, weil weder Verkehrsmittel, Regenschirme oder Regenmäntel zur Verfügung stehen. Wie wichtig dieser Regenschutz ist, weiß nur, wer einen Tropenregen einmal mitgemacht hat. Auch bei den Abendgottesdiensten fehlen viele. Die Wege sind dunkel und voller Schlangen. Einige Christen nun boten uns in der Stadt Bauplätze an, doch wurden diese Angebote meistens durch Erben, die noch nicht katholisch waren, vereitelt.

Eines Tages kam der Ortshäuptling zu mir und bot einen Platz beinahe mitten in der Stadt an: einen wunderbaren Platz genau zwischen der„Altstadt“ und dem Neubaugebiet. Leider war das Gelände sehr sumpfig. Mit vereinten Kräften versuchten wir das Land trockenzulegen, hatten damit aber keinen rechten Erfolg. In der Nacht verfolgten mich Alpträume: ich träumte dauernd, dass das neue Kirchengebäude umfiel, keinen Halt habe. Ich wagte einfach nicht, auf dem unsicheren Boden zu bauen. Was tun? Ich bat meine Freunde in der Heimat und in vielen Ländern der Welt, mit mir für diese Sache zu beten. Ich selbst bestürmte den lieben Gott: Lieber Gott, wenn du hier ein Haus, eine Kirche haben willst, dann musst du mir schon helfen, einen besseren Platz zu finden. Ich bin mit meinem Latein am Ende. Hier baue ich auf keinen Fall. Und dann geschah es.

Eines Tages ging ich zum Landrat, um ihm für das Geschenk, das er in Form von neuen Fenstern und Türen für die Mittelschule gestiftet hatte, mit einem neuen weißen Tropenanzug zu danken. Im Laufe des Gespräches waren wir bald bei dem Platz für den Kirchenbau. Ich fragte ihn, wie weit ich von der Straße entfernt bauen dürfe. - Auf jeden Fall so weit ab wie möglich, meinte er. Als ich ihm daraufhin sagte, dass ich nur ganz nahe an der Straße oder überhaupt an dieser Stelle nicht bauen könnte, weil das Gelände zu sumpfig sei, wurde er böse, weil man mir ein so schlechtes Land angeboten hätte. Er fragte, ob ich einen besseren Bauplatz wüsste. O ja, sagte ich, droben am Hang, dort wäre ideales Baugelände. Der Häuptling (Chief) hätte diesen Antrag aber schon dreimal abgelehnt. Der Landrat versprach, sich der Sache anzunehmen, und drei Tage später rief mich der Chief an und sagte mir, ich könne das Land am Hang haben.

Doch jetzt waren wir wieder dran. Fast ein ganzes Jahr waren wir, die Christen, Freunde und ich selbst damit beschäftigt, einen Bulldozer zu bekommen, der uns den Bauplatz planierte. Zehn wurden uns versprochen, doch keiner kam. Was tun? Wir falteten die Hände und beteten, Gott möge nun selbst wieder die Sache in die Hand nehmen und uns helfen. Und er tat es.

Eines Tages kam Kofi, der Polier unseres Baubruders Damian, zu mir und sagte mir, Bruder Damian sei auf Heimaturlaub in Amerika und er, Kofi, käme mit den zwei Missionaren auf der Station nicht zurecht. Er wolle nun die Pfarrhalle bauen. Ich machte darauf aufmerksam, dass wir keinen Bulldozer hätten, um das Land baufertig zu machen. „Das macht nichts“ meinte er, „die Ferien haben begonnen, und ich werde bei den älteren Schülern Arbeiter anwerben, die beim Ausschachten mithelfen.“ Diese Nachricht war wie eine Botschaft aus dem Himmel. Zwei Tage später ging es los. Baumaterial war genügend da. Auch der Zement reichte für den Anfang. Doch bald zeigte sich, dass der Zementvorrat nicht ausreichte. Woher neuen bekommen? Beten! - Nur der Provinzgouverneur konnte noch Zement genehmigen. Doch wo treff' ich den?

Eines Tages besuchte ich unseren Landrat wieder, der sich nach dem Fortgang der Bauarbeiten erkundigte. Er stellte mir dann einen Gast vor. Seine Uniform verriet ihn als Marineoffizier. Der Landrat lud mich zum Essen ein. Wir sprachen bald auch von meinen Nöten und den Problemen mit Kirchbau und Zementbeschaffung. Der Offizier fragte. „Wieviel Zement brauchen Sie?“ -„Nun, etwa 300 Säcke!“ „Kein Problem“, sagte der Marineoffizier, „gehen Sie in die Provinzhauptstadt, und lassen Sie sich die Bezugsscheine für den Zement geben, ich bin der Gouverneur!“

Zu Beginn unseres Bauvorhabens hatten wir nur 6000 Cedis (ein Cedi: damals etwa 2,05 DM). Ich machte meinen Christen den Vorschlag: Wir brauchen noch mal 6000 Cedis. Für jeden Cedi, den ihr bringt, bringe ich zwei dazu. Als unser Geld verbaut war, bekam ich 12000 DM vom Missionswerk der Kinder in Deutschland (Sternsinger), und es konnte weitergehen. Als auch dieser Betrag verbaut war, schickten mir Freunde und Helfer zu Weihnachten 4000 DM, und als dieser Betrag zur Neige ging, sammelte die Jugend in meiner Heimatpfarrei noch mal 8400 DM. Damit konnten wir das Gotteshaus fertigbauen und auch ausstatten. Aus Rom bekam ich einen Tabernakel geschenkt, aus Deutschland eine Glocke und geschnitzte Kreuzwegbilder. Inzwischen ist auch der Altar bezahlt und die Bänke zum Teil. Jetzt bin ich daran, den Kindergarten zu bauen, um die Kinder in eigenen vier Wänden unterbringen zu können. Mir hat dieser Kirchbau gezeigt, welche Macht das Gebet haben kann, wenn man es zur Ehre Gottes einsetzt.

Übrigens: Die St. Peter's Secondary School in Nkwatia-Kwahu, etwa 100 km von der Hauptstadt Accra entfernt, liegt in den Kwahu-Bergen, etwa 500 m hoch. Diese Schule gilt als eine der besten in ganz Ghana. Aus dieser Schule haben wir schon viele Taufbewerber gewonnen. Was uns in unserer Missionsarbeit auch sehr hilft, ist das große Hospital, das von Steyler Missionsschwestern geleitet wird. Hier können die vielen Patienten am eigenen Leib erleben, wozu christliche Nächstenliebe fähig ist. Der selbstlose Dienst der Schwestem ist ein lebendiges Zeichen für die Kraft unseres Glaubens.

RELIGION	Name:	Klasse:	Datum:	Nr.

Ein Glück, Leben als Geschenk zu bekommen

Ich habe wiederum einen Bericht gelesen, aus dem hervorgeht, dass wir Bundesdeutsche in der traurigen Liste der Vernichtung des neugeborenen Lebens ganz vorne liegen.
Über das Thema Abtreibung und die gesetzliche Problematik ist in den letzten Jahren sehr viel geschrieben und diskutiert worden; Ich möchte an dieser Stelle einen anderen Aspekt beleuchten, der im Vorfeld jeder juristischen Überlegung liegt, der mir aber der vorrangigste zu sein scheint. Ist es nicht merkwürdig, dass wir mehr über Abtreibung und Sterbehilfe sprechen als über Lebenshilfe?
Ist es nicht so, dass unsere Gesellschaft in den letzten Jahren immer lebensunsicherer, um nicht zu sagen, lebensfeindlicher geworden ist? Haben wir im Blick auf alles mögliche nicht verlernt, über dieses größte aller Wunder zu staunen und uns an diesem Geschenk zu freuen?
Der Philosoph Martin Heidegger hat einmal gesagt, am Anfang seines Denkens stünde das Staunen darüber, dass etwas ist und nicht vielmehr nichts.
Das Gedankenexperiment könnte fast von Valentin stammen: Was wohl wäre, wenn es nur nichts gäbe, wenn es kein Leben und uns selber nicht gäbe? Und ist es doch gar nicht so selbstverständlich, dass wir das Licht der Welt erblicken dürfen.
Denken Sie nur darüber nach, was geschehen wäre, wenn sich nur zwei unserer Ahnen nicht über den Weg gelaufen wären.
Reinhold Schneider meint: Wenn wir nachdenken über unser Leben, sollte uns eigentlich die Tatsache, dass wir am Leben sind, am meisten überraschen. Auch wenn ein Leben noch so viele Traurigkeiten mit sich bringen mag, ganz ehrlich, ist es nicht trotzdem ein Glück, das Leben als Geschenk bekommen zu haben? Wann ist zum Beispiel noch im Geburtsanzeiger davon die Rede, dass jemand das Leben geschenkt wurde? Vielleicht ist es vielen von uns auch zu selbstverständlich geworden, dass wir leben und vielfach recht gut leben, so selbstverständlich, dass wir das Leben nicht mehr als Gut und Wert betrachten.
Auch die Pädagogik der vergangenen Jahre hat sich in dieser Frage nicht gerade glänzend verhalten. Gerne gebe ich zu, dass die Schule auch wissenschaftliche Aufgaben zu erfüllen hat, dass z. B. die Biologie die Aufgabe hat, Wissen über Lebewesen, Lebensvorgänge, Lebensweisen usw. zu vermitteln. Steht das aber im Widerspruch dazu, dass man überhaupt mal über das Leben staunen sollte, sich freuen, dass es Leben gibt? Ist es nicht das Kennzeichen sauberen wissenschaftlichen Denkens, auch seine Grenzen aufzuzeigen, über die Fakten nicht das Geheimnis des Anfangs und Wirkens des Lebens zu vergessen?
Aber vielleicht lässt sich das Staunen über die Tatsache, dass nach jedem Winter, wenn er noch so rauh war und alles unter der Eis- und Schneedecke abgestorben war, wieder neues Leben erwacht, zu wenig, in jenen oft so starren Arbeitsblättern mit ihrem scheinbar objektiv überprüfbaren Lernzielkontrollen? Das Entscheidende in der Erziehung ist aber auch hier, dass der, der unterrichtet, selber von dieser Lebensfreude erfüllt ist, oder sich zumindest um sie bemüht.
Dann werden wir immer wieder Augenblicke entdecken, in denen es uns aufgeht, dass es unendlich besser ist, zu sein, als nicht, und Rilke recht geben, der auffordert: „Vergessen Sie nicht, das Leben ist eine Herrlichkeit."

Helmut Zöpfl, in: Münchner Merkur v. 30. Mai 1987

Arbeitsaufgaben: ✍ ☺ ✋ 💡

❶ **Was wirft der Autor dieses Kommentars der heutigen Gesellschaft vor?**
❷ **Sind wir wirklich lebensunsicherer, lebensfeindlicher geworden?**
❸ **Was steckt hinter den Aussagen M. Heideggers, Rilkes und R. Schneiders?**
❹ **Wie denkst du darüber?**
❺ **Der Münchner Pädagogikprofessor Helmut Zöpfl erinnert in seinem Kommentar auch an die Schule mit Lernzielen und Lernzielkontrollen. Stimmt das, was er schreibt?**

❻ **Folgender Spruch stand in einem alten Schülerheft, verfasst von einem Lehrer im Jahre 1930:**
„Wenn du am Morgen aufwachst, denke einmal darüber nach, was für ein köstlicher Schatz es doch ist, zu leben, zu atmen, zu danken, sich freuen zu können."
Ist dieser Satz auch heute noch aktuell?

RELIGION	Name:	Klasse:	Datum:	Nr.

Der Mensch vor Gott

Gen 1, 26 ff:

Dann sprach Gott: Lasst uns Menschen machen als unser Abbild, uns ähnlich. Sie sollen herrschen über die Fische des Meeres, über die Vögel des Himmels, über das Vieh, über die ganze Erde und über alle Kriechtiere auf dem Land. Gott schuf also den Menschen als sein Abbild; als Abbild Gottes schuf er ihn. Als Mann und Frau schuf er sie. Gott segnete sie, und Gott sprach zu ihnen: Seid fruchtbar, und vermehrt euch, bevölkert die Erde, unterwerft sie euch, und herrscht über die Fische des Meeres, über die Vögel des Himmels und über alle Tiere, die sich auf dem Land regen. Dann sprach Gott: Hiermit übergebe ich euch alle Pflanzen auf der ganzen Erde, die Samen tragen, und alle Bäume mit samenhaltigen Früchten. Euch sollen sie zur Nahrung dienen.

Gen 2, 7 ff:

Da formte Gott, der Herr, den Menschen aus Erde vom Ackerboden und blies in seine Nase den Lebensatem. So wurde der Mensch zu einem lebendigen Wesen. Dann legte Gott, der Herr, in Eden, im Osten, einen Garten an und setzte dorthin den Menschen, den er geformt hatte. Gott, der Herr, ließ aus dem Ackerboden allerlei Bäume wachsen, verlockend anzusehen und mit köstlichen Früchten, in der Mitte des Gartens aber den Baum des Lebens und den Baum der Erkenntnis von Gut und Böse.

Psalm 8, 5-10:

Was ist der Mensch, dass du an ihn denkst,
des Menschen Kind, dass du dich seiner annimmst?
Du hast ihn nur wenig geringer gemacht als Gott,
hast ihn mit Herrlichkeit und Ehre gekrönt.
Du hast ihn als Herrscher eingesetzt über das Werk deiner Hände,
hast ihm alles zu Füßen gelegt:
All die Schafe, Ziegen und Rinder
und auch die wilden Tiere,
die Vögel des Himmels und die Fische im Meer,
alles, was auf den Pfaden der Meere dahinzieht.
Herr, unser Herrscher,
wie gewaltig ist dein Name auf der ganzen Erde!

Psalm 139, 13-16:

Denn du hast mein Inneres geschaffen,
mich umwoben im Schoß der Mutter.
Ich danke dir, dass du mich so wunderbar gestaltet hast.
Ich weiß: Staunenswert sind deine Werke.
Als ich geformt wurde im Dunkeln,
kunstvoll gewirkt in den Tiefen der Erde,
waren meine Glieder dir nicht verborgen.
Deine Augen sahen, wie ich entstand;
in deinem Buch war schon alles verzeichnet;
meine Tage waren schon gebildet,
als noch keiner von ihnen da war.

Zum Nachdenken:

❶ Welche Gemeinsamkeit haben alle vier Texte aus dem AT ?
❷ Wie wird das Verhältnis zwischen Gott und den Menschen beschrieben?
❸ Wie denkt ihr über die Aussage: "Der Mensch ist von Gott gewollt und geliebt."?
❹ Ist jeder Mensch für Gott einmalig und unverwechselbar?
❺ Wie denkt ihr über die Aussage: *" Der Mensch ist ein Geschöpf und das Abbild Gottes"*?
❻ Wie denkst du über das Verhältnis zwischen Gott und den Menschen?

RELIGION	Name:	Klasse:	Datum:	Nr.

Der Herr ist mein Hirt

Ich fürchte kein Unheil, du bist bei mir
Psalm 23, ein Psalm Davids

Der Herr ist mein Hirte,
nichts wird mir fehlen.
Er lässt mich lagern auf grünen Auen
und führt mich zum Ruheplatz am Wasser.

Er stillt mein Verlangen;
er leitet mich auf rechten Pfaden, treu seinem Namen.

Muss ich auch wandern in finsterer Schlucht,
ich fürchte kein Unheil;
denn du bist bei mir,
dein Stock und dein Stab geben mir Zuversicht.

Du deckst mir den Tisch
vor den Augen meiner Feinde.
Du salbst mein Haupt mit Öl,
du füllst mir reichlich den Becher.

Lauter Güte und Huld werden mir folgen
mein Leben lang,
und im Haus des Herrn darf ich wohnen für lange Zeit.

Jesus, der gute Hirt

Ich kenne die Meinen
Johannes 10,11-18

Ich bin der gute Hirt. Der gute Hirt gibt sein Leben hin für die Schafe. Der bezahlte Knecht aber, der nicht Hirt ist und dem die Schafe nicht gehören, lässt die Schafe im Stich und flieht, wenn er den Wolf kommen sieht; und der Wolf reißt sie und jagt sie auseinander. Er flieht, weil er nur ein bezahlter Knecht ist und ihm an den Schafen nichts liegt. Ich bin der gute Hirt; ich kenne die Meinen und die Meinen kennen mich; wie mich der Vater kennt und ich den Vater kenne; und ich gebe mein Leben hin für die Schafe. Ich habe noch andere Schafe, die nicht aus diesem Stall sind; auch sie muss ich führen, und sie werden auf meine Stimme hören; dann wird es nur eine Herde geben und einen Hirten. Deshalb liebt mich der Vater, weil ich mein Leben hingebe, um es wieder zu nehmen. Niemand entreißt es mir, sondern ich gebe es aus freiem Willen hin. Ich habe Macht, es hinzugeben, und ich habe Macht, es wieder zu nehmen. Diesen Auftrag habe ich von meinem Vater empfangen.

Arbeitsaufgaben: ✍ ☺ ✋ 💡

❶ Wie wird das Verhältnis zwischen Gott und den Menschen in den beiden Texten beschrieben?
❷ Was soll das Sinnbild vom guten Hirten bedeuten?
❸ Warum ist es nicht leicht, das Verhältnis zwischen Gott und den Menschen zu beschreiben?
❹ Warum sind Gleichnisse Möglichkeiten, das Verhältnis Gottes zu den Menschen besser zu verstehen?
❺ Warum kann der Mensch auf Gottes Hilfe vertrauen?
❻ Ist der Mensch von Gott abhängig?
❼ Wie denkt ihr über folgende Aussage:
"Weil der Mensch ein Geschöpf Gottes ist, sorgt Gott für den Menschen. Gott will das Beste für ihn."
❽ Warum ist Gott mit den Menschen eng verbunden?
❾ Warum ist der Glaube ein Geschenk Gottes an die Menschen?

Jesus Christus -
Anstoß und Herausforderung

Betrachtung der Gestalt Jesu Christi aus unterschiedlichen Blickwinkeln
Entwicklung eigener Einstellungen und Vorstellung zur Gestalt Jesu Christi
Auseinandersetzung mit verschiedenen Jesusbildern und dem Jesuszeugnis in der Bibel
Aufmerksam werden auf Jesu tiefe Menschlichkeit, die tröstet, herausfordert und sogar Anstoß erregt
Jesu Menschsein vorurteilsfrei begegnen und sich auf Jesu Verhalten einlassen

❶ Für wen halten ihn die Leute? - Annäherungen und Zugänge zur Person Jesu

Thema	Material
● Jesus vor 2000 Jahren - Jesus heute	AB, Texte, Fragen
● Wer war Jesus Christus?	AB, Fragen
● Umfrage: Wer ist Jesus Christus?	AB, Umfrage
● Gott, der Sohn, und Jesus, der Christus!	AB, Text, Fragen
● Der historische Jesus	AB, Text, Fragen,
● Ein Herr und viele Namen	AB, Text, Fragen, Bild, Folie
● Bilder von Jesus - Jesusbilder	AB, Bilder
● Wie sah Jesus Christus wirklich aus?	AB, Folie
● "Christusgesichter" von Arnulf Rainer	AB, Text, Fragen, Bilder
● Umkreisen und durchdringen - der Kampf von Arnulf Rainer um das Antlitz Christi	AB, Texte, Foto
● Wie nähert sich der Künstler A. Rainer dem Antlitz Christi?	AB, Fragen, Folien
● HAP Grieshaber - wie stellt er Christus dar?	AB, Fragen, Bild

Umfrage
Diskussion über Meinungen und Vorstellungen zur Person Jesu
Ausstellung zum Thema: Jesus in der Kunst und in den Medien
Diskussion über Gründe, warum Jesus unterschiedlich dargestellt wird

❷ "Seht da, der Mensch!" - Kennen wir Jesus wirklich?

Thema	Material
● Jesus Christus - Anstoß und Herausforderung	AB, Text, Fragen
● Jesus steht auf der Seite der Menschen	AB, Texte, Fragen
● Jesus offenbart die erlösende Nähe und Liebe Gottes	AB, Text, Fragen
● Jesus Christus, der Sohn Gottes	AB, Texte, Fragen
● "In der Not sind wir doppelt nötig!"	AB, Text, Fragen
● Die Frauen von Ermitano	AB, Text, Fragen
● Engagement für Elaine	AB, Text, Fragen
● Heute Christus bezeugen	AB, Text
● Kirche heute - Kirche morgen	AB, Text, Bild
● Sind wir die Kirche von morgen?	AB, Texte, Fragen
● Mit Christus heute leben	AB, Folienbilder
● Jesus Christus - Anstoß und Herausforderung auch heute?	AB, Zitate

Hinweis:
Ergänzende Unterrichtsmaterialien aus dem **pb-Verlag Puchheim** zu diesem Lernziel finden Sie in:
Katholische Religion 5, In Gemeinschaft miteinander leben und glauben
Thema 4: Dem Weg Jesu auf der Spur - sein Leben und Wirken
Katholische Religion 6: Eigene Interessen und Fähigkeiten entdecken und entfalten
Thema 1: Menschen fragen nach Gott - auf der Suche nach Antworten
Katholische Religion 7: Auf der Suche zu sich selbst
Thema 1: Das macht Mut - Jesu Botschaft vom Reich Gottes

RELIGION	Name:	Klasse:	Datum:	Nr.

Jesus vor 2000 Jahren

Jeshua, Jude, Nachkomme des David, ungefähr im Jahr 7 vor unserer Zeitrechnung in Bethlehem geboren, aufgewachsen in Nazaret, von Beruf Zimmermann, unverheiratet. Etwa 30-jährig trat er an die Öffentlichkeit mit einer Botschaft, zog mit einer Gruppe von Jüngern knapp drei Jahre durch das ganze Land; seine aufsehenerregenden Worte und Taten weckten in weiten Kreisen messianische Hoffnungen, in der führenden Schicht der Hauptstadt Jerusalem aber Ablehnung.
Er wurde angefeindet wegen seiner Zuwendung zu Menschen, die als Sünder galten, von den jüdischen Behörden nachts verhaftet, der Gotteslästerung beschuldigt, zum Tod verurteilt, der römischen Besatzungsmacht überstellt, von Pontius Pilatus wegen politischer Rebellion zur Kreuzigung freigegeben und am Freitag, dem 14. Nisan 27 oder 30, nahe vor dem Nord-West-Tor Jerusalems hingerichtet; in einem fremden Grab beigesetzt.
Wenig später traten seine Anhänger auf mit der Behauptung, ihn nach seinem Begräbnis als Lebenden gesehen und gesprochen zu haben. Ihre Überzeugung, dass er der Christus, der Sohn Gottes, der Retter sei, konnte durch nichts aus der Welt geschafft werden. Im Licht der historisch-kritischen Forschung erscheint Jesus von Nazaret somit als eine Persönlichkeit, von der eine der mächtigsten religiösen Bewegungen der Erde ausging: das Christentum.

aus: Für wen haltet ihr mich? Jesuszeugnisse. Hgg. vom Informationszentrum Berufe der Kirche, Freiburg

Jesus heute

Fast 20 Jahre lang hatte ich gegen die Gebote Gottes gesündigt. Mein Sündenberg war riesig (Lügengeschichten, Stehlen, Eitelkeiten usw.). Ich lebte voll in den Sünden, ohne mir darüber Gedanken zu machen. Ich suchte immer nach Liebe, Frieden und Freiheit. Aber die Welt konnte mir keinen Frieden und keine Liebe schenken, überall nur Gebundenheit. Mit 18 Jahren rauchte ich meinen ersten Joint, und mit diesem begann ich dann auch das Zigarettenrauchen. Es wurden nach und nach immer mehr.
Dann kam noch LSD dazu. So lebte ich über eineinhalb Jahre in dieser Rauschgiftwelt (Haschisch, LSD, Zigaretten, Alkohol, Tabletten usw.). Ich war gebunden an Sklavereien dieser Welt, die einem alles so schmackhaft machen. Ich wollte zum Schluss weg von diesen Dingen, aber ich schaffte es nicht mehr. Es wurde immer mehr! Aber einer sah mein Elend, und es war kein anderer als unser Herr und Heiland Jesus Christus.
Er sprach mich durch einen früheren Freund an. Er erzählte mir von der Gruppe 91 (Jesus People) und drängte mich, dass ich doch einmal hinfahren sollte, um es mir einmal anzusehen. So bin ich dann eines Tages vorbeigefahren. Wie ich in das Haus hineinkam, spürte ich Frieden in dem ganzen Haus.
Die Menschen, die dort waren, verkündigten mir das Evangelium von Jesus Christus und bezeugten, dass sie Jesus erlebt hätten. Sie sagten mir, dass ich das gleiche auch erleben könnte, wenn ich Buße tun würde. Dann fragte man mich, ob ich einsehen würde, dass ich sündig wäre und dass Jesus mich frei machen könnte. Daraufhin antwortete ich mit Ja. Dann sagte man mir, dass wir jetzt um die Erlösung beten könnten. Mir war es sehr eigenartig zumute, jetzt gleich zu beten, aber ich probierte es. Ich sprach kurze abgehackte Sätze und dann bin ich nach Hause gefahren. Ich hatte mir fest vorgenommen wieder hinzufahren, denn ich wollte frei werden von meinen Sünden.
Am vierten Abend, mitten im Gebet, musste ich auf einmal von Herzen anfangen zu weinen. Ich bereute zum ersten Male so richtig von Herzen meine Sünden. Kurze Zeit danach empfing ich eine riesige Freude, und ich wusste, dass Jesus in mein Herz gekommen war. Das war die Wiedergeburt, heute weiß ich, dass ich damals den Heiligen Geist aus Gnade und Barmherzigkeit empfangen durfte. Einige Zeit später erlebte ich noch einmal die große Liebe Jesu und ich war restlos frei von den Gebundenheiten (Haschisch, LSD, Zigaretten, Alkohol usw.). - Jesus hat mich frei gemacht!
Heute darf ich schon etwas über 7 Monate mit meinem Heiland gehen, und ich möchte kein Stück mehr zurück. Jesus hat mir die Freude, die Liebe und den Frieden geschenkt, die ich immer gesucht hatte. Sein Heiliges Blut, das auf Golgotha geflossen ist für die schmutzigen Sünden der Menschheit, hat mich reingewaschen.
„Ich vergesse, was dahinten ist und strecke mich zu dem, das da vorne ist, und jage nach dem vorgesteckten Ziel, nach dem Kleinod, welches vorhält die himmlische Berufung Gottes in Christo Jesu.“ (Phil. 3,13 f.)
Jesus ist meine Liebe. Ich möchte den ganzen Weg der Nachfolge gehen, so dass Menschen das Gleiche erleben!

aus: Heinrich Spaemann (Hrsg.), Wer ist Jesus von Nazaret für mich. 100 zeitgenössische Zeugnisse, Kösel, München 1973

Arbeitsaufgaben:

❶ Zu welcher Gruppe von Menschen würde der rauschgiftsüchtige Herbert während der Zeit Jesu gehören?
❷ Wie wurde Jesus vor 2000 Jahren gesehen, wie sieht ihn heute der "geheilte" Herbert?
❸ Warum fühlen sich Not leidende Menschen zu Jesus besonders hingezogen?
❹ Wovon hat Jesus Herbert "freigemacht"?
❺ Wie denkt ihr über die Sinneswandlung Herberts?
❻ Warum beurteilen Menschen Jesus Christus unterschiedlich?

RELIGION	Name:	Klasse:	Datum:	Nr.

Wer war Jesus Christus?

❶ Welche Aussage stimmt? Kreuze die richtige an!

❍ Das Land Palästina bestand zur Zeit Jesu aus Babylonien, Ägypten und Judäa.
❍ Das Land Palästina bestand zur Zeit Jesu aus Galiläa, Judäa und Samarien.
❍ Das Palästina zur Zeit Jesu ist heute das Urlaubs- und Pilgerland Israel mit politischen Spannungen zwischen Palästinensern und Juden.
❍ Das Palästina zur Zeit Jesu ist heute ein Teilstaat Jordaniens und der politischen Führung des Libanon unterstellt.

❷ Welche Probleme gab es zur Zeit Jesu zwischen den Römern und Palästina?

❍ Die Römer gewährten den Juden hohe politische Freiheitsrechte, mit denen sie wenig anzufangen wussten.
❍ Die Römer besetzten das Land und übten eine strenge Herrschaft aus.
❍ Die vielen Verbote und Gebote der jüdischen Religion erdrückten die Menschen.
❍ Die Menschen in Palästina wussten sich nicht zwischen ihren vielen Göttern zu entscheiden.
❍ Die Menschen in Palästina fühlten sich religiös allein gelassen.
❍ Die Menschen in Palästina wünschten sich politische Freiheit und mehr Gerechtigkeit.
❍ Die Menschen in Palästina setzten ihre ganze Hoffnung auf einen Messias.
❍ Die Menschen in Palästina wollten Gott unter harten Zwängen und Gesetzen dienen.

❸ Woher wissen wir etwas über das Leben Jesu?

Schon früh sammelten die Christen nach Jesu Tod und Auferstehung Geschichten über sein Leben.
Ordnet die Begriffe mit drei Farben den drei Stufen richtig zu!
1. Stufe: (gelb) - 2. Stufe: (orange) - 3. Stufe: (rot)

✙ erste schriftliche Aufzeichnungen, die nicht mehr erhalten sind
✙ mündliche Überlieferung von bedeutenden Ereignissen wie Wunder, Passions- und Ostergeschichten
✙ Abfassung der Evangelienschriften aus einzelnen verschiedenen Vorlagen

❹ Welcher Evangelist hat als erster die Frohe Botschaft aufgeschrieben?

❍ Markus ❍ Lukas ❍ Matthäus ❍ Johannes

❺ Stimmt folgende Aussage? ❍ ja ❍ nein

Die ersten drei Evangelien zeigen fast den gleichen Aufbau. Das Evangelium nach Johannes hat einen eigenen Aufbau. Lukas und Matthäus haben das Markus-Evangelium als Modellvorlage benutzt. Beide haben aber auch zusätzliche Redequellen und sogenanntes "Sondergut" verwendet.

❻ Welches Bild von Jesus zeigt uns das Matthäus - Evangelium? Keuze die richtigen Aussagen an!
(Vgl. dazu Mt 1, 18-23 - Mt 8, 16-17 - Mt 21, 1-5 - Mt 26, 59-66)

❍ Viele Stellen im Matthäus-Evangelium weisen darauf hin, dass es für Juden geschrieben wurde.
❍ Viele Stellen im Matthäus-Evangelium weisen darauf hin, dass es für Heiden geschrieben wurde.
❍ Jesus ist der Messias, den bereits die Propheten des Alten Bundes angekündigt hatten.
❍ Jesus beantwortet die Frage, ob er der Messias sei, mit Ja.

❼ Welches Bild von Jesus zeigt uns das Lukas - Evangelium? Kreuze die richtige Aussage an!
(Vgl. dazu Lk 18, 9-14 - Lk 16, 9-31 - Lk 7, 36-50)

❍ Das Lukas - Evangelium wendet sich an Heiden.
❍ Das Lukas - Evangelium wendet sich an Juden.
❍ Jesus ist der Heiland der Verachteten, der Armen und Sünder.
❍ Jesus macht wieder heil, schenkt den Menschen (ewiges) Heil.

❽ Welches Bild von Jesus Christus wird rechts in der Zeichnung dargestellt?

❍ Jesus als guter Hirte ❍ Jesus als Bruder im Elend ❍ Jesus als Weggefährte

❾ Stimmt diese Aussage? ❍ ja ❍ nein

Alle Bilder zusammen geben ein umfassendes Bild von Jesus., seiner Bedeutung und seiner Sendung.

RELIGION	Name:	Klasse:	Datum:	Nr.

Lösung: Wer war Jesus Christus?

❶ Welche Aussage stimmt? Kreuze die richtige an!

❍ Das Land Palästina bestand zur Zeit Jesu aus Babylonien, Ägypten und Judäa.
● Das Land Palästina bestand zur Zeit Jesu aus Galiläa, Judäa und Samarien.
● Das Palästina zur Zeit Jesu ist heute das Urlaubs- und Pilgerland Israel mit politischen Spannungen zwischen Palästinensern und Juden.
❍ Das Palästina zur Zeit Jesu ist heute ein Teilstaat Jordaniens und der politischen Führung des Libanon unterstellt.

❷ Welche Probleme gab es zur Zeit Jesu zwischen den Römern und Palästina?

❍ Die Römer gewährten den Juden hohe politische Freiheitsrechte, mit denen sie wenig anzufangen wussten.
● Die Römer besetzten das Land und übten eine strenge Herrschaft aus.
● Die vielen Verbote und Gebote der jüdischen Religion erdrückten die Menschen.
❍ Die Menschen in Palästina wussten sich nicht zwischen ihren vielen Göttern zu entscheiden.
● Die Menschen in Palästina fühlten sich religiös allein gelassen.
● Die Menschen in Palästina wünschten sich politische Freiheit und mehr Gerechtigkeit.
● Die Menschen in Palästina setzten ihre ganze Hoffnung auf einen Messias.
❍ Die Menschen in Palästina wollten Gott unter harten Zwängen und Gesetzen dienen.

❸ Woher wissen wir etwas über das Leben Jesu?

Schon früh sammelten die Christen nach Jesu Tod und Auferstehung Geschichten über sein Leben.
Ordnet die Begriffe mit drei Farben den drei Stufen richtig zu!
1. Stufe: (gelb) - 2. Stufe: (orange) - 3. Stufe: (rot)
✚ erste schriftliche Aufzeichnungen, die nicht mehr erhalten sind (orange)
✚ mündliche Überlieferung von bedeutenden Ereignissen wie Wunder, Passions- und Ostergeschichten (gelb)
✚ Abfassung der Evangelienschriften aus einzelnen verschiedenen Vorlagen (rot)

❹ Welcher Evangelist hat als erster die Frohe Botschaft aufgeschrieben?

● Markus ❍ Lukas ❍ Matthäus ❍ Johannes

❺ Stimmt folgende Aussage? ● ja ❍ nein

Die ersten drei Evangelien zeigen fast den gleichen Aufbau. Das Evangelium nach Johannes hat einen eigenen Aufbau. Lukas und Matthäus haben das Markus-Evangelium als Modellvorlage benutzt. Beide haben aber auch zusätzliche Redequellen und sogenanntes "Sondergut" verwendet.

❻ Welches Bild von Jesus zeigt uns das Matthäus - Evangelium? Keuze die richtigen Aussagen an!
(Vgl. dazu Mt 1, 18-23 - Mt 8, 16-17 - Mt 21, 1-5 - Mt 26, 59-66)

● Viele Stellen im Matthäus-Evangelium weisen darauf hin, dass es für Juden geschrieben wurde.
❍ Viele Stellen im Matthäus-Evangelium weisen darauf hin, dass es für Heiden geschrieben wurde.
● Jesus ist der Messias, den bereits die Propheten des Alten Bundes angekündigt hatten.
● Jesus beantwortet die Frage, ob er der Messias sei, mit Ja.

❼ Welches Bild von Jesus zeigt uns das Lukas - Evangelium? Kreuze die richtige Aussage an!
(Vgl. dazu Lk 18, 9-14 - Lk 16, 9-31 - Lk 7, 36-50)

● Das Lukas - Evangelium wendet sich an Heiden.
❍ Das Lukas - Evangelium wendet sich an Juden.
● Jesus ist der Heiland der Verachteten, der Armen und Sünder.
● Jesus macht wieder heil, schenkt den Menschen (ewiges) Heil.

❽ Welches Bild von Jesus Christus wird rechts in der Zeichnung dargestellt?

❍ Jesus als guter Hirte ❍ Jesus als Bruder im Elend ● Jesus als Weggefährte

❾ Stimmt diese Aussage? ● ja ❍ nein

Alle Bilder zusammen geben ein umfassendes Bild von Jesus, seiner Bedeutung und seiner Sendung.

RELIGION	Name:	Klasse:	Datum:	Nr.

Umfrage: Wer ist Jesus Christus?

Die Person Jesu wird von Menschen zu allen Zeiten unterschiedlich gesehen. Versucht ein Meinungsprofil durch Interviews zu erstellen! ✍ ☺ ✋ 💡

❶ **Bekanntheitsgrad:** unbekannt (%) bekannt (%)

❷ **Welche Eigenschaften schreiben Sie Jesus Christus zu?**

sympathisch (%) ____________
unsympathisch (%) ____________
menschenfreundlich (%) ____________
menschlich (%) ____________
hilfsbereit (%) ____________
bedeutend (%) ____________
unbedeutend (%) ____________

Weitere Eigenschaften:

____
____
____
____

❸ **Wann haben Sie zum ersten Mal von Jesus Christus gehört?**

____

❹ **Welche Rolle spielt Jesus Christus in Ihrem Leben? (persönlicher Bedeutungsgrad)**

eine große Rolle: (%) ____________
kaum eine Rolle: (%) ____________
überhaupt keine Rolle: (%) ____________

❺ **Worin liegt Ihrer Meinung nach die Bedeutung von Jesus Christus?**

____
____
____

❻ **Ist die Lehre Jesu Christi für heutige moderne Menschen noch wichtig? Warum?**

____

RELIGION	Name:	Klasse:	Datum:	Nr.

Umfrage: Wer ist Jesus Christus? (2)

Die Person Jesu wird von Menschen zu allen Zeiten unterschiedlich gesehen. Versucht ein Meinungsprofil durch Interviews zu erstellen!

❼ Ist Jesus Gottes Sohn? ja (%) nein (%)

❽ Wer war Ihrer Meinung nach Jesus Christus?

Wunderheiler (%) ____________
Wanderprediger (%) ____________
Messias (%) ____________
Revolutionär (%) ____________
Religionsgründer (%) ____________
Pazifist (%) ____________
Genie (%) ____________

Weitere Bezeichnungen:

____
____
____
____

❾ Wie würde Ihrer Meinung nach Jesus heute im Medienzeitalter beschrieben werden?

____

❿ Wie ging Jesus mit seinen Mitmenschen um?

er tröstete: (%) ____________
er forderte heraus: (%) ____________
er erregte Anstoß: (%) ____________

11. Warum fühlten sich Menschen zu allen Zeiten von Jesus Christus angesprochen?

____
____
____

12. Warum lehnten Menschen zu allen Zeiten Jesus Christus ab?

____

RELIGION	Name:	Klasse:	Datum:	Nr.

Gott, der Sohn, und Jesus, der Christus!

Wir Christen glauben an den Gottes- und Menschensohn Jesus Christus und an seine einmalige geschichtliche Heilstat. Zuerst aber müssen wir einen Blick auf die göttlichen Funktionen Christi werfen, bevor wir den historischen Jesus betrachten.

Jesus Christus ist die zentrale Leitfigur und, wie schon in der Namensgebung deutlich wird, das "Zentrum" des Christentums. Sein Erscheinen ist unmittelbar mit dem Heil der Schöpfung und der Erlösung der Menschen verbunden. Er gibt seinen Anhängern in der Bergpredigt eine neue Ethik, die Religion der Liebe, welche die alte (jüdische) Religion des Gesetzes zugleich erfüllt und ersetzt.

Lange Zeit bereitete es Schwierigkeiten, wie die Person Jesus Christus als Gott zu fassen ist: als von Anfang an im Vater eingeboren, als Wort Gottes (logos) , das immer schon bei Gott war - wie im Prolog des Johannes-Evangeliums formuliert - , oder nur als quasi von Gott adoptierter hervorragender Mensch. Jedenfalls wird Gott in Jesus Christus zu menschlicher Gestalt. Johannes sagt: "Und das Wort ist Fleisch geworden". Dabci nimmt Jesus freiwillig die Leiden des irdischen Daseins auf sich, wird weitgehend verkannt und schließlich hingerichtet und nimmt mit seincm Tod und seiner Auferstehung die Sünden der Menschheit stellvertretend auf sich: Jesus als "neuer Adam" oder "letzter Adam".

Die historische Einmaligkeit dieses Heilsgeschehens bestimmt die gesamte christliche Geschichtsauffassung. In der Christologie gehen neben rationalen und historischen Zügen (Jesus als charismatischer Wanderprediger) auch eine Reihe von hochspekulativen messianischen und asketischen Gedanken ein.

Der Selbstanspruch Jesu, das Kommen des mehr jenseitigen Gottesreiches der Gerechtigkeit vorzubereiten ("Mein Reich ist nicht von dieser Welt!") enttäuschte zunächst jene Menschen, die auf einen politischen Umsturz hofften, in der Erwartung an das Kommen eines Königs aus dem Hause Davids. Diese Überführung der alten Erwartungen wurde im Urchristentum mit der leiblichen Auferstehung Jesu von den Toten verknüpft und führte zu einer apokalyptischen Naherwartung des Reiches Gottes bei der Urgemeinde, die erst allmählich aufgegeben wurde.

Der Kreuzestod Jesu wurde verarbeitet in der Vorstellung des Menschensohnes als des "leidenden Gottesknechtes" bzw. des "leidenden Gottessohnes", die auf alttestamentlich-jüdische Vorbilder vom "leidenden Gerechten" (Hiob) zurückgeht. Bereits die frühen Christen wählten das Kreuz als Erkennungszeichen und verwandelten damit - für ihre Umwelt schwer zu verstehen - das Instrument des schmachvollen Todes in ein "Zeichen des Sieges".

aus: Markus Hattstein, Weltreligionen, Könemann

Arbeitsaufgaben:

❶ Sucht zuerst für folgende Begriffe deutsche Erklärungen im Fremdwörterbuch:

Funktion: ______________________________

Prolog: ______________________________

adoptiert: ______________________________

Christologie: ______________________________

rational: ______________________________

historisch: ______________________________

messianisch: ______________________________

asketisch: ______________________________

apokalyptisch: ______________________________

charismatisch: ______________________________

❷ Mit welchen zwei Aufgaben ist das Erscheinen Jesu unmittelbar verbunden?
❸ Was gibt Jesus seinen Anhängern in der Bergpredigt?
❹ Lest den Text der Bergpredigt nach!
❺ Welche Frage bereitete der Kirche lange Zeit Schwierigkeiten? Was war das Problem?
❻ Wie beschreibt Johannes die Menschwerdung Gottes?
❼ Warum wird Jesus als "neuer Adam" bezeichnet?
❽ War Jesus "nur" ein charismatischer Wanderprediger?
❾ Welche politischen Erwartungen wurden an Jesus Christus geknüpft?
❿ Wie wurde Jesu Tod gedeutet?

RELIGION	Name:	Klasse:	Datum:	Nr.

Der historische Jesus

In der Überlieferung des Lebens Jesu mischen sich historische mit legendenhaft-verklärenden Schilderungen. Während die Existenz des historischen Jesus im allgemeinen unbestritten ist, wird seine Göttlichkeit von nicht-christlichen Quellen (Judentum, Autoren der Antike, Islam) bestritten. Die Quellen für das Leben Jesu teilen sich in zwei Gruppen: die vier Evangelien einerseits und die von der Kirche später ausgesonderten Apokryphen-Schriften andererseits, die sich meist mit der Kindheit Jesu beschäftigen. Die drei ersten Evangelien nach Matthäus, Markus und Lukas, wegen ihrer weitgehenden Gemeinsamkeit "Synoptiker" genannt, überliefern stärker biografisch-historische Ereignisse aus dem Leben Jesu und sind griechische Ausgestaltungen vermutlich aramäischer Urtexte, während das zeitlich etwas spätere Johannes-Evangelium das Leben Jesu poetisch verklärt mit metaphysischen und heilsgeschichtlichen Spekulationen anreichert. Die Quellen stammen wohl aus dem direkten Umfeld Jesu.

Jesus (der Name ist eine Abkürzung des Namens Josua, eigentlich Jehoshua = "Gottes Hilfe") war der älteste Sohn des Zimmermanns Josef und seiner Frau Maria; er hatte noch mehrere Geschwister (Mk 6, 3). Die Eltern lebten in Nazareth (Galiläa), doch lassen Matthäus und Lukas Jesus aus Bethlehem stammen, damit sich die alttestamentliche Prophezeiung des Micha erfüllt. Sein Geburtsjahr war lange umstritten, doch wird es heute etwas vor der Zeitenwende in den Jahren zwischen 6 und 3 vor Chr. angesetzt. Jesus hat wohl ursprünglich den Zimmermannsberuf seines Vaters ausgeübt, doch werden seine herausragenden Eigenschaften schon in der Geschichte vom 12jährigen Knaben im Tempel (Lk 2, 42 ff) genannt.

Jesus ließ sich von Johannes dem Täufer, der als direkter Vorläufer Jesu gilt und auf diesen verweist, im Jordan taufen und kehrte nach der Einkerkerung des Täufers (er wurde auf Befehl des Herodes hingerichtet) nach Galiläa zurück. Lukas zufolge nahm Jesus mit etwa 30 Jahren seine öffentliche Tätigkeit auf (Lk 2, 23), die nur ein bis höchstens drei Jahre dauerte. Von Jüngern begleitet, zog Jesus als Wanderprediger umher, heilte Kranke und wurde von seinen Anhängern gastfrei gehalten, was seine häufige Anwesenheit bei Festmahlen dokumentiert. Jesus war also kein weltfeindlicher Asket.

Sein Lebenswandel und seine religiösen Botschaften erregten bald das Misstrauen und die Feindschasft der traditionellen Pharisäer und Schriftgelehrten, die seinen wachsenden Anhang fürchteten und Jesu Aufenthalt in Jerusalem nutzten, um ihn gefangenzunehmen, ihm wegen Gotteslästerung den Prozess zu machen (Mk 14, 64) und ihn mit Genehmigung des römischen Prokurators Pontius Pilatus, der zwischen 26 und 36 nach Chr. amtierte, schließlich ans Kreuz zu schlagen. Während Jesus qualvoll starb, trat eine Finsternis im Lande ein (daher wurde der 3. April des Jahres 33 als wahrscheinlicher Todestag errechnet). Jesus war ein Mann des Volkes, der in einer einfachen und klaren, aber bildreichen Sprache predigte und vornehmlich Gleichnisse aus dem bäuerlich-handwerklichen Milieu seiner Zuhörer verwendete. Er setzte die Bedeutung der Schriftgelehrsamkeit herab und lehrte ein praktisch-tätiges Evangelium der Nächstenliebe, verhieß das Kommen des Reiches Gottes und begegnete Ungläubigen und Gegnern mit einer Mischung aus Nachsicht und Androhung eines künftigen Strafgerichts. *aus: Markus Hattstein, Weltreligionen, Könemann*

Arbeitsaufgaben:

❶ Erklärt folgende Fremdwörter mit Hilfe eines Wörterbuchs:

Existenz: ____________________

biografisch: ____________________

metaphysisch: ____________________

Asket: ____________________

Milieu: ____________________

❷ Wie wird die Existenz Jesu und seine Göttlichkeit gesehen?
❸ Welche Geschichtsquellen berichten über das Leben Jesu?
❹ Warum heißen drei Evangelisten "Synoptiker"?
❺ Welche Daten über den historischen Jesus sind unbestritten?
❻ Wann dürfte Jesus wirklich geboren worden sein?
❼ Wann nahm Jesus seine öffentliche Tätigkeit auf?
❽ Warum war Jesus ein "Mann des Volkes"?
❾ Wie begegnete Jesus Ungläubigen und Gegnern?

RELIGION	Name:	Klasse:	Datum:	Nr.

Ein Herr und viele Namen

Wir Christen glauben:
Der ewige Gott
ist unser Vater.
Das lehrt uns
Jesus Christus.
Er ist der
eingeborene Sohn Gottes.
Durch ihn haben wir gelernt,
zu Gott "Vater unser" zu sagen.

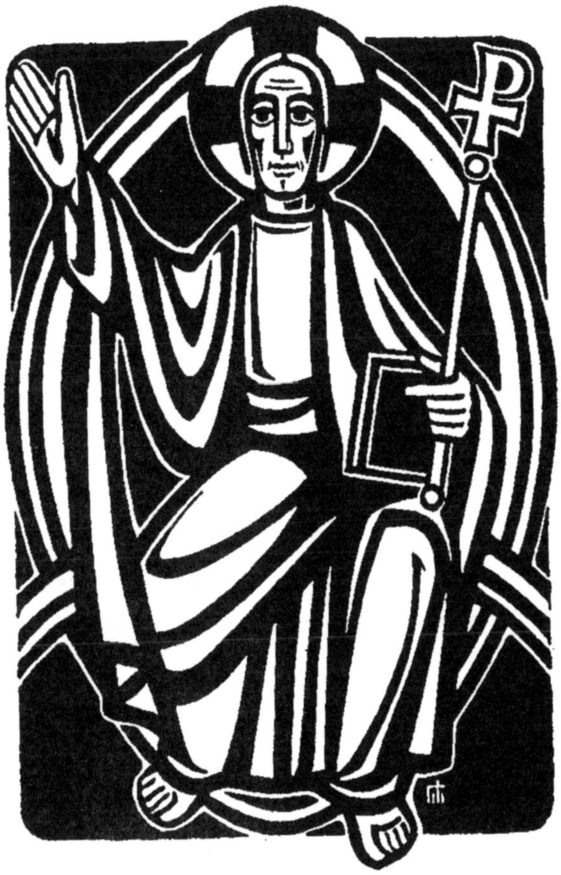

So steht es in unseren Glaubensbüchern.
Die Grundurkunde unseres Glaubens ist
die Heilige Schrift, die Bibel.
Darin finden wir viele Bezeichnungen
für ein und dieselbe Person:

Jesus ist der Christus (= "der Gesalbte")
Jesus ist der Messias (= der "Erwartete")
Jesus ist der Sohn des lebendigen Gottes.

❶ *Vergleicht dazu Mt 11, 27*
und tragt die Bibelstelle unten ein!

___

___

___

Jesus ist der Erlöser der Welt.
Jesus Christus ist der Herr.

❷ *Vergleicht dazu Phil 2, 9 - 11 und tragt die Bibelstelle unten ein!*

___

___

___

___

___

___

Jesus ist Gott und Mensch zugleich.
Jesus Christus ist Mensch geworden aus Maria, der Jungfrau.
Jesus Christus ist der Sohn Gottes, unser Herr.

RELIGION	Name:	Klasse:	Datum:	Nr.

Lösung: Ein Herr und viele Namen

Folienbild:

Wer ist er?

Christus
Messias
lebendiger Gott
Erlöser der Welt
Herr
Gott und Mensch zugleich
Mensch geworden aus Maria, der Jungfrau.
Sohn Gottes
unser Herr

❶ *Vergleicht dazu Mt 11, 27*
und tragt die Bibelstelle unten ein!
✍ ☺ ✋ 💡

Niemand kennt den Sohn, nur der Vater,
und niemand kennt den Vater, nur der Sohn
und der, dem es der Sohn offenbaren will.

❷ *Vergleicht dazu Phil 2, 9 - 11*
und tragt die Bibelstelle unten ein!

Gott hat ihn über alle erhöht
und ihm den Namen verliehen,
der größer ist als alle Namen,
damit alle im Himmel, auf der Erde
und unter der Erde
ihre Knie beugen vor dem Namen Jesu
und jeder Mund bekennt:
Jesus Christus ist der Herr.

RELIGION	Name:	Klasse:	Datum:	Nr.

Bilder von Jesus - Jesusbilder

Ungezählt sind die Darstellungen von Jesus Christus. In allen Jahrhunderten haben Künstler mit den unterschiedlichsten Formen und Mitteln versucht, sich der Person und dem Wesen Jesu Christi zu nähern.

❶ Versucht beide Bilder unten zu beschreiben! ✍ ☺ ✋ 💡

❷ Malt in den Rahmen eine Christusdarstellung, die eurer Meinung nach Jesus Christus nahekommt!

❸ Stellt Plakate zusammen, die Christus-Darstellungen in den Medien zeigen und stellt sie im Klassenzimmer aus!

____

____

____

____

RELIGION	Name:	Klasse:	Datum:	Nr.

Wie sah Jesus Christus wirklich aus?
Gibt es von ihm Bilder, Dokumente, Fotos?
Wie kann man Jesus Christus darstellen?
Kann man Jesus Christus überhaupt darstellen?
Wie würdest du ihn zeichnen?

RELIGION	Name:	Klasse:	Datum:	Nr.

„Christusgesichter“ von Arnulf Rainer

"Christusgesichter - Umkreisungen und Durchdringungen“ ist der Titel einer Bilderserie von 33 Werken und eines Buches des Wiener Malers Arnulf Rainer, der mittelalterliche Christusgesichter und -figuren verfremdete, übermalte und "ankritzelte". Dafür wurde der Künstler von den einen maßlos beschimpft, von den anderen überschwenglich gefeiert. Unter der Überschrift "Der ganze Schmerz des Christentums" erschien in einer Tageszeitung ein Bericht über die Ausstellungseröffnung:

Wer nicht genau hinschaut, der hält es für einen Lausbubenstreich, quasi als Rache für den vom Vater verordneten sonntäglichen Kirchgang: Da hat jemand auf das Bild einer romanischen Christusfigur einen Heiligenschein gekritzelt. Andere sprechen von Gotteslästerung, von Entartung, von Schmiererei, Geschmacklosigkeit und Verunstaltung. Es ist schon provozierend, was der Wiener Künstler Arnulf Rainer, seit Jahren in Vornbach bei Passau ansässig, in der Galerie am Steinweg ausstellt, Fotografien von Christus-Gesichtern hat er, vornehmlich mit Ölkreide, Tusche und Schwarzstift, übermalt, verfremdet, angekritzelt

Den Galeristen Horst Stauber und Christa Schubach ist es gelungen, den überregional bekanntesten in der Nähe wohnenden Künstler für eine Präsentation zu gewinnen, die noch dazu, man höre und staune und ist fast beschämt, seine erste in der Bischofsstadt ist. In Wien hat er ausgestellt, in den USA, in der Berner Kunsthalle, in der Münchner Lenbachgalerie und in Holland, in London, Berlin, Baden-Baden, im Kunsthaus Zürich, in Oxford und im Pariser Centre Georges Pompidou, nur noch nicht im 20 Kilometer entfernten Passau.

Die Besucher der Ausstellungseröffnung führte am Mittwochabend Prof. Dr. Friedhelm Mennekes von der Philosophisch-theologischen Hochschule St. Georgen Frankfurt am Main, in die schwierige Bildwelt Rainers ein. Mennekes ist Autor des großformatigen reichbebilderten Bandes: "Umkreisen und Durchdringen: Christusgesichter von Arnulf Rainer" aus dem Verlag Katholisches Bibelwerk GmbH Stuttgart, der von der Passauer Druckerei Passavia hergestellt worden ist.

Mennekes gab den Ausstellungsbesuchern den Rat, sich nicht zu lange vor den Bildern aufzuhalten, dafür öfter zu kommen. „Diese Bilder sind nicht solche, die man nur ansieht und abhakt“ . Der theologische Anspruch, der für jede Kunst gelte, die sich mit dem Gekreuzigten befasse, sei, die „Expressionen eines Menschen kurz vor dem Tod“ und das „würdevoll getragene Leid“ wiederzugeben, nie aber die totale Verzweiflung.

Was viele befremde, das sei, so Mennekes, vielleicht die „offene, ja offensive Distanzierung“ Rainers vom herkömmlichen Christusbild, das auch auf den Fotografien von Skulpturen der Spätromanik und Frühgotik, die Rainer übermalt hat, dargestellt sei.

In den Mittelpunkt seines Vortrags stellte der Professor, selbst Jesuitenpater, die Reaktionen von Besuchern einer kürzlich zu Ende gegangenen Rainer-Präsentation im Frankfurter Hauptbahnhof: Von „braunen Schmierereien“ sei gesproehen worden, von Kindergekritzel und Entartung, man habe Rainers Kunst als „dunkel“ „tragisch“, „bedrükkend“ „„blasphemisch“, „verspottend“ bezeichnet, aber auch als „faszinierend”, „nachdenklich“, „effektvoll“, als „ansprechend“ und als „sinnvollen Denkanstoß“. Für ihn, Mennekes, schaffe Rainer das „Christusbild unserer Zeit“, versinnbildliche die „Ambivalenz des Glaubens unserer Zeit“. Er schloss mit den Worten des Redakteurs einer alternativen Frankfurter Zeitung, der, nachdem er sich zunächst über die Ausstellung lustig machen wollte in den Bildern Rainers „den ganzen Schmerz des Christentums“ gefunden habe und schließlich resümierte: „Eine Steigerung ist nicht mehr möglich.“

Bekannt geworden ist Arnulf Rainer mit seinen Grimassenfotos und Totenmasken. „Er hat“, so erzählt auf der Vernissage ein anderer Maler, "bei einem Wettbewerb ein prämiertes Bild genommen und übermalt. Auf diese Weise ist er zwar mit dem Gesetz in Konflikt geraten, aber sein Name war in aller Munde.“

Auch die 33 Christusgesichter werden viele schockieren. Es sind „Durchdringungen und Umkreisungen, Parallelisierungen und Geometrisierungen“ (Mennekes) vom Gesicht des gepeinigten Jesus. Rainer verändert, aber er zerstört nicht, vielfach gelingt ihm noch eine Intensivierung und Mystifizierung der mittelalterlichen Ausdruckskraft auf den übermalten Photos.

aus: Passauer Neue Presse, Juli 1986

Arbeitsaufgaben: ✍ ☺ ✋ ♀

❶ Wie sehen Ausstellungsbesucher die Christus-Übermalungen von Arnulf Rainer?
❷ Welche positiven Begriffe werden genannt?
Welche negativen Äußerungen fallen anlässlich der Ausstellung im Frankfurter Hauptbahnhof?
❸ Wie beurteilte ein zunächst skeptischer Redakteur einer alternativen Zeitung die Werke Rainers?
❹ Zu welchem Urteil kommt der Theologie-Professor Friedhelm Mennekes über die Kunst Arnulf Rainers?
❺ Wie denkt ihr über die "Christusbilder unserer Zeit", die den "ganzen Schmerz des Christentums" zeigen?

RELIGION	Name:	Klasse:	Datum:	Nr.

Christus-Gesicht, übermalt von Arnulf Rainer

❶ **Wie findest du das Bild? Kreuze an und begründe!**

❍ dunkel ❍ billiges Kindergekritzel ❍ aufrüttelnd ❍ langweilig ❍ tragisch ❍ bedrückend
❍ blasphemisch ❍ verspottend ❍ faszinierend ❍ nachdenklich ❍ effektvoll ❍ ansprechend
❍ sinnvoller Denkanstoss ❍ ein typisches Christusbild für unsere Zeit

❷ **Mit welchen Worten würdest du das Bild umschreiben?**

❸ **Was bedeutet der Titel des Bildes: "Durchdringungen und Umkreisungen"?**

RELIGION	Name:	Klasse:	Datum:	Nr.

Umkreisen und Durchdringen - der Kampf von Arnulf Rainer um das Antlitz Christi

Von Christus gibt es keine Portraits, keine authentische Abbildung. Die Versuche, dem Geheimnis seines Antlitzes näher zu kommen, es gar zu lüften, gehen in viele Tausende. Immer wieder haben sich Künstler an diese Herausforderung gewagt.
Arnulf Rainer will sich als Person dem Geheimnis, dem Rätsel des Christusgesichtes ausliefern. Er will als Verwundeter eintauchen in den Schmerz, in das Leid, will sich einlassen in den Kampf und auftauchen, ohne um das zu wissen, was folgt.

Die in diesem Kunstband abgebildeten, überzeichneten Fotos mittelalterlicher Christusgesichter wirken auf den im Betrachten zeitgenössischer Kunst Ungeübten zunächst befremdend. Doch wer den zweiten Blick wagt und einen dritten, der hat die Chancc an cincm aufregenden Ringen teilzunehmen: Dem Ringen eines Künstlers, das Geheimnis des Menschgewordenen zu lichten.
Sich auf diese Christusgesichter einlassen, heißt, selbst ein Durchdringen wagen. Die vorgegebenen Formen des Antlitzes lösen sich in den umkreisenden Linien, den dynamisierenden Strichen, den betonenden Nachzeichnungen und schließlich den Zumalungen auf.
Und im betroffenen Schauen erlebt der Betrachter, wie das Christusgesicht gleichsam zum Gesicht eines jeden Menschen wird.

Amulf Rainer,
geboren am 8. Dezember 1929 in Baden bei Wien, lebt in Wien, Enzenkirchen (Oberösterreich) und Vornbach am Inn (bei Passau).
1947-1951 gegenständlich-surrealistische Zeichnungen; ab ich1954 Übermalungen;
1976 Leonardo-Überzeichnungen; 1977 Messerschmidt- Überarbeitungen;
1977/ 1978 Beginn der Überarbeitung von Totenmaskenfotos; 1979 Totengesichter, 1980 Mumien-Überarbeitungen, Rembrandt-Serie, Chaos-Serie, 1981 Grünewald-Überarbeitungen, 1982 Hiroshima-Zyklus; 1983 Kreuze und Weiterarbeit an den Totenmasken-Übermalungen; 1984 Christus-Übermalungen; 1985 Kreuze, Minetti-Serie.
1978 Großer Österreichischer Staatspreis für Malerei.
1981 Max-Beckmann-Preis der Stadt Frankfurt am Main.
Seit 1978 Mitglied des Österreichischen Kunstsenates.
Seit 1981 Mitglied der Akademie der Künste, Berlin, und Leiter einer Meisterklasse für Malerei an derAkademie der Bildenden Künste in Wien.

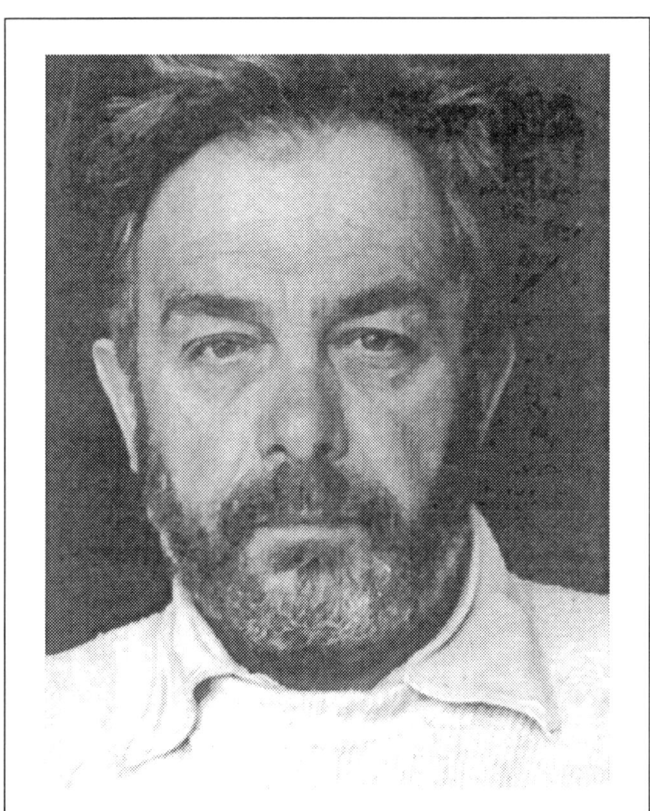

Arnulf Rainer

RELIGION	Name:	Klasse:	Datum:	Nr.

Was sagt der Künstler Arnulf Rainer zu seiner Arbeit?

Arnulf Rainer (A.R.) im Gespräch mit Friedhelm Mennekes (F. M.):

F. M: Herr Rainer, dem äußeren Aussehen nach ist Christus ein Unbekannter. Wir besitzen kaum Anhaltspunkte über seine äußere Gestalt. Was in der Kunstgeschichte an Konkretem überliefert ist, hat kein reales Fundament. Trotzdem haben viele Maler eine künstlerische Vorstellung von ihm.
A. R: : Ich habe keine besondere eigene Vorstellung, außer der konkreten der Kunstgeschichte. War das aber je anders? Es ist außerdem eine etwas banausische Annahme: der Künstler hat eine klare detaillierte Vorstellung, die er dann zu Papier bringt. Während der Gestaltungsarbeit "epiphaniert" sich erst das Gesicht oder der Apfel auf dem Papier. Er fällt aber natürlich nicht weit vom Stamm.
F. M.: Im Blick auf Ihre Christusübermalungen fällt mir auf, dass der leidende Christus in den Fotovorlagen überwiegt. Ich sehe keinen auferstandenen, selten einen segnenden, allenfalls den toten Christus im Pieta-Motiv. Was hat das für Gründe?
A. R.: Die Furcht vor dem Im-Blick.
F. M.: Es hängt also nicht mit dem Thema zusammen?
A. R.: Doch, mit der Blickfurcht auf gewisse Themen.
F. M.: Im Christusmotiv haben sich immer wieder grundsätzliche Sichten des Menschen niedergeschlagen. Es gibt darum auch Aufschluss darüber, wie sich der Mensch in einer bestimmten Zeit verstand.
A. R.: Sie gehen von einer Simplifizierung aus, die ich in der alten Kunst so nicht nachvollziehen kann. In der modernen schon gar nicht. Es hängt alles mit allem zusammen, aber eben auf sehr komplizierte Weise.
F.M.: Bei verschiedenen Gruppen beobachte ich eine große Betroffenheit, wenn ich mit ihnen ihre Bilder betrachte; vielleicht weil der Künstler Arnulf Rainer nicht nur immer neue Formen schafft, sondern auch, weil er sich mit seiner künstlerischen Sensibilität an Themen wagt, die vergessen wurden und die die Menschen bewegen.
A.R.: Dazu kann ich schwer etwas sagen. Ich versuche, durch jedes neue Thema ein Stück Welt zu verstehen und es für mich innerlich zu erobern.
F. M: Herr Rainer, die Themen "Christus", "Kreuz" haben Sie immer wieder zu Arbeiten angeregt. Was macht dieses Motiv für Sie so ergiebig?
A. R.: Eine andauernde Verlegenheit und geistige Not. Ich finde meist keine besonderen Motive aus dieser Welt, die mir genügend Impetus geben, um zu arbeiten. Es ist ein Haltegriff für mich. Keine besondere religiöse Berufung treibt mich dazu.

aus: Arnulf Rainer, Umkreisen und durchdringen, Verlag Katholisches Bibelwerk Stuttgart 1986

Arnulf Rainer sagt zu seinem Werk "Kreuz und Nacht" (1980):
Eines spezifischen Kommentares über diese Bildthematik will ich mich ... enthalten. Ich war mir über vieles im Unklaren, stehe selbst in Nacht, Finsternis und Nebel. Es sei nur noch angemerkt, dass die Bildstreitigkeiten über "Präsenz", "Repräsenz", "Hinweis" usw., die vor hunderten von Jahren in den christlichen Kirchen tobten, schon seit langem mein Gehirn beschäftigen, da damals schon die Wege zur Kunst des XX. Jahrhunderts begannen. Heute ist alles vielfältiger. Ein spezieller Hedonismus und Spiritualismus scheint sich bei Künstlern nicht mehr auszuschließen. Seitdem ich das weiß, möchte ich religiöse Auslegungen meiner Arbeit unterlaufen. Persönliche, subjektive, psychologische, analytische Theoreme sind dem Thema wenig angemessen. Eine starke persönliche Faszination von »Kreuz und Nacht« gibt mir die Kraft zur Werksetzung, ich möchte alle Aspekte dieser Bilder erst langsam mit mir selbst ausmachen.

RELIGION	Name:	Klasse:	Datum:	Nr.

Wie nähert sich der Künstler Arnulf Rainer dem Antlitz Christi?

Arbeitsaufgaben zu den Texten:

❶ **Arnulf Rainer nennt drei Wege, wie er dabei vorgeht.**
Kreuze die richtigen Aussagen an!

❍ Er will sich dem Rätsel des Christusgesichtes ausliefern.
❍ Er will das Christusgesicht des 20. Jahrhunderts neu erschaffen.
❍ Er will den Schmerz und das Leid des Gottessohnes vergessen machen.
❍ Er will eintauchen in den Schmerz und in das Leid.
❍ Er will aus seiner Arbeit auftauchen, ohne zu wissen, was folgt.

❷ **Wie arbeitet Arnulf Rainer?**

❍ Er schafft völlig neue Christusbilder.
❍ Er nimmt barocke Christusdarstellungen aus Italien als Vorlage.
❍ Er nimmt mittelalterliche Christusdarstellungen als Vorlage.
❍ Er zieht Linien, Striche, zeichnet nach und malt zu.
❍ Er verändert die Christusdarstellungen nur unmerklich, um sie möglichst alt zu erhalten.

❸ **Welche Begriffe spielen in seiner Arbeit eine große Rolle?**

❍ umkreisen
❍ ausgrenzen
❍ betonen
❍ weich machen
❍ durchdringen
❍ verwischen
❍ dynamisieren
❍ verdeutlichen

❹ **Wie wirkt das rechts abgebildete Christusgesicht auf dich?**
Notiere deine Gedanken!

____
____
____
____
____
____

❺ ***Versucht eine Bildvorlage eines Christusgesichts aus dem Mittelalter selbst zu übermalen!***

❻ ***Beschreibt eure Ergebnisse und stellt sie im Klassenzimmer aus!***

RELIGION	Name:	Klasse:	Datum:	Nr.

Lösung:
Wie nähert sich der Künstler Arnulf Rainer dem Antlitz Christi?

Arbeitsaufgaben zu den Texten: ✍ ☺ ✋ 💡

❶ **Arnulf Rainer nennt drei Wege, wie er dabei vorgeht.**
Kreuze die richtigen Aussagen an!

● Er will sich dem Rätsel des Christusgesichtes ausliefern.
● Er will eintauchen in den Schmerz und in das Leid.
● Er will aus seiner Arbeit auftauchen, ohne zu wissen, was folgt.

❷ **Wie arbeitet Arnulf Rainer?**

● Er nimmt mittelalterliche Christusdarstellungen als Vorlage.
● Er zieht Linien, Striche, zeichnet nach und malt zu.

❸ **Welche Begriffe spielen in seiner Arbeit eine große Rolle?**

● umkreisen ❍ ausgrenzen ● betonen ❍ weich machen ● durchdringen
❍ verwischen ● dynamisieren ❍ verdeutlichen

❹ **Wie wirkt das rechts abgebildete Christusgesicht auf dich?**
Notiere deine Gedanken!

z. B. Es zeigt besonders gut das würdevoll getragene Leid des Gottessohnes im Tod.
Es macht mich nachdenklich. usw.

Folienvorlage:

?

Soviel ich vermochte
- soviel Du mir zu vermögen gewährt hast -
habe ich nach Dir gefragt,
und ich habe danach verlangt,
mit der Vernunft zu schauen, was ich glaube,
und viel habe ich disputiert
und mich abgemüht.

Augustinus

RELIGION	Name:	Klasse:	Datum:	Nr.

Christus - umkreisen und durchdringen

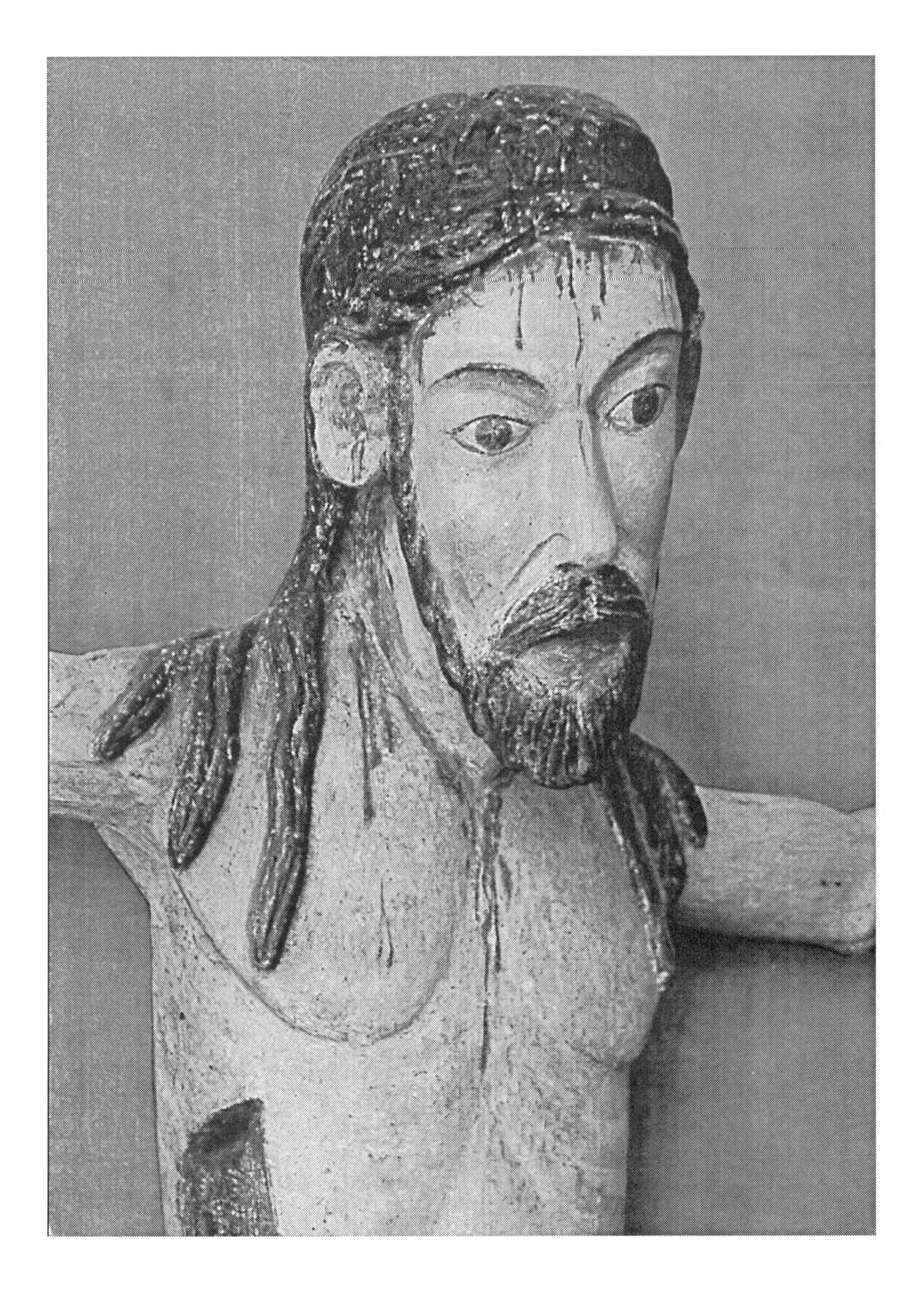

Arbeitsauftrag:
Versucht dieses mittelalterliche Christusgesicht nach Vorbild von Arnulf Rainer zu übermalen!

RELIGION	Name:	Klasse:	Datum:	Nr.

Christus - umkreisen und durchdringen

Arbeitsauftrag:
Versucht diese mittelalterliche Christusdarstellung nach Vorbild von Arnulf Rainer zu übermalen!

RELIGION	Name:	Klasse:	Datum:	Nr.

HAP Grieshaber - Wie stellt er Christus dar?

Arbeitsaufgaben: ✍ ☺ ✋ 💡

❶ *Schreibt zum Bild unten eure Gedanken auf!*

❷ *Welchen Bezug zum Bild hat die Jahreszahl 1941?*

❸ *Informiert euch in Büchern über den Künstler HAP Grieshaber!*

❹ *Welche Rolle spielen christliche Motive in der Kunst HAP Grieshabers?*

RELIGION	Name:	Klasse:	Datum:	Nr.

Was stellen Sie sich unter Gott vor?

In frei formulierten Antworten beschrieben die Deutschen ihre Vorstellung von Gott als sehr vielfältig und Individuell.

	total	total		total		Alter in Jahren					Schulbildung des Befragten			
		West	Ost	m	w	14-29	30-39	40-49	50-59	60 +	Volks. ohne Lehre	Volks. mit Lehre	mittl. Bld.-Absch.	Abi Uni
alle Angaben in Prozent	999	795	204	476	523	219	187	159	165	269	100	405	320	175
Ich glaube nicht an Gott	7	4	17	9	4	7	8	9	9	3	4	6	7	8
übersinnliches Wesen	6	7	1	7	5	5	3	5	7	9	3	7	7	5
Glauben an eine höhere Macht	6	6	5	3	8	2	3	8	3	11	3	6	7	4
Ich glaube an Gott	5	6	1	4	6	1	3	4	7	10	3	7	5	4
Herrscher, allmächtig	5	6	1	6	4	5	4	4	8	5	13	3	6	3
Religion, Kirche, Christentum	5	5	3	5	5	4	6	5	3	5	7	4	4	5
etwas das unser Leben beeinflußt/ Geschehnisse leitet und lenkt	5	5	4	3	6	1	1	6	7	8	4	7	3	3
Zufluchtspunkt in der Not	4	5	3	3	6	2	6	3	7	5	11	5	3	2
Schöpfer der Welt, das Ursprüngliche	4	4	2	4	4	5	2	2	5	5	6	3	4	4
Natur	4	4	4	2	5	0	1	2	6	8	5	3	5	2
eine Fiktion, nichts Reales	4	4	4	4	4	3	2	3	7	4	4	5	1	7
Liebe Barmherzigkeit, Hoffnung	3	3	4	2	4	4	3	3	4	3	2	4	3	4
unvorstellbar, unbegreifbar	3	4	1	5	2	2	2	3	5	4	4	2	4	3
kein Mensch, kein alter Mann mit Bart	3	2	5	1	4	4	3	1	3	2	3	3	2	4
positive Kraft, Macht, Energie	3	3	1	3	3	2	5	3	3	2	-	3	2	4
allgegenwärtig, überall	3	3	1	3	3	1	1	6	1	4	5	4	2	1
Zweifel, daß Unrecht, Mißstände, Schicksalsschläge gottgewollt sind	2	2	3	2	3	1	2	2	4	3	7	2	2	1
bildliche Vorstellung: alter Mann, weiß gekleidet, weißer Bart	2	2	2	1	3	3	3	2	2	1	1	1	3	3
Beschützer der Menschen	2	2	2	1	2	4	1	1	2	2	4	2	1	3
Glaubensrichtung	2	2	2	2	2	2	1	2	3	1	-	1	2	5
etwas in uns allen/ das Gute im Menschen	2	1	4	2	2	2	4	2	1	1	-	1	4	2
mache mir keine Gedanken darüber	2	1	6	1	2	3	4	2	-	0	3	2	2	0
jeder hat seine Vorstellung	2	2	2	2	1	2	2	3	0	2	-	2	1	4
Lebensinhalt/Lebenssinn	2	2	-	1	2	1	2	2	0	2	1	1	1	4
Vater, Sohn, Heiliger Geist	1	2	0	1	2	2	3	0	1	1	-	2	2	-
Gerechtigkeit	1	2	0	2	1	2	1	4	2	0	2	2	1	1
Universum, Weite	1	2	-	3	0	0	1	1	4	1	1	2	1	1
Richtlinien für das Leben	1	1	1	1	1	0	2	2	1	1	-	1	1	2
Himmel	1	1	-	1	1	2	2	-	-	1	1	1	1	1
Frieden auf der Welt, Einigkeit	1	1	2	1	1	1	1	0	2	0	-	1	1	0
Jesus	1	1	1	1	1	1	1	1	1	1	2	1	0	1
allwissend	1	1	0	1	0	1	2	1	-	0	-	1	1	0
Familie, Familienzugehörigkeit, Gemeinschaft	1	0	3	1	1	-	0	1	4	-	-	1	1	0
Leben nach dem Tod	1	1	1	1	1	-	1	-	2	1	-	1	1	1
Engel, Schutzengel	1	0	1	1	1	1	0	1	1	0	-	1	1	0
gütig, nachsichtig	0	1	-	1	0	-	1	1	-	1	1	0	0	1
moralische Instanz	0	0	0	1	0	1	1	-	-	0	-	-	1	1
sonstige	1	2	0	2	1	1	2	2	1	1	2	0	2	3
weiß nicht, keine Vorstellung	22	21	25	25	20	30	28	24	15	15	20	22	23	23
keine Angabe	5	5	5	6	4	5	4	6	6	5	1	8	4	3

Durch Mehrfachnennungen ergeben sich mehr als 100 Prozent. Keine Angaben, 0=weniger als ein Prozent. Fünf Antworten waren nicht auswertbar

Aus Focus 14/1999

RELIGION	Name:	Klasse:	Datum:	Nr.

Jesus Christus - Anstoß und Herausforderung

Die Gestalt Jesu Christi wurde in früheren Zeiten und wird bis heute bei der religiösen Vielfalt aus unterschiedlichsten Blickwinkeln betrachtet. Allen Betrachtungsweisen gemeinsam aber ist die Tatsache, dass Jesus Christus eine tiefe Menschlichkeit ausstrahlt, die tröstet, herausfordert und Gottes Zuwendung offenbart. Lohnt es sich deshalb, sich auf Jesu Verhalten einzulassen? Können wir in der Auseinandersetzung mit verschiedenen Jesusbildern und dem Jesuszeugnis in der Bibel Zugang finden für ein eigenes, intensiveres Verständnis?

Unter der Überschrift "Die Botschaft vom Kreuz" schrieb der Apostel Paulus im 1. Brief an die Gemeinde in Korinth folgendes über Jesus Christus:

„Christus hat mich nicht beauftragt zu taufen, sondern die Gute Nachricht zu verkünden. Wenn ich die Gute Nachricht aber mit tiefsinnigen Erkenntnissen vermenge, wird der Tod, den Christus gestorben ist, um seine ganze Wirkung gebracht. Denn es kann nicht anders sein: Für die, die verlorengehen, muss die Botschaft vom Kreuzestod als Unsinn erscheinen. Wir aber, die gerettet werden, erfahren darin Gottes Macht. Gott hat doch gesagt: «Ich will die Weisheit der Weisen zunichte machen und den Verstand der Klugen verwerfen.»
Wo bleiben da die Philosophen? Wo die Kenner der heiligen Schriften? Wo die gewandten Diskussionsredner? Was Menschen als letzte Weisheit bewundern, das hat Gott zu Unsinn gemacht!
Gewiss, Gott gab den Menschen die Möglichkeit, ihn mit Hilfe ihrer Vernunft zu erkennen. Aber sie haben davon keinen Gebrauch gemacht und haben es verschmäht, mit ihrer eigenen Weisheit Gott in seiner Weisheit zu erkennen. Darum beschloss Gott, die Menschen durch das zu retten, was die Weisen für Unsinn halten: die Botschaft vom Krenzestod. Wer sie annimmt, der ist gerettet.
Die Juden verlangen Wunder, die Griechen Erkenntnis. Wir aber verkünden, dass Christus, der Gekreuzigte, der Retter ist. Für die Juden ist das eine Gotteslästerung, für die Griechen Unsinn. Aber alle, die berufen sind, Juden wie Nichtjuden, erfahren in Christus Gottes Macht und sehen in ihm Gottes Weisheit. Gott scheint hier gegen alle Vernunft zu handeln - und ist doch weiser als alle Menschen. Gott scheint schwach - und ist doch stärker als alle Menschen.
Schaut doch euch selbst an, Brüder! Wen hat Gott denn da berufen? Kaum einer von euch ist ein gebildeter oder mächtiger oder angesehener Mann. Gott hat sich vielmehr die Einfältigen ausgesucht, weil er die Klugen demütigen wollte. Er hat sich die Machtlosen ausgesucht, weil er die Mächtigen demütigen wollte. Er hat sich die Geringen und Verachteten ausgesucht, die nichts gelten, denn er wollte die zu nichts machen, die vor den Menschen etwas sind. Niemand soll vor Gott mit irgend etwas auftrumpfen können.
Euch aber hat Gott zur Gemeinschaft mit Jesus Christus berufen. Der ist unsere Weisheit, die von Gott kommt. Durch ihn können wir vor Gott bestehen. Durch ihn hat Gott uns zu seinem Volk gemacht und von unserer Schuld befreit. Es sollte so sein, wie es schon in den heiligen Schriften heißt: «Wer auf etwas stolz sein will, soll stolz sein auf das, was der Herr getan hat.»
Brüder, als ich zum erstenmal bei euch war und euch Gottes Botschaft bekanntmachte, tat ich dies auch nicht mit großartigen und tiefsinnigen Reden. Ich hatte mir vorgenommen, euch nichts anderes zu bringen als Jesus Christus, den Gekrenzigten. Als schwacher Mensch trat ich vor euch und war voll Angst und Sorge. Mein Wort und meine Botschaft wirkten nicht durch Redekunst und Gedankenreichtum, sondern weil Gottes Geist darin seine Kraft erwies. Euer Glaube sollte sich nicht auf Menschenweisheit gründen, sondern auf Gottes Macht."

Arbeitsaufgaben: ✍ ☺ ✋ ♕

❶ Kann man Jesus Christus und sein Wirken "mit dem Verstand" verstehen?
❷ Was bedeutet: an Jesus Christus glauben?
❸ Wie unterscheidet sich eurer Meinung nach "an Gott glauben" von "Gott verstehen"?
❹ Was berichtet der Apostel Paulus über "Menschenweisheit"?
❺ Warum ist es so schwierig, Jesu Kreuzestod als Sieg zu verstehen?
❻ Wie sahen damals Griechen und Juden den Kreuzestod Jesu?
❼ Warum musste Paulus schon damals den Menschen klarmachen, dass Jesus "schwierig zu verstehen" ist?
❽ Worauf sollte nach Meinung des Apostels Paulus der Glaube gründen?

RELIGION	Name:	Klasse:	Datum:	Nr.

Jesus steht auf der Seite der Menschen

Mt 11,19:
Der Menschensohn ist gekommen, er isst und trinkt; darauf sagen sie: Dieser Fresser und Säufer, dieser Freund der Zöllner und Sünder! Und doch hat die Weisheit durch die Taten, die sie bewirkt hat, recht bekommen.

Mk 10, 13-16:
Einige Leute brachten ihre Kinder zu Jesus, damit er ihnen die Hände auflegte, aber die Jünger wiesen sie ab. Als Jesus es bemerkte, wurde er zornig und sagte zu seinen Jüngern: "Lasst die Kinder doch zu mir kommen und hindert sie nicht, denn gerade für Menschen wie sie steht die neue Welt Gottes offen. Täuscht euch nicht: wer sich der Liebe Gottes nicht wie ein Kind öffnet, wird sie nicht erfahren."
Dann nahm er die Kinder in die Arme, legte ihnen die Hände auf und segnete sie.

Lk 6, 6-11:
An einem anderen Sabbat ging Jesus in eine Synagoge und sprach zu den Menschen. Dort war ein Mann, dessen rechte Hand gelähmt war. Die Gesetzeslehrer und Pharisäer hätten Jesus gerne angezeigt und beobachteten deshalb genau, ob er auch am Sabbat jemand heilen würde. Aber Jesus kannte ihre Gedanken.
Er sagte zu dem Mann mit der gelähmten Hand: "Steh auf und komm her!" Der Mann gehorchte und trat vor. Dann sagte Jesus zu den Anwesenden: "Ich frage euch, was darf man nach dem Gesetz am Sabbat tun? Gutes oder Böses? Darf man einem Menschen das Leben retten, oder muss man ihn umkommen lassen?"
Er schaute alle der Reihe nach an und forderte den Mann auf: "Streck deine Hand aus!" Er streckte sie aus, und sie wurde wieder gesund. Darüber wurden die Gegner Jesu so wütend, dass sie miteinander berieten, was sie gegen ihn unternehmen könnten.

Joh 5, 1-8:
Bald darauf war ein jüdisches Fest, und Jesus ging nach Jerusalem. Am Schaftor in Jerusalem befindet sich ein Teich mit fünf offenen Hallen. Auf hebräisch wird er Betesda genannt.
Eine große Anzahl von Kranken lag ständig in den Hallen: Blinde, Gelähmte und Schwindsüchtige. Sie alle warteten darauf, dass das Wasser Wellen schlug; denn von Zeit zu Zeit kam ein Engel Gottes und brachte das Wasser in Bewegung. Wer als erster in das aufgewühlte Wasser hineinging, wurde gesund, ganz gleich, welche Krankheit er hatte. Unter ihnen war auch ein Mann, der seit achtunddreißig Jahren krank war. Jesus sah ihn dort liegen. Er wusste, wie lange der Mann schon unter seiner Krankheit litt, und fragte ihn: "Willst du gesund werden?" Der Kranke antwortete: "Herr, ich habe keinen, der mir in den Teich hilft, wenn das Wasser sich bewegt. Wenn ich es allein versuche, ist immer schon jemand vor mir da." Jesus sagte zu ihm: "Steh auf, nimm deine Matte und geh!" Im selben Augenblick wurde der Mann gesund. Er nahm seine Matte und konnte wieder gehen. Dieser Vorfall ereignete sich an einem Sabbat.

Arbeitsaufgaben: ✍ ☺ ✋ 💡

❶ Was wirft man Jesus vor, weil er Mensch wurde und auf die Welt kam?
❷ Wie reagierte Jesus, als seine Jünger nicht wollten, dass man Kinder zu ihm brachte?
❸ Warum warteten Jesu Gegner auf eine Heilung am Sabbat?
❹ Warum durfte in den Augen der Schriftgelehrten und Pharisäer Jesus nicht am Sabbat heilen?
❺ Berichtet kurz über die beiden oben beschriebenen Heilungen!
❻ Welche anderen Wunder wirkte Jesus an den Menschen?
❼ Nennt Beispiele, die zeigen, dass Jesus auf der Seite der Menschen stand!
❽ Mit welchen Eigenschaften könnte man die Hilfsbereitschaft Jesu umschreiben?
❾ In welchen Situationen konnten sich die Menschen auf Jesus verlassen?
❿ Warum zeigt die Kirche heute Hilfsbereitschaft gegenüber Armen und Ausgegrenzten in aller Welt?

RELIGION	Name:	Klasse:	Datum:	Nr.

Jesus offenbart die erlösende Nähe und Liebe Gottes

Lk 6, 31-36:

Was ihr von anderen erwartet, das tut ebenso auch ihnen. Wenn ihr nur die liebt, die euch lieben, welchen Dank erwartet ihr dafür? Auch die Sünder lieben die, von denen sie geliebt werden. Und wenn ihr nur denen Gutes tut, die euch Gutes tun, welchen Dank erwartet ihr dafür? Das tun auch die Sünder.
Und wenn ihr nur denen etwas leiht, von denen ihr es zurückbekommen hofft, welchen Dank erwartet ihr dafür? Auch die Sünder leihen Sündern in der Hoffnung, alles zurückzubekommen. Ihr aber sollt eure Feinde lieben und sollt Gutes tun und leihen, auch wo ihr nichts dafür erhoffen könnt. Dann wird euer Lohn groß sein, und ihr werdet Söhne des Höchsten sein; denn auch er ist gütig gegen die Undankbaren und Bösen.
Seid barmherzig, wie es auch euer Vater ist!

Lk 10, 25-37:

Da stand ein Gesetzeslehrer auf, und um Jesus auf die Probe zu stellen, fragte er ihn: Meister, was muss ich tun, um das ewige Leben zu gewinnen? Jesus sagte zu ihm: Was steht im Gesetz? Was liest du dort? Er antwortete: Du sollst den Herrn, deinen Gott, lieben mit ganzem Herzen und ganzer Seele, mit all deiner Kraft und all deinen Gedanken, und: Deinen Nächsten sollst du lieben wie dich selbst.
Jesus sagte zu ihm: Du hast richtig geantwortet. Handle danach, und du wirst leben. Der Gesetzeslehrer wollte seine Frage rechtfertigen und sagte zu Jesus: Und wer ist mein Nächster?
Darauf antwortete ihm Jesus:
Ein Mann ging von Jerusalem nach Jericho hinab und wurde von Räubern überfallen. Sie plünderten ihn aus und schlugen ihn nieder; dann gingen sie weg und ließen ihn halbtot liegen.
Zufällig kam ein Priester denselben Weg herab; er sah ihn und ging weiter. Auch ein Levit kam zu der Stelle; er sah ihn und ging weiter. Dann kam ein Mann aus Samarien, der auf der Reise war. Als er ihn sah, hatte er Mitleid, ging zu ihm hin, goss Öl und Wein auf seine Wunden und verband sie. Dann hob er ihn auf sein Reittier, brachte ihn zu einer Herberge und sorgte für ihn.
Am anderen Morgen holte er zwei Denare hervor, gab sie dem Wirt und sagte: Sorge für ihn, und wenn du mehr für ihn brauchst, werde ich es dir bezahlen, wenn ich wiederkomme.
Was meinst du: Wer von diesen dreien hat sich als der Nächste dessen erwiesen, der von den Räubern überfallen wurde? Der Gesetzeslehrer antwortete: Der, der barmherzig an ihm gehandelt hat. Da sagte Jesus zu ihm: Dann geh und handle genauso!

Gestaltet zu folgenden Aussprüchen Jesu kleine Bildskizzen!

Liebet eure Feinde!	Seid barmherzig!

RELIGION	Name:	Klasse:	Datum:	Nr.

Jesus offenbart die erlösende Nähe und Liebe Gottes

Joh 13, 1-15:

Es war vor dem Paschafest. Jesus wusste, dass seine Stunde gekommen war, um aus dieser Welt zum Vater hinüberzugehen. Da er die Seinen, die in der Welt waren, liebte, erwies er ihnen seine Liebe bis zur Vollendung. Es fand ein Mahl statt, und der Teufel hatte Judas, dem Sohn des Simon Iskariot, schon ins Herz gegeben, ihn zu verraten und auszuliefern. Jesus, der wusste, dass ihm der Vater alles in die Hand gegeben hatte und dass er von Gott gekommen war und zu Gott zurückkehrte, stand vom Mahl auf, legte sein Gewand ab und umgürtete sich mit einem Leintuch. Dann goss er Wasser in eine Schüssel und begann, den Jüngern die Füße zu waschen und mit dem Leinentuch abzutrocknen, mit dem er umgürtet war.

Als er zu Simon Petrus kam, sagte dieser zu ihm: Du, Herr, willst mir die Füße waschen?

Jesus antwortete ihm: Was ich tue, verstehst du jetzt noch nicht; doch später wirst du es begreifen. Petrus entgegnete ihm: Niemals sollst du mir die Füße waschen! Jesus erwiderte ihm: Wenn ich dich nicht wasche, hast du keinen Anteil an mir. Da sagte Simon Petrus zu ihm: Herr, dann nicht nur meine Füße, sondern auch meine Hände und das Haupt. Jesus sagte zu ihm: Wer vom Bad kommt, ist ganz rein und braucht sich nur noch die Füße zu waschen. Auch ihr seid rein, aber nicht alle. Er wusste nämlich, wer ihn verraten würde; darum sagte er: Ihr seid nicht alle rein.

Als er ihnen die Füße gewaschen, sein Gewand wieder angelegt und Platz genommen hatte, sagte er zu ihnen: Begreift ihr, was ich an euch getan habe? Ihr sagt zu mir Meister und Herr, und ihr nennt mich mit Recht so; denn ich bin es. Wenn nun ich, der Herr und der Meister, euch die Füße gewaschen habe, dann müsst auch ihr einander die Füße waschen. Ich habe euch ein Beispiel gegeben, damit auch ihr so handelt, wie ich an euch gehandelt habe.

Tit 3, 4-8:

Aber dann erschien die Freundlichkeit und Liebe unseres Gottes und Retters. Wir selbst hatten nichts getan, worauf wir uns berufen konnten; doch Gott hatte Erbarmen mit uns und hat uns gerettet. Durch das Wasser der Taufe hat der heilige Geist uns noch einmal geboren und uns zu neuen Menschen gemacht. Diesen Geist hat uns Gott in reichem Maß durch Jesus Christus, unseren Retter, geschenkt. Weil Christus uns Gottes Gnade gebracht hat, können wir vor Gott bestehen und werden das ewige Leben bekommen, auf das wir warten.
Auf diese Botschaft können wir uns verlassen.

1 Joh 4, 7-16:

Liebe Freunde, wir wollen einander lieben, denn die Liebe kommt von Gott. Wer liebt, ist ein Kind Gottes und zeigt, dass er Gott kennt. Wer nicht liebt, kennt Gott nicht, denn Gott ist Liebe.

Gottes Liebe zu uns hat sich darin gezeigt, dass er seinen einzigen Sohn in die Welt sandte. Durch ihn wollte er uns das neue Leben schenken. Das Besondere an dieser Liebe ist: Nicht wir haben Gott geliebt, sondern er hat uns geliebt. Er hat seinen Sohn gesandt, der sich für uns opferte, um unsere Schuld von uns zu nehmen.

Liebe Freunde, wenn Gott uns so sehr geliebt hat, dann müssen auch wir einander lieben. Niemand hat Gott je gesehen. Aber wenn wir einander lieben, lebt Gott in uns. Dann erreicht seine Liebe bei uns ihr Ziel.

Er hat uns seinen Geist gegeben. Daran können wir erkennen, dass wir mit ihm verbunden sind und er mit uns. Wir haben es selbst gesehen und sind Zeugen dafür, dass der Vater seinen Sohn als Retter in die Welt gesandt hat. Wer Jesus als den Sohn Gottes anerkennt, der lebt in Gott, und Gott lebt in ihm. Wir jedenfalls wissen es und verlassen uns darauf, dass Gott uns liebt.

Gott ist die Liebe. Wer in der Liebe lebt, der lebt in Gott, und Gott lebt in ihm.

Arbeitsaufgaben: ✍ ☺ ✋ 💡

❶ Was wollte Jesus seinen Jüngern mit der Fußwaschung zeigen?
❷ Auf welche Botschaft können sich Christen immer verlassen?
❸ Wodurch zeigt sich Gottes Liebe zu den Menschen?
❹ Was bedeutet "Gott ist die Liebe"?
❺ Wie offenbart Jesus die erlösende Nähe und Liebe Gottes?

RELIGION	Name:	Klasse:	Datum:	Nr.

Jesus Christus, der Sohn Gottes

Mt 16, 13-17:
Das Bekenntnis des Petrus
Als Jesus in die Gegend der Stadt Cäsarea Philippi kam, fragte er seine Jünger: "Für wen halten die Leute den Menschensohn?" Sie antworteten: "Einige halten dich für den Täufer Johannes, andere für Elija, und wieder andere meinen, du seist Jeremia oder sonst einer von den Propheten."
"Und ihr", wollte Jesus wissen, "für wen haltet ihr mich ?" Da sagte Simon Petrus: "Du bist Christus, der Sohn des lebendigen Gottes!" Jesus aber sagte zu ihm: "Du darfst dich freuen, Simon, Sohn des Jona, denn dieses Wissen hast du nicht von Menschen. Es ist dir von meinem Vater im Himmel eingegeben worden.

Mt 26, 63-68:
Aber Jesus schwieg. Noch einmal wandte sich der Oberste Priester an ihn: «Ich stelle dich unter Eid und frage dich im Namen des lebendigen Gottes: Bist du der versprochene Retter? Bist du der Sohn Gottes?» Jesus antwortete: «Ja. Und ich sage euch: Von jetzt an werdet ihr sehen, wie der Menschensohn an der rechten Seite des Allmächtigen sitzt und wie er auf den Wolken des Himmels wiederkommt.»
Als der Oberste Priester das hörte, zerriss er sein Gewand und sagte: «Das ist eine Gotteslästerung! Wir brauchen keine Zeugen mehr! Ihr habt es ja selbst gehört. Wie lautet euer Urteil?» «Er hat den Tod verdient!» riefen sie. Dann spuckten sie ihm ins Gesicht und ohrfeigten ihn. Andere schlugen ihn und höhnten: «Du Retter, wer hat dich gerade geschlagen? Du bist doch ein Prophet!»

Joh 4, 1-30:
Jesus und die Frau aus Samarien
Die Pharisäer hörten, dass Jesus mehr Anhänger gewann und taufte als Johannes. Jesus selbst taufte allerdings nicht; das taten nur seine Jünger. Als Jesus davon erfuhr, verließ er Judäa und ging zurück nach Galiläa. Sein Weg führte ihn durch Samarien. Dabei kam er in die Nähe des Dorfes Sychar, das nicht weit von dem Feld entfernt liegt, das Jakob einst seinem Sohn Josef vererbt hatte. Dort befand sich der Jakobsbrunnen. Jesus war von dem langen Weg müde geworden und setzte sich an den Brunnen. Es war gegen Mittag. Seine Jünger waren in die Stadt gegangen, um etwas zu essen zu kaufen. Da kam eine samaritanische Frau zum Wasserholen, und Jesus sagte zu ihr: «Gib mir einen Schluck Wasser!» Die Frau antwortete: «Du bist Jude, und ich bin eine Samaritanerin. Wie kannst du mich da um etwas zu trinken bitten?»
Die Juden vermeiden nämlich jede Berührung mit Samaritanern. Jesus antwortete: «Wenn du wüsstest, was Gott schenken will und wer dich jetzt um Wasser bittet, so hättest du ihn um lebendiges Wasser gebeten, und er würde es dir geben.» «Du hast doch keinen Eimer», sagte die Frau, «und der Brunnen ist tief. Woher sonst willst du Wasser haben, das lebendig ist? Unser Stammvater Jakob hat uns diesen Brunnen hinterlassen. Er selbst, seine Söhne und seine ganze Herde tranken aus ihm. Du willst doch nicht sagen, dass du mehr bist als Jakob?» Jesus antwortete: «Wer dieses Wasser trinkt, wird wieder durstig. Wer aber von dem Wasser trinkt, das ich ihm gebe, wird niemals mehr Durst haben. Ich gebe ihm Wasser, das sich in seinem Innern in eine sprudelnde Quelle verwandelt, die ewiges Leben schenkt.» «Gib mir von diesem Wasser», sagte die Frau, «dann werde ich keinen Durst mehr haben und kein Wasser mehr schöpfen müssen.» Jesus forderte sie auf: «Geh und bring deinen Mann her!» «Ich habe keinen Mann», sagte die Frau. Jesus erwiderte: «Es stimmt, wenn du sagst, dass du keinen Mann hast. Du warst fünfmal verheiratet, und der Mann, mit dem du jetzt zusammenlebst, ist gar nicht dein Mann. Da hast du ganz recht.» «Ich sehe, du bist ein Prophet», sagte die Frau. «Unsere Vorfahren verehrten Gott auf diesem Berg. Ihr Juden dagegen behauptet, dass Jerusalem der einzige Ort ist, an dem man Gott begegnen kann.» Jesus sagte zu ihr: «Glaube mir, es kommt die Zeit, in der die Menschen den Vater weder auf diesem Berg noch in Jerusalem anbeten werden. Ihr Samaritaner kennt Gott eigentlich gar nicht, zu dem ihr betet; doch wir kennen ihn, denn die Rettung kommt von den Juden.

Aber eine Zeit wird kommen, und sie hat schon begonnen, da wird der Geist, der Gottes Wahrheit enthüllt, Menschen befähigen, dem Vater an jedem Ort zu begegnen. Gott ist Geist, und die ihm begegnen wollen, müssen vom Geist der Wahrheit neu geboren sein. Von solchen Menschen will der Vater angebetet werden.» Die Frau sagte zu ihm: «Ich weiß, dass der versprochene Retter kommen wird. Wenn er kommt, wird er uns alles sagen.» Jesus antwortete: «Du sprichst mit ihm. Ich bin es selbst.»
In diesem Augenblick kehrten seine Jünger zurück. Sie waren höchst erstaunt, ihn im Gespräch mit einer Frau anzutreffen. Aber keiner sagte zu ihr: «Was willst du von ihm?» Niemand fragte ihn: «Warum redest du mit ihr?» Die Frau ließ ihren Wasserkrug stehen, ging ins Dorf und sagte zu den Leuten: «Kommt mit und seht euch den Mann an, der mir alles gesagt hat, was ich jemals getan habe! Vielleicht ist er der versprochene Retter.» Da gingen sie alle hinaus zu Jesus.

RELIGION	Name:	Klasse:	Datum:	Nr.

EINE GLAUBENSSACHE (ZUM NACHDENKEN)

ALS JESUS NACH BETANIEN KAM,
LAG LAZARUS SCHON VIER TAGE IM GRAB.
DAS DORF WAR KEINE DREI KILOMETER VON JERUSALEM ENTFERNT,
UND VIELE JUDEN HATTEN MARTA UND MARIA AUFGESUCHT,
UM DIE BEIDEN ZU TRÖSTEN.
ALS MARTA HÖRTE,
DASS JESUS SICH DEM DORF NÄHERTE, GING SIE IHM ENTGEGEN.

MARTA SAGTE ZU JESUS:
«WENN DU BEI UNS GEWESEN WÄRST,
HÄTTE MEIN BRUDER NICHT STERBEN MÜSSEN.
ABER ICH WEISS, DASS GOTT DIR AUCH JETZT
KEINE BITTE ABSCHLÄGT.»

«DEIN BRUDER WIRD AUFERSTEHEN», SAGTE JESUS ZU IHR.

«ICH WEISS», ERWIDERTE SIE,
«AM LETZTEN TAG, WENN ALLE AUFERSTEHEN,
WIRD AUCH ER INS LEBEN ZURÜCKKEHREN.»

JESUS SAGTE ZU IHR:
«ICH BIN ES, DER AUFERSTEHUNG UND LEBEN BRINGT.
WER MIR VERTRAUT, WIRD LEBEN, AUCH WENN ER STIRBT,
UND WER LEBT UND SICH AUF MICH VERLÄSST,
WIRD NIEMALS STERBEN.
GLAUBST DU DAS?»

SIE ANTWORTETE:
«JA, ICH GLAUBE, DASS DU DER VERSPROCHENE RETTER BIST.
DU BIST DER SOHN GOTTES,
DER IN DIE WELT KOMMEN
SOLLTE.»

RELIGION	Name:	Klasse:	Datum:	Nr.

"In der Not sind wir doppelt nötig"

Im Jahr 1964, als die aus der Pfarrei Schnaitsee stammende Niederbronner Schwester Engelberta Eibl nach Angola kam, war das Land noch portugiesische Überseeprovinz. Und Engelberta Eibl wirkte zunächst auf der von Schweizer Missionaren betreuten Mission von Quinjenje bei Lobito als Krankenschwester im Missionshospital. Ähnlich wie viele andere andernorts leistete sie ihren missionarischen Dienst im Dienst an den Kranken. Der Kampf der verschiedenen Befreiungsbewegungen im Anschluss an die Unabhängigkeit 1975 sollte ihr Leben radikal ändern.

Die zunächst dominierende marxistische MPLA - Movimento Popular de Libertacao de Angola - hält auch heute noch mit Unterstützung Kubas und Russlands die Küstenregionen und die Städte. Damit befinden sich auch die Bischofssitze in ihrer Hand. Mindestens ein Drittel des Landes ist heute Einflussbereich der prowestlichen Befreiungsbewegung UNITA des Jonas Savimbi.

Im Sommer 1978 befand sich das Arbeitsgebiet von Schwester Engelberta Eibl unvermittelt in der Pufferzone zwischen den sich bekämpfenden Parteien, im Niemandsland. Die Mission musste geschlossen werde. Die Schwester konnte in Urlaub gehen und auch im Jahr darauf in Ganda wieder ihre Arbeit aufnehmen.

Am frühen Morgen des 3. August 1984 ging sie wie üblich zur Messe. Plötzlich war von draußen Lärm zu hören. Schüsse wurden abgefeuert. Das Schießen kam näher! Sie erzählt:

"Der Pater machte schnell. Die Kirche wurde zugesperrt. Nach einiger Zeit wurde es ruhiger, dann wurde die Kirchentür eingedrückt. Wir wurden aus der von 1000 Leuten überfüllten Kirche herausgerufen. "Sie müssen mit uns kommen", wurde ihr bedeutet. Das war der Anfang ihres abenteuerlichen Lebens im Herrschaftsgebiet der UNITA. In der angolanischen Provinz ihres Ordens, der seit 1936 im Land tätig ist und heute 20 europäische und 62 angolanische Schwestern zählt, ist sie die einzige, die im "befreiten Gebiet" tätig ist.

Doch bis dahin war ein weiter Weg, 1000 Kilometer weit, der überwiegend zu Fuß in 64 Tagen zurückzulegen war. Kein Pappenstiel für die über 60 Jahre alte Schwester. Doch wenn sie an diesem langen Weg durch Busch und Savanne am Ende ihrer Kräfte war, wurde Rücksicht genommen. Auch gab es unterwegs nie Hunger. Die UNITA-Soldaten tauschten bei der Bevölkerung Maismehl und Hühner gegen Seife. Und abends bauten sie ihr meist eine kleine Grashütte. Aus Gras war auch ihr Bett.

Nach neun Wochen, am 7. Oktober 1984, war das Gebiet der UNITA erreicht. So viele Leute waren da versammelt, dass sich unvermittelt die Frage stellte, ob man nicht unter ihnen weiterarbeiten sollte. Aus einer Entführung wurde ein ungewöhnlicher Einsatz. Die Schwester, die derzeit in ihrem Heimaturlaub Kräfte, vor allem aber Medikamente sammelt, ist dort postalisch an ihrem Einsatzort unerreichbar. Die Wege der Rückkehr sind verschlungen, jeder offizielle Zugang verschlossen. Doch die Türen zur Arbeit stehen weit offen.

In der ungewöhnlichen Siedlung gibt es ein Gymnasium, eine Schule für Krankenschwestern und Sekretärinnen, ein großes und kleinere ambulante Spitäler. So finden sich inmitten der vielen Strohhütten über 803 Krankenhausbetten, Operationssaal, Labor und die Möglichkeit zum Röntgen. Schwester Engelberta ist vormittags in der Entbindungsstation mit 2 Schwestern, nachmittags besucht sie Kranke oder unterrichtet im Glauben. Es ist schon eine verrückte Welt, in der es alles Nötige gibt (sogar Prothesen für die vielen Kriegsverletzten), aber nichts Überflüssiges, auch keinen Schwarzmarkt. Sieben junge Angolanerinnen sind hier, Anwärterinnen auf den Ordensberuf. Für ihren Lebensunterhalt kommt die Regierung auf im Herrschaftsgebiet des Protestanten Jonas Savimbi. Mit ihm waren nicht wenige protestantische Pastoren in den Untergrund gegangen; diese wiederum belieferten die katholischen Schwestern mit Bibeln.

Einige angolanische Priester, eine Handvoll Schwestern - schwarze und weiße - und vor allem die Katecheten halten hier das religiöse Leben hoch. Sie werden gut beschützt. Jedoch nicht zu ihrer Überwachung, sondern zum Schutz. Ihre Behausung ist ein armeseliges Gebilde aus Binsen, ein kleiner Verschlag, eingezäunt. Ihr Bad? - Das Wasser kommt aus einem Blechkanister oben und wird Tag für Tag von der Sonne erwärmt. Drinnen steht ein einfacher Tisch aus Holz. Schrank hat sie keinen. "Brauche ich auch nicht", sagt sie, "denn alles, was ich habe, hat in meiner Tasche Platz." Nur das Bett hat ein eisernes Gestell. In der kalten Jahreszeit zwischen Mai und August kann hier die Temperatur bis auf null Grad sinken. Dann wird der Ofen in Betrieb gesetzt: ein Eimer mit Löchern an den Wänden, der mit glühender Holzkohle gefüllt wird.Warum sie dieses Leben gewählt hat und nun zum zweiten Mahl dorthin zurückkehrt: "Wir können hier sehr viel tun. 22 Jahre bin ich in Angola. Wenn man in guten Zeiten ausgehalten hat, muss man doppelt aushalten in schwierigen Zeiten, in denen uns die Leute brauchen. Auch wenn man - gar nichts mehr machen könnte, bleibt es noch wichtig dass man bei den Leuten bleibt."

An ihrem Hals hängt ein kleines Kreuz mit dem Wahlspruch ihrer Gemeinschaft: De fontibus salvatoris - aus den Quellen des Erlösers! Hört man dieser bescheidenen Frau zu, hört man vom Abenteuer ihres Lebens, dann braucht man nicht mehr fragen, wo diese Quellen zu suchen sind. Hier werden sie augenscheinlich und greifbar inmitten äußerster Anspruchslosigkeit.

Drüben geht ihr ganzes Eigentum in eine Tasche - Schürzen, Unterwäsche, Stundenbuch, Bibel und Schreibzeug vielleicht. Wünsche hat sie keine. Zumindest nicht für sich, für andere schon: "Dringend könnten wir Instrumente für unser Hospital brauchen, Instrumente für den täglichen Gebrauch und vor allem Medikamente. Zum Helfen können wir überall hin. Dort werde ich nur haben, was ich mitbringen kann."

K. Wagner in: MKKZ, 26. 10 1986

Erklärt an Beispielen aus dem Text, wie Schwester Engelberta ... ✍ ☺ ✋ ♡

❶ ***in politisch unruhigen Zeiten und an unsicheren Orten Christus bezeugt***

❷ ***mit armen Menschen und damit mit Christus lebt***

❸ ***solidarisch in der Einen Welt handelt***

❹ ***Engagement zeigt für eine gerechtere und bessere Welt!***

RELIGION	Name:	Klasse:	Datum:	Nr.

Die Frauen von Ermitano

„Gemeinsam den Weg der Hoffnung gehen", hieß das Leitwort einer Misereor-Aktion. Bessere Lebensbedingungen, Hoffnung auf eine bessere Zukunft - darum geht es auch in dieser Reportage über ein Beispiel gelungener Selbsthilfe in einem Slum am Rande der peruanischen Hauptstadt Lima. Erste Schritte taten die Frauen von Ermitano mit der Gründung von Gemeinschaftsküchen, dann folgten Kurse für Lesen und Schreiben, für Hygiene, Hauswirtschaft und Säuglingspflege. Misereor half mit.

Mittagszeit. Drei Frauen hinter dampfenden, großen Töpfen. Es riecht nach Reis, Kartoffeln, Gemüse und scharfen Gewürzen. Die Sonne brennt auf das Blechdach der Hütte, wo die Frauen von Ermitano gemeinsam das Essen für ihre Familien zubereiten. Comedores nennt man die Gemeinschaftsküchen in den Slums am Stadtrand von Lima. Das heißt so viel wie „ein gemeinsamer Topf für alle". Jede Woche ist Ablösung am Herd. Dann stehen die, die heute noch mit der Suppenkelle das Essen ausgeben, in der Reihe der Wartenden, die sich aus der ganzen Nachbarschaft einfinden, um sich die Töpfe füllen zu lassen. Neun Comedores gibt es allein im Tal von Ermitano, einige hundert in der Hauptstadt Perus insgesamt. Geld ist knapp in den Slums von Lima, billiger ist es, gemeinsam einzukaufen und zu kochen. Viele Väter haben keine Arbeit, und die Mütter quält die Sorge wie sie ihre Kinder sattkriegen. Ermitano, das ist nackter, rauher Fels. Eine Siedlung ohne Strom, Wasser und Kanalanschluss, terrassenförmig in den Berg hineingebaut. Graue Hütten, über die sich der feine Sandstaub der peruanischen Küstenwüste ausbreitet. Quer über das Tal führen die Stromkabel, die Lima mit Elektrizität versorgen, aber die Leute von Ermitano selbst haben keinen Nutzen davon. Wasser bringt zweimal in der Woche der Wasserwagen, aber manchmal bleiben die Wassertonnen vor den Hütten auch leer. Wer nicht bar bezahlen kann, wird nicht bedient. Es sei denn, man zahlt dem Fahrer beim nächsten Mal einen saftigen Aufpreis.

Pueblos Jovenes, junge Dörfer, nennt man die Elendsviertel rund um die peruanische Hauptstadt Lima, wo heute jeder dritte Peruaner lebt. Junge Dörfer - das ist eigentlich eine Bezeichnung, die optimistisch klingt. Jung sind die Dörfer in der Tat. Manche sind vielleicht fünf oder zehn Jahre alt, andere entschieden jünger. Fast jede Woche kommt im weiten Umfeld von Lima eine neue Siedlung dazu. Eine Gruppe von Leuten nimmt ein Stück Boden in Besitz, baut aus Holz, Pappe oder Bastmatten eine Anzahl primitiver Unterkünfte und stellt die Behörden praktisch vor vollendete Tatsachen. Invasiones - Landbesetzungen nennt man solche Aktionen. Wer lange fragt, bringt es in Lima zu nichts. Die Menschen, die hier leben, meist landflüchtige Indios aus den abgelegenen Dörfern des Andenhochlandes, haben nur ein Ziel vor Augen. Sie wollen raus aus der Armut, sie wollen bessere Bildungschancen für ihre Kinder. Kurz: Sie wollen ihrem Leben eine andere Perspektive geben. Das wollen auch die, die sich im Bereich der Kirche um mehr soziale Gerechtigkeit kümmern. „Die kirchliche Entwicklungsarbeit soll den Armen Zugang zu einem menschenwürdigen Leben verschaffen, sagt Schwester Immaculata, eine junge Karmelitin, die mit fünf Mitschwestern unter den Leuten von Ermitano lebt. So sagt sie und so handelt sie auch. Für die Ordensschwester ist das gemeinsame Kochen nur ein Aspekt innerhalb der vielfältigen Bemühungen, die Situation der Armen zu verbessern. Vor allem geht es ihr darum, den Frauen mehr Selbstbewusstsein zu vermitteln. Die Gleichberechtigung der Frau in Beruf und Familie ist in Peru und anderswo in Lateinamerika noch längst nicht die Regel, eher die Ausnahme. Erst recht auf dem Land, wo die Frauen der Bauern und Landarbeiter sich widerspruchslos in ihr Schicksal fügen, wo jahrhundertealte Traditionen sich nicht von heute auf morgen ändern lassen, steht die Frau im zweiten Glied.

Den Frauen von Ermitano geht es nicht anders. Es sind einfache, anspruchslose Frauen. Die indianische Herkunft steht ihnen ins Gesicht geschrieben. Sie sind klein und gedrungen. Ihre Gesichter und ihre Hände verraten mehr über ihre Lebensumstände als große Worte. Jede von ihnen muss sich zu Hause mit fünf oder sechs Kindern abplagen. Nachts um drei, so erzählen sie, müssen sie aufstehen, um für ihre Männer, die in Lima arbeiten, das Essen zu bereiten. Der Weg zur Arbeitsstelle ist weit, die Verkehrsverbindungen sind schlecht. Von einem zum anderen Ende der Stadt sind es mindestens 50 Kilometer. So weit erstreckt sich Lima am pazifischen Ozean entlang. Ein schmaler Wüstensaum, in dem sich sechs Millionen Menschen zusammendrängen. Die Berge der Anden rücken hier ganz dicht ans Meer heran. "Alles hängt davon ab", sagt die junge, selbstbewusste Ordensschwester Immaculata, „dass die Frauen von Ermitano sich ihrer eigenen Situation bewusst werden, dass sie über sich selbst nachzudenken beginnen. Wir können nur den Anstoß geben, den notwendigen Wandel müssen sie selbst in Gang bringen", fügt sie hinzu. Erste Erfolge sind sichtbar. Voller Freude beobachten die Karmelitinnen, dass die Idee des gemeinsamen Kochens eine ganze Reihe anderer Aktivitäten nach sich gezogen hat. Längst gibt es Kurse für Lesen und Schreiben, für Hygiene, Hauswirtschaft und Säuglingspflege. Einmal in der Woche treffen sich die Frauen im Gemeinschaftshaus, das mit kirchlicher Hilfe erbaut wurde, um mit den Schwestern ihre Probleme zu besprechen. Dann gibt es eine Tasse Kaffee und ein wenig Gebäck, hin und wieder wird auch getanzt. Bei aller Armut - die Fröhlichkeit kommt nicht zu kurz. Aber es wird auch darüber diskutiert, wie man sozialen Protest in politische Aktion umsetzen kann. Denn eins haben die Menschen in den Elendsvierteln längst begriffen: Nur wenn man Druck macht, wenn man Stadtverwaltung und Lokalpolitiker daran erinnert, dass Versprechungen auch Taten folgen müssen, bringt man Dinge in Bewegung. Mit dem gemeinsamen Kochen fing es an. Heute wissen die Frauen von Ermitano, dass sie über eine Stimme verfügen, die politisch Gewicht hat.

Johannes Hermanns

Arbeitsaufgaben: ✍ ☺ ✋ ♡

❶ **Wie unterstützt Misereor das Selbsthilfeprogramm in Lima?**
❷ **Was bedeutet Selbsthilfeprogramm?**
❸ **Welche Ziele verfolgt die Misereor-Aktion?**
❹ **Welche Probleme stellen sich in den Weg?**
❺ **Was bedeutet "solidarisch handeln" im Zusammenhang mit der Misereor-Aktion?**
❻ **Was bedeutet der Misereor-Slogan "Gemeinsam den Weg der Hoffnung gehen"?**
❼ **Was kannst du persönlich tun, um solidarisch in der Einen Welt zu handeln?**

RELIGION	Name:	Klasse:	Datum:	Nr.

Engagement für Elaine

David Wilkerson (kurz Dave genannt), der Begründer des erfolgreichsten Werkes unter Drogenabhängigen durch begeisterte Jesus-Nachfolge in den USA, hatte für sein neues Zentrum „Teen Challenge" gerade eine neue Mitarbeiterin gefunden, die unter den „Debs" (Mitglieder von Mädchenbanden) arbeiten sollte.

Gleich am folgenden Dienstag machte Linda zum erstenmal die Erfahrung, eine Umwandlung zu beobachten. Sie zeigte mir später den Brief, den sie darauf an ihre Eltern geschrieben hatte:

„... aber auch jeder Augenblick ist voll von Spannung und einem neuen Abenteuer. Am Dienstag kam die ganze Bande von Jungen und Mädchen wieder. Wir wollten, dass sie an verschiedenen Abenden kämen, aber die Mädchen bettelten, dass sie mit den Jungen zum Gottesdienst hereinkommen dürften. Sie versprachen, nicht zu lachen und brav zu sein. So ließen wir sie alle herein. Während des Gottesdienstes sangen wir: „Jesus bricht jede Fessel". Dave fragte, ob jemand etwas in seinem Leben habe, was er gern von Gott würde zerbrechen lassen. Ein vierzehnjähriges Mädchen sagte, sie würde gern vom allabendlichen schweren Trinken befreit werden. Ein anderes Madchen streifte den Ärmel hoch und fragte, ob Gott das da vergeben könne - eine Linie, die Heroineinspritzungen verriet. Die Mädchen betrugen sich so gut, wie ich nur je Mädchen gesehen habe."

Von dem Augenblick an suchten die Mädchen aus den Banden Linda um Hilfe auf. Elaine zum Beispiel, eines der Mädchen aus der Bande des Stadtviertels, kam zu Linda mit einem Problem, das für eine Deb alltäglich ist. Sie sagte, sie vergifte ihr Leben mit Hass. Ich kannte Elaine. Sie war hart. Man konnte den Hass, der ihr anhaftete, geradezu fühlen. In der Schule und zu Hause war es ein Problem, von ihr Gehorsam zu erlangen. Sagte man ihr, sie solle sich hinsetzen, stand sie auf; sollte sie stehenbleiben, setzte sie sich. Wurde ihr gesagt, sie solle drinnen bleiben, entwischte sie nach draußen; sollte sie nach draußen gehen, konnte sie nichts bewegen, ihr Zimmer zu verlassen. Elaines Eltern hatten es aufgegeben und es irgendwie fertiggebracht, verschiedene Verwandte zu überreden, dass sie das Mädchen jedes Jahr eine Zeitlang aufnähmen.

Eines Nachmittags kam Elaine, Linda zu besuchen. Wie Linda mir später berichtete, hatten sie gemütlich in der Küche gesessen, Sprudel getrunken und miteinander gesprochen. Elaines erste Worte waren das Bekenntnis, dass sie sehr viel getrunken habe. Dann erzählte sie Linda, dass sie kurze Zeit davor angefangen habe, zu wilden Partys zu gehen; sie begönnen schon wild und würden dann immer wilder. Sie sagte, sie habe einige Zeit zuvor ihre Jungfräulichkeit verloren, und Sex sei für sie bloß noch eine langweilige Gewohnheit.

Dann fing Elaine plötzlich und unvermittelt an zu weinen. „Linda", sagte sie endlich, als sie wieder aufschaute, „weißt du, dass ich mir nie wirklich etwas vormachen konnte? Ich habe nicht ein einziges Mal mit einem Burschen auf einem Bett gelegen, ohne hier", sie deutete auf ihr Herz, „zu wissen, dass ich Unrecht tat. Linda, ich mag mich nicht mehr hassen müssen. Kannst du mir helfen?"

Bald kam Elaine regelmäßig in die Versammlungen, die wir mittwochs abends für die Bandenjugend hielten. Sie willigte ein, aufzustehen und zu erzählen, was mit ihrem Hass geschehen war. Ihr Gesicht war so offen und frisch wie Lindas Gesicht. Immer sang oder lachte sie. Sie fing an, ihre Kusinen und Freundinnen mitzubringen. Sie hörte auf zu trinken und wilde Partys zu besuchen.

„Weißt du, David, warum sie damit aufgehört hat?" erzählte Linda mir, „sie sagte einfach, es habe sie nicht mehr locken können, sie habe Interessanteres zu tun."

Und Elaine war kein Einzelfall. Tag ein Tag aus konnten wir damit rechnen, mit dieser besonderen Art Liebe Mädchen wie Elaine zu beeindrucken. Ich werde nie den Tag vergessen, an dem Elaine den Finger auf das Wesen der Liebe legte, die erlöst.

„Reverend Wilkerson, ich habe es endlich herausbekommen", sagte das Mädchen. „Christi Liebe ist eine Liebe, an der keine Fesseln hängen."

Elaine hat recht. Christi Liebe ist ohne Haken, eine Liebe, die keine Gegenleistung fordert. Es ist eine Liebe, die für diese Jungen und Mädchen nur das Beste will. Und das ist an ihr das Wesentliche, das ihr Erlösungskraft verleiht.

aus: David Wilkerson: Das Kreuz und die Messerhelden, Leuchter-Verlag, Erzhausen,1975

Arbeitsaufgaben: ✍ ☺ ✋ 💡

❶ Beschreibe kurz Dave, Linda und Elaine als Person und kennzeichne ihre Einstellungen zum Leben!
❷ Über welche Erfahrung schreibt Linda an ihre Eltern?
❸ Welche Aufgaben haben Linda und Dave als christliche "Streetworker"?
❹ Warum empfindet anfangs Elaine nur Hass gegenüber Mitmenschen?
❺ Wie ändert sich Elaines Verhalten?
❻ Warum ändert sich Elaines Verhalten?
❼ Welche Idee steckt hinter der Arbeit von Dave Wilkerson?

RELIGION	Name:	Klasse:	Datum:	Nr.

Heute Christus bezeugen

Ein Pater berichtet über die Jugend in Brasilien:

Die 16- bis 20-jährigen wollen den Realschulabschluss schaffen, bessere Voraussetzungen für einen Beruf erhalten oder als EDV-Techniker eine Zukunft aufbauen. Sie nehmen die Last der Schule am Abend auf sich, weil sie tagsüber hinter einem Ladentisch stehen, Brötchen ausfahren oder Rechnungen schreiben. Nur ihre Arbeit ermöglicht ihnen den Besuch dieser für sie besseren Schule; die staatlichen sind mehr oder weniger niveaulos. Ihr sauer verdientes Geld soll in eine Ausbildung investiert werden, die es ermöglicht, zumindest jetzt, solange es die Zeit erlaubt, eine Grundlage für später zu bilden. Von zu Hause können sie nichts erwarten, die Familien sind groß, und das Geld reicht gerade zum Überleben. Vom Staat gibt es keine Zuschüsse, weder Stipendien nach Bafög noch sonst irgend etwas . ..

Viele von ihnen treffen sich am Wochenende. Sie verteilen ihre freie Sonntagsarbeit untereinander: wer das Kindertagesheim besucht, um sich einige Stunden mit den Kindern zu beschäftigen, weil am Sonntag das Personal sehr knapp ist; wer die während der Woche zusammengekommenen Lebensmittel bei den armen Familien abgibt; wer den offenen Brief an die Stadtverwaltung wegen der Erhöhung der Bustarife abzufassen hat; wie man am besten gegen die sprunghaft gestiegene Teuerung der Lebensmittel vorgehen kann; ob man nicht versuchen soll, den arbeitslosen Kollegen zu einer Stelle zu verhelfen. Sie wollen nicht einfach tatenlos zusehen, wie andere Menschen um sie herum leiden müssen. Sie wollen auch nicht mit ihrer eigenen Last allein bleiben. Sie wollen etwas tun, mit ihren eigenen Händen Missstände anpacken, nicht alles irgendwelchen anonymen Sozialstellen überlassen. Sie verspüren, dass Menschsein in dieser Welt mehr von ihnen verlangt als ein passives Warten auf bessere Zeiten.

Religion und Kirche sind für sie kein Tabu. Nicht, dass sie regelmäßig den Gottesdienst besuchen. Sie kommen, wie alle anderen auch, wann sie Lust dazu haben. Jedoch besitzen sie ein unvoreingenommenes Verhältnis zu Kirche und Religion, das sogar mich manchmal erstaunte. Sie stören sich wenig an all dem, was in der Kirche nicht in Ordnung war. Vielmehr sagen sie mir immer „Pater, wir selber sind die Kirche der Zukunft. Die alte Kirche mit ihren Zöpfen stirbt aus. Wir wollen es besser machen." Dieses Selbstbewusstsein imponiert mir; nicht zuletzt deshalb kann man sie für kirchliche Aufgaben einspannen, mit ihnen rechnen. Keine andere Gruppe in der Pfarrei ist so unkompliziert und andersartig wie gerade diese Jugend.

Ich finde sie manchmal fast übertrieben religiös. Sie haben eine Art und Weise, über ihre religiösen Vorstellungen und Empfindungen zu sprechen und damit umzugehen, als ob Jesus Christus leibhaftig neben ihnen stünde. So direkt und überzeugt sprechen sie mit ihrem „Freund Jesus". Es dauerte einige Zeit, bis ich mich mit meiner nüchternen, germanischen Natur an diese südländische Gefühlswelt gewohnt hatte. Dann merkte ich aber auch, dass einiges davon sehr echt ist und die überschwengliche Verpackung eben zum brasllianischen Temperament gehört. Es gibt Stunden und Tage religiöser Besinnung und Einkehr, an denen sie beten, meditieren, singen und ihr Herz ausschütten können. Bei all dem Emotionalen, das dabei den Ton angibt, beeindruckt es dennoch, mit welcher Selbstverständlichkeit und Ehrlichkeit sie ihr Alltagsleben mit dem Evangelium zusammenbringen. So, als sei dieses Evangelium erst heute geschrieben worden und genau für ihre Situation vorgesehen. Dabei besitzen sie keineswegs irgendwelche großartigen Bibelkenntnisse noch irgendeine gut fundierte Glaubensgrundlage. Sie haben ganz einfach das urtümliche Gespür einfacher Leute, dass die Bibel von Menschen und Ereignissen berichtet, die ebenso in ihrem eigenen Lebensraum einen Platz haben können. Der Jahrtausende zählende Abstand der Heiligen Schriften zu unserer heutigen Zeit ist somit wie weggewischt. Das Wort Gottes wird lebendig und spricht in ihre eigene Lebenswelt hinein.

Ich hatte den Eindruck, dass gerade diese lebendige Verbindung des normalen Alltags mit dem Evangelium eine neue christliche Spiritualität und Lebenskraft hervorbringt, die fest an die Zukunft dieser Welt und ihrer Menschen glaubt - trotz aller bedrohenden und widrigen Umstände unserer heutigen politischen, wirtschaftlichen und sozialen Konstellation. Für sie steht fest, dass eine bessere Zukunft der Menschheit glücken kann, solange es Menschen gibt, die sich mit den bestehenden Zuständen nicht abfinden und mit Hilfe des Evangeliums diese bessere Zukunft in selbstloser Weise herbeiführen wollen. Ihr Glaube an die Macht des unscheinbaren, aber bedeutenden Jüngers Jesu Christi in einer Welt der nie enden wollenden Kriege, der Hungerkatastrophen, der Unfreiheit und Verknechtung der anders Denkenden, des fanatischen Hasses und des vor nichts zurückschreckenden Terrors, der wahnsinnigen Rüstung zum atomaren Holocaust ist überwältigend. Das Vertrauen, dass der Auferstandene inmitten unseres Leids und unserer Ausweglosigkeit zugegen ist und dass es daher dem Christ untersagt ist, Furcht vor der Welt und ihrer Macht des Bösen zu haben, bestimmt ihren Optimismus und ihr Engagement für die Not ihrer Mitmenschen.

Eine trügerischen Illusionen nachhängende Jugend? Oder ein Stück christliche Wahrhaftigkeit, die unter die Oberfläche des tagtäglichen Geschehens schaut und die die Welt in Gottes Hand geborgen weiß?

P. Joachim Piepke, Impulse einer Jugend aus Brasilien, in: "17" Nr. 10/85, Steyler Missionare

RELIGION	Name:	Klasse:	Datum:	Nr.

Kirche heute - Kirche morgen

Wie denkt ihr über folgende Aussage?

Die jungen Leute gehen in eine Zukunft, die ungewiss ist. Arbeitslosigkeit, Ausgrenzung und Misserfolg drohen. Aber Christen wissen, dass der Herr mit ihnen und Jesus Christus auf dem Weg in die Zukunft ein treuer Begleiter ist.

Wir sollten wissen:

Der Herr ist mit uns allen alle Tage.

Die Kirche von morgen sind wir.

Wir haben einen Auftrag:

- am Heil aller Menschen mitzuwirken
- die Menschheit zu einigen
- eine menschlichere Welt aufzubauen

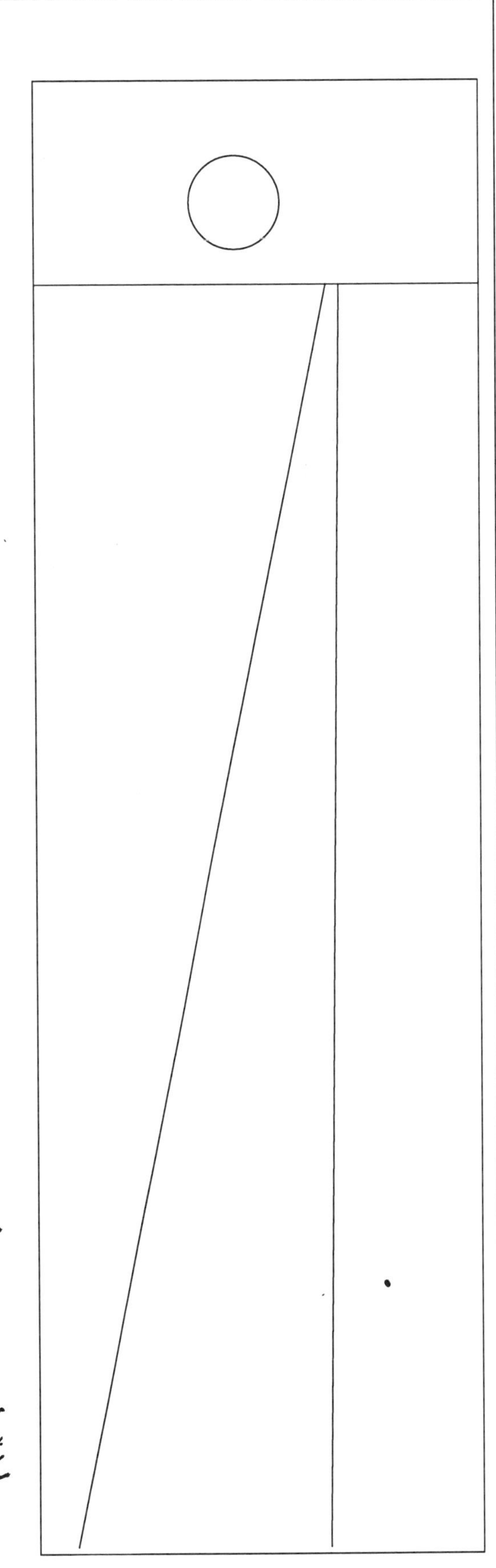

RELIGION	Name:	Klasse:	Datum:	Nr.

Sind wir die Kirche von morgen?

Junge Leute stellen sich Fragen. Unten findet ihr Auszüge aus Leserzuschriften an die Jugendzeitschrift „17“:

Warum nennen wir sie „junge“ Kirchen?

Sind wir dann die "alte" Kirche? Und damit eventuell bequem, festgefahren, starrsinnig? Alt und bequem? - Nein, wir sind jung und aktiv. Seht doch, wie oft wir Dritte-Welt-Aktionen durchziehen! Festgefahren? - Nein, wir zeigen Interesse für die jungen Kirchen. Starrsinnig? - Nein, wir bewundern, wie locker und unkompliziert die jungen Kirchen noch den Gottesdienst feiern können und wie sehr sich ihre Priester für ihre alltäglichen Probleme einsetzen.
Warum lassen uns dann die jungen Kirchen so alt aussehen??
Barbara

Junge Kirchen - eine Herausforderung

Nicht nur durch Medien, sondern auch bei persönlichen Gesprächen mit Missionaren höre ich immer wieder, wie der wirkliche vertrauensvolle Glaube an Gott Kraft spendet, Gruppen, ja manchmal sogar ganze Dörfer, entstehen zu lassen, die eine christliche Gemeinschaft bilden. Zusammenhalt, gemeinsames Gebet, Opfern, Feiern, Danken und Loben... das sind Quellen, die in den jungen Kirchen aufgehen und zu blühen beginnen.
Und wie ist es bei uns? Spüren wir nicht alle deutlich in unseren Kirchen eine absteigende Tendenz? Die Bänke der Kirche werden leerer, sehr viele Christen treten aus der Kirche aus. Und trotzdem besteht noch der größte Teil unserer Bevölkerung aus Christen. Ist das nicht paradox? Wir Christen leben uns auseinander! Wer fühlt sich noch für die Kirche verantwortlich?
Sehr viele Christen bauen sich ihren eigenen Glauben von Gott zusammen. Äußerungen wie z. B.: ..Sonntags gehe ich nicht in die Kirche, sondern in den Wald, um Gott zu begegnen“, „Meine Kinder lasse ich nicht taufen“, „Liebe auf Probe“, „Kirche ist Modenschau“, „Der Pastor ist so lahm“. . . sind an der Tagesordnung. Jeder lebt für sich, in seiner Lebenseinstellung und dann . .. Irgendwo gibt es einen Gott, und somit sind wir Christen.
Doch gerade das ist falsch. Wir müssen wieder Gemeinschaft werden und als persönliche Lebensfrage schauen, was Gott von uns will und was Gott uns schenken möchte, wie Gott uns helfen möchte ...
Von wem ging die Kirche aus? Von Jesus, seinen Jüngern und Aposteln. Bewusst müssen wir uns als Apostel, Nachfolger Jesu, sehen. Nur so können wir die Kirche erhalten.

Ihr alle, die Ihr diese Zeilen lest, ich habe Euch alle sehr, sehr gerne und möchte keinem wehtun! Ich habe nur dieses Thema zum Anlass genommen als Herausforderung für unseren Glauben: Aufeinanderzugehen in der Kirche ... von den jungen Kirchen gestärkt! Warum gehst Du nicht einmal zu Deinem Pastor, wenn Dir etwas nicht gefällt oder Du Fragen hast? Und wenn Du mit dem Pastor nicht reden kannst, suche andere offene Ohren in Deiner Pfarre. Wenn Du noch nicht auf Verständnis stößt, gehe zu einem Bischof, Kardinal, Prälat, Pater oder zum Generalvikariat . . .! Nur eines musst Du beachten: Gehe Deinen Weg in Frieden und Liebe. Zeige Rücksicht und Verständnis. Vermeide Hass, Zorn und Hetzerei. Bete viel um die richtigen Gedanken!
Wir wollen nicht gegeneinander, sondern miteinander im Glauben leben und handeln. Wir dürfen nicht „schlafen“! Fühlen wir uns verantwortlich! Würde Jesus nicht genauso handeln?

Stelle Dir doch mal vor: Wir alle würden morgen zu Pastoren, Schwestern, Bischöfen und zum Generalvikariat gehen und an der Haustür schellen?

"Die Welt braucht Menschen,
die in der Kraft Christi
das Abenteuer riskieren,
der Welt zu zeigen,
dass die Liebe mächtiger ist als alles."

Hans Lilje, in: „17“, Nr. 10/1985

Arbeitsaufgaben: ✍ ☺ ✋ 💡

❶ **Wie denkt ihr über die Meinung von Barbara?**
❷ **Wel[illegible]züge hat nach Meinung vieler die sogenannte "junge Kirche"?**
❸ **Au[illegible] was muss sich die Kirchengemeinschaft heute wieder mehr besinnen?**
❹ **Was könnt ihr persönlich tun, damit Kirche lebendig wird und lebendig bleibt?**
❺ **Welches Gebot Jesu sollten wir bei der Bewältigung der Zukunftsaufgaben beachten?**
❻ **Wie sollte eurer Meinung die Kirche der Zukunft aussehen?**
❼ **Welche Ziele sollte sie sich setzen?**

RELIGION	Name:	Klasse:	Datum:	Nr.

Mit Christus heute leben

Folienbild 1: Christus bezeugen
Folienbild 2: solidarisch handeln
Folienbild 3: Türen öffnen für Jesu Botschaft
Folienbild 4: Engagement für andere

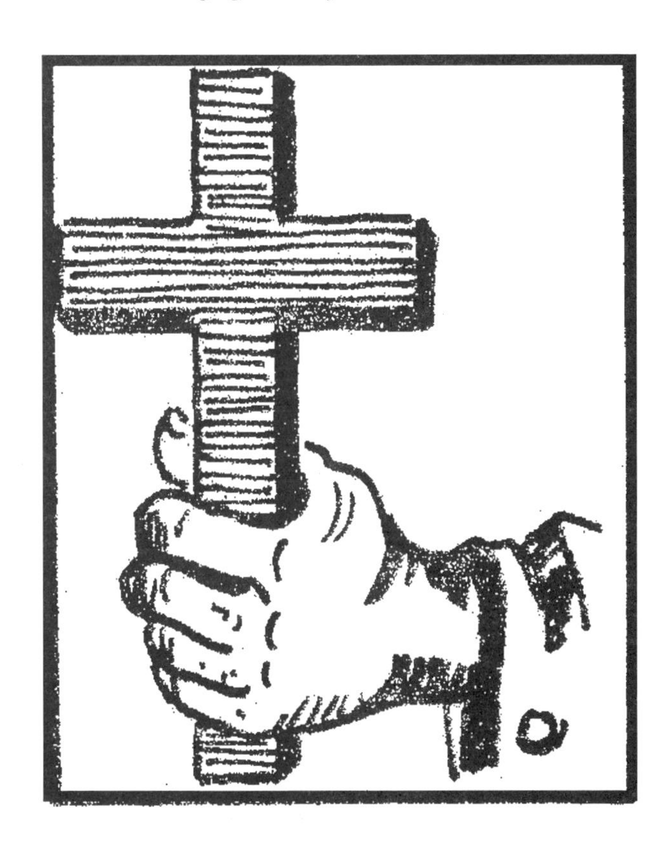

RELIGION	Name:	Klasse:	Datum:	Nr.

Jesus Christus - Anstoß und Herausforderung auch heute?

Wie denkt ihr über folgende Aussprüche? ✍ ☺ ✋ 💡

"Wenn Christentum einen Sinn haben soll,
muss es sich einsetzen
zu Gunsten der Armen, Geknechteten,
Verfolgten,
Ausgestoßenen und Verzweifelnden."
P. Arrupe, Jesuit

"Alle Völker sind eine einzige Gemeinschaft, sie haben denselben Ursprung, da Gott das ganze Menschengeschlecht auf dem gesamten Erdkreis wohnen ließ. "
Vatikanisches Konzil

"Ich glaube fest daran, dass Freiheit, die mit Blutvergießen oder Verbrechen gewonnen wurde, keine Freiheit ist."
Mahatma Gandhi

"Was ändern Revolutionen am Weinen der Kinder?"
M. Machovec

"Das gute Beispiel ist nicht nur eine Möglichkeit, andere Menschen zu beeinflussen, es ist die einzige."
Albert Schweitzer

"Jeder revolutionäre Aufstand - ausgenommen im Fall der eindeutigen und lange dauernden Gewaltherrschaft, die die Grundrechte der Person schwer verletzt und dem Gemeinwohl des Landes schwer schadet - zeugt neues Unrecht, bringt neue Störungen des Gleichgewichts mit sich, ruft neue Zerrüttung hervor. Man darf ein Übel nicht mit einem noch größeren Übel vertreiben."
Enzyklika "Fortschritt der Völker"

Leben teilen - den Menschen suchen
Stets von neuem sollten wir das scheinbar Unmögliche in Angriff nehmen, damit es vielleicht doch eines Tages möglich wird.
N.N.

Gott kennt dein Gestern; gib ihm dein Heute; er sorgt für dein Morgen!
E. Modersohn

Kirche in der Geschichte - Ringen um die Verwirklichung des Evangeliums

Aufmerksam werden, dass eine Reihe von Einstellungen, Anfragen und Urteilen hinsichtlich der Kirche unbedingt einer geschichtlichen Betrachtungsweise bedürfen

Kennen lernen wichtiger Epochen der Kirchengeschichte
Fragen nach dem Auftrag der Kirche im gesamtgeschichtlichen Rahmen entdecken
Erkennen, dass die Kirche um die Verwirklichung des Evangeliums in jeder Zeitgeschichte ringt
Erkennen, dass das Mitwirken aller Christen die konkrete Kirche gestaltet

❶ Auseinandersetzungen um die Kirche - pro und contra

Thema	Material
● Kirche für die Menschen: Bartholome de Las Casas	AB, Text, Fragen
● Kirche für die Menschen: Katharina von Siena	AB, Text, Fragen
● Kirche für die Menschen: Friedrich Spee	AB, Text, Fragen
● Gegenreformation: Wie erneuerte die Kirche den Glauben?	AB, Fragen
● Ignatius von Loyola - den Glauben erneuern und vertiefen	AB, Text, Fragen
● Wie erneuerten die Jesuiten den Glauben?	AB, Text, Fragen
● Die Arbeiter von Rochdale	AB, Text, Fragen
● Wie half die Kirche den Menschen im 19. Jahrhundert? (Ketteler und Kolping)	AB, Bilder
● Kirche für die Menschen: Theresia Gerhardinger, Franziska Schervier und Don Bosco	AB, Texte, Fragen
● Die Kirchenpolitik Hitlers vor 1933	AB, Texte, Fragen
● War das Reichskonkordat ein Erfolg für die Kirche?	AB, Fragen
● Hält sich Hitler an das Konkordat?	AB, Fragen
● Kirche früher - Kirche heute	AB, Texte, Fragen
● Wie bekämpfte Bischof von Galen den Nationalsozialismus?	AB, Fragen
● Sie standen für ein anderes Deutschland	AB, Text, Fragen
● "Ein kleines Türchen zum Leben"	AB, Text, Fragen
● Kirche im KZ	AB, Text, Fragen
● Pater Rupert Mayer: "Seine Liebe war grenzenlos"	AB, Text, Fragen

Diskussion über Zustimmung, Enttäuschung und Kritik an der Kirche (z. B. Kirchensteuer, Kirchenaustritte)

❷ Kirche heute - eine Gemeinschaft auf dem Weg

Thema	Material
● Wie sich die Kirche erneuern kann ...	
● Uns Christen eint weit mehr als wir glauben!	AB, Text, Fragen
● Wie sah der Aufbruch der Kirche unter Johannes XXIII. aus?	AB, Bilder
● "Werden wir nicht müde auf dem Weg zum gemeinsamen Herrn"	AB, Fragen
● Die Kirche im 20. Jahrhundert	AB, Text, Fragen
	AB, Bilder

Podiumsdiskussion: Wie wünschen wir uns die Kirche?
Ausstellung: Worum sich die Kirche kümmert ...
Pfarrgemeinde und Leitungsdienste, Diözesanforen und Katholikentage, Ortskirche und Weltkirche, Mission, Basisbewegungen, Solidarität mit der Einen Welt u. a.. Themenschwerpunkte

Hinweis:
Ergänzende Unterrichtsmaterialien aus dem **pb-Verlag Puchheim** zu diesem Lernziel finden Sie in:
Katholische Religion 5, In Gemeinschaft miteinander leben und glauben
Thema 5: Kirche am Ort - eine Gemeinschaft und ihre Geschichte
Katholische Religion 6: Eigene Interessen und Fähigkeiten entdecken und entfalten
Thema 2: Christengemeinden entstehen - von Jerusalem in die Welt
Katholische Religion 7: Auf der Suche zu sich selbst
Thema 6: Ein Gott und Herr - verschiedene Konfessionen
Katholische Religion 8: Lebensplanung und Sinnfindung
Thema 2: Wofür die Kirche da ist - Hilfen zum Leben

RELIGION	Name:	Klasse:	Datum:	Nr.

Kirche für die Menschen: Bartholome de Las Casas

Bartolome de Las Casas, erhielt als Bischof von Chiapas den Beinamen **"Apostel der Indianer"**. Er wurde 1474 im spanischen Sevilla geboren und starb in Madrid am 31. Juli 1566. Er war der Sohn eines Kaufmanns und Begleiter des Kolumbus.
Er begleitete Nicolas do Ovando, den Gouverneur des damaligen Amerika, 1502 nach Hispaniola (Santo Domingo), erwarb Land, das wie üblich von Indianern in Zwangsarbeit bewirtschaftet wurde.
Er wurde wahrscheinlich 1506/07 bei einem Aufenthalt in Rom zum Priester geweiht. 1515 begab er sich nach Spanien, um gegen die Zwangsarbeit der Indianer zu wirken und den König selbst zum Eingreifen zu veranlassen.
1516 gewann er den Kardinal F. J. de Cisneros für eine Reform der Indianergesetzgebung. 1522 trat Las Casas dem Dominikanerorden bei, nachdem ein von ihm geleiteter friedlicher Kolonisationsversuch an der venezolanischen Küste gescheitert war.
Auf sein Wirken hin wurden 1542 die "Neuen Gesetze" (Leyes Nueves) erlassen, die die Indianersklaverei verboten sowie Spanier und Indianer gleichstellten. Die Kontroverse um die "Neuen Gesetze" und sein Eintreten für die unterdrückten Indianer schufen ihm Feinde, die ihn 1547 zur Rückkehr nach Spanien zwangen,wo er bis zu seinem Lebensende im Dominikanerkloster von Atocha bei Hof zu Gunsten der Indianer zu wirken suchte.
Da die Indianer der Arbeit im tropischen Klima und den aus Europa eingeschleppten Krankheiten nicht gewachsen waren, empfahl Las Casas, Negersklaven nach Amerika einzuführen. Der Import von Negersklaven wurde daraufhin begünstigt. Später verurteilte er allerdings die Negersklaverei.
Als Geschichtsschreiber des Lebens und Wirkens des Kolumbus, dessen Nachlass er benutzte, ist er grundlegend, verallgemeinert aber Grausamkeiten spanischer Konquistadoren.

Arbeitsaufgaben: ✍ ☺ ✋ 💡

❶ Warum bekam Bischof Las Casas den Beinamen "Apostel der Indianer"?
❷ Aus welchem Land stammte Las Casas?
❸ Welche Interessen verfolgte sein Heimatland in Amerika?
❹ Mit welchen Interessengegensätzen hatte es Las Casas zu tun?
❺ Was war sein bedeutendes Lebenswerk?
❻ Warum setzte sich Las Casas vermutlich für die Indianer ein?

RELIGION	Name:	Klasse:	Datum:	Nr.

Kirche für die Menschen: Katharina von Siena

Geboren 1347 im italienischen Siena, gilt sie in ihrem Heimatland als die "größte Frau des Christentums". Sie ist Patronin Italiens und Roms. Mit Theresia von Avila trägt sie als einzige Frau den kirchlichen Titel Kirchenlehrerin. Papst Pius II. hatte Katharina bereits 1461, rund 80 Jahre nach ihrem Tod, heiliggesprochen.

Warum war Katharina eine so außergewöhnliche Frau? Sie kam als 24. Kind der Färberfamilie Benincasa auf die Welt und wuchs in einer Zeit auf, in der die Glaubensbegeisterung, die in den Jahrhunderten zuvor geherrscht hatte, immer mehr nachließ. Die Macht der Päpste und vor allem ihr Ansehen waren gebrochen. Die Nachfolger Petri hatten ihren Sitz nach Avignon in Südfrankreich verlegt und waren dort in die Abhängigkeit von französischen Königen geraten. In Italien schwelten überall Zwistigkeiten, Städte bekämpften sich gegenseitig - vor allem in der Toskana, der Heimat Katharinas - , der Adel unterdrückte das Volk und beutete es aus. In dieser unruhigen Zeit verlebte Katharina ihre Kindheit.

Im Alter von zwölf Jahren sollte Katharina auf Wunsch ihrer Eltern heiraten. Sie lehnte dies jedoch ab und musste daraufhin von den entttäuschten Eltern viel erleiden. Als ihr Gesicht dann noch durch eine Pockenkrankheit entstellt wurde, lebte Katharina fortan völlig zurückgezogen in der häuslichen Abgeschiedenheit, ganz der Arbeit im elterlichen Betrieb zugetan. Mit 18 Jahren trat Katharina Benincasa den Dominikaner-Terziarinnen von Siena bei. Aufopfernd pflegte sie in den folgenden Jahren Kranke und Sterbende. 1374 ging sie nach Pisa und kümmerte sich um die Opfer einer verheerenden Pestepidemie. Dabei steckte sie sich selbst an, was sie aber nicht vom weiteren Dienst für die Kranken abhalten konnte.

Im Laufe der Jahre wurde Katharina, obwohl noch jung an Jahren, zur begehrten Ratgeberin von Fürsten und Persönlichkeiten der Kirche. Ihr gelang es, Papst Gregor XI. aus Avignon nach Rom zurückzuholen. Als 1378 das Abendländische Schisma ausbrach, stellte sich Katharina auf die Seite des rechtmäßigen Papstes Urban VI. und forderte laut dessen Anerkennung. Auf seinen Wunsch hin zog sie nach Rom, wo sie sich bis an ihr Lebensende für die Einheit der Kirche aufarbeitete.

Doch Katharina war nicht überall geschätzt. Immer wieder wurde sie verleumdet, oft musste sie sich wegen ihres Verhaltens rechtfertigen. Ein Beispiel: Einem frierenden Bettler gab sie ihren Ordensmantel, damit er sich wärmen konnte. Doch zu jener Zeit war es für eine ehrbare Frau unschicklich, ohne Mantel auf die Straße zu gehen. Als sie deswegen kritisiert wurde, antwortete Katharina ruhig: »Ich will mich lieber ohne Mantel als ohne Liebe finden lassen.« Zum Tod Verurteilten stand sie bei der Hinrichtung so lange bei, dass sie oft sogar vom Blut der Hingerichteten gezeichnet war.

Katharina von Siena, die die empfangenen Wundmale bis zu ihrem Tod verborgen hielt, starb am 29. April 1380 im Alter von 33 Jahren. Die letzten Jahre ihres Lebens hatte sie nur noch von der Eucharistie gelebt. In der Stunde ihres Todes sprach sie die Worte: "Seid überzeugt, dass die einzige Ursache meines Todes die Glut für die Kirche ist, die mich verzehrt."

Ihre letzte Ruhestätte fand die große, unvergessene Persönlichkeit der Christenheit in der Dominikanerkirche S.Maria sopra Minerva in Rom, unmittelbar beim Pantheon, wo ihr Leib bis heute unversehrt in einem Glasschrein in der Mensa des Hauptaltares ruht. Von der Sakristei aus gelangt man in das Sterbezimmer Katharinas. In der Kirche S. Domenico in Siena, in der Katharina einst ihre religiösen Ekstasen erlebte, wird in der Cappella S. Caterina in einem Marmor-Ziborium das Haupt der Heiligen aufbewahrt. Bemerkenswert ist in der dortigen Cappella delle Volte ein Bildnis Katharinas, gemalt von Andrea Vanni. Es handelt sich dabei um das einzige authentische Abbild der Heiligen.

Katharina von Siena hinterließ 381 Briefe, die sie alle Berufsschreibern diktiert hatte, da sie selbst nie das Schreiben gelernt hatte. Die Briefe gelten bis heute als klassische Literatur. Die Schriften Katharinas sind Zeugnisse mystischer Theologie.

Arbeitsaufgaben: ✍ ☺ ✋ 💡

➊ Wie versuchte Katharina das Evangelium in ihrer Zeit zu verwirklichen?
➋ Welche Werke zeigen, dass sich Katharina konkret für die Menschen einsetzte?
➌ Welche Aufgabe erfüllte sie für die Gesamtkirche?
➍ Warum erfuhr ihr Wirken Zuspruch und Kritik?
➎ Sollten sich Christen in politische Entscheidungen einmischen?
➏ Konnte Katharina damals für ihre Zeitgenossen ein Vorbild sein?
➐ Können wir aus dem Wirken Katharinas Schlussfolgerungen für heute ziehen?
➑ Welche Rolle spielten Frauen in der Kirchengeschichte?
➒ Warum sollten sich gerade Frauen in der Kirche zu Wort melden?
➓ Auf welchen Gebieten haben Frauen in der Kirche Großartiges geleistet?

RELIGION	Name:	Klasse:	Datum:	Nr.

Kirche für die Menschen: Friedrich Spee

Im Lexikon finden wir nur kurze Angaben über ihn: Dichter, Priester, Mönch SJ, geboren am 25. Februar 1591 in Kaiserswerth/Düsseldorf, Nordrhein-Westfalen, gestorben am 7. August 1635 in Trier, Rheinland-Pfalz.
In einem kirchlichen Fachbuch finden wir mehr:
„Nun seht selbst, ob ich ein guter Hirte bin." Friedrich Spee sprach diese Worte 1629 in einer Kirche in der Grafschaft Peine, nachdem er wenige Minuten zuvor von einem Fanatiker überfallen, misshandelt und schwer verletzt worden war. Danach brach er zusammen. Erst nach langem Krankenlager gesundete der Priester und Jesuit, erholte sich jedoch nie mehr von dem Angriff auf sein Leben.
In die Gegend um Peine war Friedrich Spee gekommen, weil er dort im Auftrag seines Ordens die während des Dreißigjährigen Krieges größtenteils protestantisch gewordenen Bewohner wieder zum katholischen Glauben zurückführen sollte. Eigentlich war es der Wunsch des jungen Jesuiten gewesen, ebenso wie sein Vorbild Franz Xaver nach Indien zu gehen und dort in der Seelsorge zu arbeiten; doch er wurde in Deutschland gebraucht. Vor seiner Tätigkeit in Peine war Spee in Paderborn, Speyer und Köln als Philosophieprofessor tätig gewesen.
In Peine war Friedrich Spee überaus erfolgreich: In kurzer Zeit gewann er durch seinen leidenschaftlichen seelsorgerischen Einsatz 26 Dörfer für den katholischen Glauben zurück. Mutig prangerte Spee die sogenannten Hexenprozesse an und schonte dabei auch seine eigenen Oberen nicht. In vielbeachteten Schriften - Spee war einer der bedeutendsten Schriftsteller seiner Zeit - rechnete der Priester schonungslos mit Verfahren, Häschern und sogenannten Richtern ab.

Für Aufsehen sorgte dann 1631 das Werk "Cautio criminalis" (Vorsicht im Urteil), das Spee geschrieben, aber (noch) nicht zur Veröffentlichung freigegeben hatte. Ein Ausschluss Spees aus dem Orden - kurz zuvor hatte ihm der Ordensobere bereits die Lehrerlaubnis entzogen - stand bevor; nur der persönliche Einsatz des neuen Provinzials Goswin Nickel ersparte Friedrich Spee dieses Schicksal. Nickel entsandte Spee schließlich nach Trier, damit er dort als Moraltheologe wirken konnte.
Doch während der Kriegswirren stand Spee dort zunächst einmal den Verwundeten und Sterbenden in ihren schweren Stunden bei, außerdem kümmerte er sich um freigelassene Gefangene. Als dann im Sommer 1635 in Trier das epidemische Fieber ausbrach, erkrankte auch Friedrich Spee während der Pflege der Kranken; im Alter von erst 44 Jahren starb er am 7. August 1635.
Immer wieder gab es in der Folge und bis in die heutige Zeit hinein Bemühungen, die Heiligsprechung Friedrich Spees zu erwirken - bis jetzt vergeblich. In einer Gruft der Jesuitenkirche in Trier fand man 1980 die Gebeine des großen Seelsorgers wieder auf; sie wurden in einem römischen Steinsarkophag beigesetzt, der die Aufschrift "P. FRE SPE" erhielt, so, wie man es in dem Grabgewölbe vorgefunden hatte.

Arbeitsaufgaben: ✍ ☺ ✋ 💡

❶ Warum kam Friedrich Spee in die Gegend um Peine?
❷ Wer war sein Vorbild?
❸ Was war Friedrich Spee vor seiner Tätigkeit in Peine?
❹ Welche Pionierleistung vollbrachte er nach der Reformation?
❺ Was prangerte er besonders an?
❻ Wie hieß sein vielbeachtetes Werk?
❼ Warum musste er mit seiner Entlassung rechnen?
❽ Worum kümmerte sich Friedrich Spee in den Kriegswirren?
❾ Gab es Bestrebungen, Friedrich Spee heiligzusprechen?
❿ Wo fand man seine Gebeine?

RELIGION	Name:	Klasse:	Datum:	Nr.

Wie erneuerte die Kirche den Glauben?

In der katholischen Kirche gewannen nach der Reformation immer mehr diejenigen an Einfluss, die die Erneuerung der kirchlichen Macht und eine Rückbesinnung auf die eigentlichen Aufgaben der Priester und Mönche forderten.

❶ Welches Konzil sollte dabei helfen?
❍ das Konzil von Triest 1515 ❍ das Konzil von Trient 1545 ❍ das Konzil von Trentino 1589

❷ Welche Gründe führten zur Einberufung dieses Konzils?
❍ Verbot der evangelischen Kirche ❍ Ausrottung der Ketzerei ❍ Wiederherstellung der Kirchendisziplin
❍ Einführung einer allgemeinen Amtskirche für beide Konfessionen ❍ Erlangung des Friedens

❸ Welches Reformprogramm kam heraus?
❍ Neuausgabe der Heiligen Schrift, des Messbuches und des Katechismus
❍ Verbot des Alten Testaments und Neueinführung des Neuen Testaments
❍ Ausbildung der Geistlichen
❍ Verbot der Ämterhäufung
❍ Neueinführung des Ablasshandels
❍ Verbot des Ablasshandels

❹ Stimmt folgende Aussage? ❍ ja ❍ nein
Die katholische Lehre wird auf dem Konzil von T. neu festgelegt und gegenüber der protestantischen Auffassung abgegrenzt, zum Beispiel durch die Anzahl der Sakramente. Latein wird Kirchensprache.

❺ Who is who?
1521 verteidigt er als spanischer Offizier die Pyrenäenfestung Pamplona. Im Kampf wird ihm durch eine Kanonenkugel das rechte Bein zerschmettert. Nach zwei Operationen ist er noch immer nicht so wiederhergestellt, dass er als Soldat reiten kann. Während seiner langen Zeit auf dem Krankenlager kommen dem Vollblutsoldaten zwei Bücher in die Hand, die sein weiteres Leben entscheidend verändern sollten: ein „Leben Jesu" und eine Heiligenlegende.
Zuerst nur aus Langeweile darin blätternd, vertieft er sich in das Gelesene immer mehr. Und bald steht sein Entschluss fest: Christus dienen und sein Leben der Kirche zur Verfügung stellen. Als äußeres Zeichen dieser Wende legt er in einer Wallfahrtskirche seinen Degen vor dem Gnadenbild Marias nieder. Dann zieht er sich monatelang an einen einsamen Ort zurück. Er verfasst das Exerzitienbüchlein. Bereits 33 Jahre alt, setzt sich der ehemalige Offizier auf die Schulbank, um Latein zu lernen. Eine Kirchengeschichte schreibt dazu: „Baskische Zähigkeit, höfische Bildung, Hochschätzung des Verstandes, ritterlicher Gehorsam und zugleich ein kämpferischer Zug der Welteroberung kennzeichnen ebenso ihn wie seinen Orden, dem er die Parole gab: "Omnia ad majorem dei gloriam - Alles zur größeren Ehre Gottes". Dienst an Christus war für ihn Dienst an der Kirche."
1523 unternimmt die gesuchte Person eine Wallfahrt in das Heilige Land. 1540 wird der Orden, den er gegründet hat, von Papst Paul III. bestätigt. 1556 stirbt er in Rom.

Die beschriebene Person ist ❍ Benedikt von Nursia ❍ Ignatius von Loyola ❍ Augustinus

Während in Deutschland die Glaubensspaltung weite Kreise zieht, erneuert sich die Kirche von innen heraus.

❻ Welche Orden und Kongregationen werden gegründet?
❍ Benediktiner ❍ Theatiner ❍ Steyler Missionare ❍ Kapuziner ❍ Jesuiten ❍ Ursulinen
❍ Englische Fräulein ❍ Trappisten ❍ Zisterzienser

Die innere Erneuerung der Kirche wird durch das Leben und Wirken vieler Heiliger im 16. und 17. Jh. dokumentiert.

❼ Welcher Ordensgründer passt nicht in die Reihe? Streiche ihn weg!
❍ Johannes von Gott (+1550), Stifter der "Barmherzigen Brüder"
❍ Aloysius von Gonzaga (+ 1591), Jesuit, Patron der studierenden Jugend
❍ Theresia von Avila (+1582), Reformatorin des Karmelitinnenordens
❍ Johannes vom Kreuz (+1591), Erneuerer des Karmelitenordens
❍ Philipp Neri (+1592), Begründer der "Oratorianer"
❍ Maria Ward (+1645), Gründerin der "Englischen Fräulein"
❍ Vinzenz von Paul (+1660), Mitbegründer der "Barmherzigen Schwestern"

RELIGION	Name:	Klasse:	Datum:	Nr.

Lösung: Wie erneuerten die Kirche den Glauben?

In der katholischen Kirche gewannen nach der Reformation immer mehr diejenigen an Einfluss, die die Erneuerung der kirchlichen Macht und eine Rückbesinnung auf die eigentlichen Aufgaben der Priester und Mönche forderten.

❶ Welches Konzil sollte dabei helfen?

❍ das Konzil von Triest 1515 ● das Konzil von Trient 1545 ❍ das Konzil von Trentino 1589

❷ Welche Gründe führten zur Einberufung dieses Konzils?

❍ Verbot der evangelischen Kirche ● Ausrottung der Ketzerei ● Wiederherstellung der Kirchendisziplin
❍ Einführung einer allgemeinen Amtskirche für beide Konfessionen ● Erlangung des Friedens

❸ Welches Reformprogramm kam heraus?

● Neuausgabe der Heiligen Schrift, des Messbuches und des Katechismus
❍ Verbot des Alten Testaments und Neueinführung des Neuen Testaments
● Ausbildung der Geistlichen
● Verbot der Ämterhäufung
❍ Neueinführung des Ablasshandels
● Verbot des Ablasshandels

❹ Stimmt folgende Aussage? ● ja ❍ nein

Die katholische Lehre wird auf dem Konzil von T. neu festgelegt und gegenüber der protestantischen Auffassung abgegrenzt, zum Beispiel durch die Anzahl der Sakramente. Latein wird Kirchensprache.

❺ Who is who?

1521 verteidigt er als spanischer Offizier die Pyrenäenfestung Pamplona. Im Kampf wird ihm durch eine Kanonenkugel das rechte Bein zerschmettert. Nach zwei Operationen ist er noch immer nicht so wiederhergestellt, dass er als Soldat reiten kann. Während seiner langen Zeit auf dem Krankenlager kommen dem Vollblutsoldaten zwei Bücher in die Hand, die sein weiteres Leben entscheidend verändern sollten: ein „Leben Jesu" und eine Heiligenlegende.
Zuerst nur aus Langeweile darin blätternd, vertieft er sich in das Gelesene immer mehr. Und bald steht sein Entschluss fest: Christus dienen und sein Leben der Kirche zur Verfügung stellen. Als äußeres Zeichen dieser Wende legt er in einer Wallfahrtskirche seinen Degen vor dem Gnadenbild Marias nieder. Dann zieht er sich monatelang an einen einsamen Ort zurück. Er verfasst das Exerzitienbüchlein. Bereits 33 Jahre alt, setzt sich der ehemalige Offizier auf die Schulbank, um Latein zu lernen. Eine Kirchengeschichte schreibt dazu: „Baskische Zähigkeit, höfische Bildung, Hochschätzung des Verstandes, ritterlicher Gehorsam und zugleich ein kämpferischer Zug der Welteroberung kennzeichnen ebenso ihn wie seinen Orden, dem er die Parole gab: "Omnia ad majorem dei gloriam - Alles zur größeren Ehre Gottes". Dienst an Christus war für ihn Dienst an der Kirche."
1523 unternimmt die gesuchte Person eine Wallfahrt in das Heilige Land. 1540 wird der Orden, den er gegründet hat, von Papst Paul III. bestätigt. 1556 stirbt er in Rom.

Die beschriebene Person ist ❍ Benedikt von Nursia ● Ignatius von Loyola ❍ Augustinus

Während in Deutschland die Glaubensspaltung weite Kreise zieht, erneuert sich die Kirche von innen heraus.

❻ Welche Orden und Kongregationen werden gegründet?

❍ Benediktiner ● Theatiner ❍ Steyler Missionare ● Kapuziner ● Jesuiten ● Ursulinen
● Englische Fräulein ● Trappisten ❍ Zisterzienser

Die innere Erneuerung der Kirche wird durch das Leben und Wirken vieler Heiliger im 16. und 17. Jh. dokumentiert.

❼ Welcher Ordensgründer passt nicht in die Reihe? Streiche ihn weg!

❍ Johannes von Gott (+1550), Stifter der "Barmherzigen Brüder"
● ~~Aloysius von Gonzaga (+ 1591), Jesuit, Patron der studierenden Jugend~~
❍ Theresia von Avila (+1582), Reformatorin des Karmelitinnenordens
❍ Johannes vom Kreuz (+1591), Erneuerer des Karmelitenordens
❍ Philipp Neri (+1592), Begründer der "Oratorianer"
❍ Maria Ward (+1645), Gründerin der "Englischen Fräulein"
❍ Vinzenz von Paul (+1660), Mitbegründer der "Barmherzigen Schwestern"

RELIGION	Name:	Klasse:	Datum:	Nr.

Ignatius von Loyola - den Glauben erneuern und vertiefen

Ein Blick in sein Exerzitienbüchlein zeigt, wie der Glaube vertieft werden sollte:
Besondere und tägliche Prüfung ... begreift in sich drei Zeiten und eine zweimalige Selbstprüfung
DIE ERSTE ZEIT ist, dass der Mensch am Morgen sogleich beim Aufstehen den Vorsatz fasse, sich vor jener besonderen Sünde oder dem Fehler zu hüten, von dem er sich freizumachen und zu bessern strebt.
DIE ZWEITE: nach dem Mittagessen von Gott Unserem Herrn erbitten, was der Mensch sucht: die Gnade, sich zu erinnern, wie oft er in die besondere Sünde oder den Fehler gefallen ist, und sich in Zukunft zu bessern. Er halte also die erste Prüfung, indem er Rechenschaft von seiner Seele fordert über die besondere Sache, die er sich vornahm und von der er sich zu befreien und zu bessern wünscht; übergehe Stunde um Stunde, oder Zeitraum um Zeitraum, angefangen von der Stunde des Aufstehens bis zu Stunde und Augenblick der gegenwärtigen Prüfung, merke auf der ersten Linie des Schemas so viele Punkte an, als die Zahl der Rückfälle in die besondere Sünde oder den Fehler beträgt, und nehme sich hierauf von neuem vor, sich bis zur zweiten Prüfung, die er halten wird, zu bessern.
DIE DRITTE ZETT: nach dem Abendessen halte er die zweite Prüfung auf die gleiche Weise von Stunde zu Stunde, angefangen bei der ersten Prüfung bis zur gegenwärtigen zweiten, und trage auf der zweiten Linie desselben Schemas soviel Punkte ein, als der Zahl der Rückfälle in die besondere Sünde oder den Fehler entspricht.
Es folgen vier Zusätze, um je rascher jene besondere Sünde oder den Fehler zu lassen.
ERSTER ZUSATZ: Sooft der Mensch in jene besondere Sünde oder in den Fehler gefallen ist, schlage er sich mit der Hand an die Brust, aus Schmerz, gefallen zu sein. Was auch in Gegenwart vieler geschehen kann, ohne dass diese merken, was er tut.
DER ZWEITE: Da die erste Linie des Schemas die erste, die zweite Linie die zweite Prüfung bedeutet, so sehe er abends nach, ob er sich von der ersten zur zweiten Linie, will sagen von der ersten zur zweiten Prüfung gebessert hat.
DER DRITTE: Er vergleiche den zweiten Tag mit dem ersten, das heißt die beiden heutigen Prüfungen mit den beiden gestrigen, und sehe nach, ob er sich vom einen zum andern Tag gebessert hat.
DER VIERTE: Er vergleiche die eine Woche mit der andern und sehe nach, ob er sich in der jetzigen, verglichen mit der vorigen Woche, gebessert hat.
BEMERKUNG: Das große G am Anfang des Schemas bedeutet den Sonntag, das zweite kleine, den Montag, das dritte den Dienstag und sofort. (G g g g g g g G ...)
Weise, die allgemeine Prüfung zu machen
Sie enthält fünf Punkte
DER ERSTE PUNKT ist: Gott Unserem Herrn Dank sagen für die empfangenen Wohltaten.
DER ZWEITE: Gnade erbitten, die Sünden zu erkennen und von sich zu werfen.
DER DRITTE: Rechenschaft fordern von seiner Seele, angefangen von der Stunde des Aufstehens bis zur gegenwärtigen Prüfung, Stunde um Stunde, Zeit um Zeit; und zuerst über die Gedanken, dann aber über die Worte, dann über die Werke, in derselbe Folge, die bei der besonderen Prüfung dargelegt wurde.
DER VIERTE: Verzeihung erbitten von Gott Unserem Herrn für die Verfehlungen.
DER FÜNFTE: Besserung sich vornehmen mit Seiner Gnade. Vater Unser.
Generalbeichte und Kommunion
Aus der Generalbeichte ergeben sich für den, der sie freiwillig ablegen will, unter manchen andern drei Vorteile für die gegenwärtige Zeit:
Der erste: Obwohl der, der alle Jahre beichtet, nicht verpflichtet ist, eine Generalbeichte abzulegen, so hat er doch, wenn er sie ablegt, mehr Gewinn und Verdienst infolge des jeweils größeren lebendigen Schmerzes über die sämtlichen Sünden und Bosheiten seines gesamten Lebens.
Der zweite: Weil in solchen geistlichen Übungen die Sünden und ihre Bosheit sich jeweils innerlicher erkennen lassen als zur Zeit, da der Mensch sich nicht so den innern Dingen hingab, und er jetzt jeweils mehr Kenntnis und Schmerz über sie gewinnt, darum hat er auch mehr Gewinn und Verdienst, als er sonst gehabt hätte.
Der dritte: es ist folgerichtig, dass je besser man gebeichtet hat und je besser man gestimmt ist (dispuesto), man auch je geeigneter und besser vorbereitet ist, das Heiligste Sakrament zu empfangen, dessen Empfang nicht nur dazu hilft, nicht in die Sünde zu fallen, sondern auch dazu, im Wachstum der Gnade erhalten zu werden.
Diese Generalbeichte wird je besser unmittelbar nach den Übungen der ersten Woche abgelegt.
Quelle: Ignatius von Loyola, die Exerzitien, übertragen von Hans Urs von Balthasar, Johannes Verlag, Einsiedeln 1983

Arbeitsaufgabe:
❶ Welche Vorschläge macht Ignatius von Loyola, eine Gewissenserforschung sinnvoll durchzuführen?
❷ Wie hängen Gewissensbefragung, Beichte, Generalbeichte und Kommunion zusammen?

RELIGION	Name:	Klasse:	Datum:	Nr.

Ignatius von Loyola - den Glauben erneuern und vertiefen

Die Geschichte der Kirche in der Neuzeit ist unlösbar verbunden mit dem von Ignatius gegründeten Jesuitenorden. Klar und richtungsweisend sind die religiösen Grundsätze, nach denen Ignatius lebte:
"Der Mensch ist dazu hin geschaffen, Gott unseren Herrn zu loben, Ihm Ehrfurcht zu erweisen und Ihm zu dienen, und mittels dessen seine Seele zu retten. Die anderen Dinge auf Erden sind zum Menschen hin geschaffen, und um ihm bei der Verfolgung seines Zieles zu helfen, zu dem hin er geschaffen ist. Hieraus folgt, dass der Mensch sie soweit zu gebrauchen hat, als sie ihm zu seinem Ziele hin helfen, und soweit zu lassen, als sie ihn daran hindern."

RELIGION	Name:	Klasse:	Datum:	Nr.

Wie erneuerten die Jesuiten den Glauben?

Die Geschichte der Kirche in der Neuzeit ist unlösbar verbunden mit dem Jesuitenorden. Das Wirken von drei Jesuiten zeigt das. *Kreuzt jeweils die richtigen Antworten an!*

✍ ☺ ✋ ♡

❶ Ignatius von Loyola (1491 - 1556):

❍ Er gründete die "Gesellschaft Jesu", den Jesuitenorden.
❍ Er gründete mit dem Leitspruch "ora et labora" den Benediktinerorden.
❍ Er fasste 1522 ein Exerzitienbüchlein ab.
❍ Er schrieb das berühmte Buch über den Gottesstaat.
❍ Er pilgerte 1523 ins Heilige Land.
❍ Er baute Rom als Hochburg des katholischen Glaubens aus.
❍ Er erneuerte die Kirche und vertiefte das christliche Leben.
❍ Er suchte vor allem den theologischen Streit mit den Protestanten.

❷ Petrus Canisius (+1597):

❍ Er gilt als der 2. Apostel Deutschlands.
❍ Er gilt als der größte Bistumsgründer Deutschlands.
❍ Er schuf einen neuen Katechismus für die Jugend ("Canisi").
❍ Er verfasste die Bibeltexte neu.
❍ Er schrieb alle Messtexte in zeitgemäßer Form neu auf.

❸ Franz Xaver (+1552):

❍ Er gilt als der "Apostel Asiens".
❍ Er gilt als der "Apostel Amerikas".
❍ Er ist das Vorbild vieler Missionare.
❍ Er missionierte in Amerika, Afrika und Arabien.
❍ Er missionierte Japan, Indien und die Südseeinseln.
❍ Er kümmerte sich vor allem um die Katholiken in protestantischen Gebieten.

❹ Die Jesuiten kümmerten sich vor allem um Unterricht und Seelsorge:

❍ Sie richteten Schulen (Kollegien) ein.
❍ Sie richteten Krankenhäuser und Altenheime ein.
❍ Sie unterrichteten das Volk in Glaubensfragen.
❍ Sie veranschaulichten den Glauben in Bild, Musik und Theater.
❍ Sie richteten Seelsorgezentren (Bayern, Köln) ein.

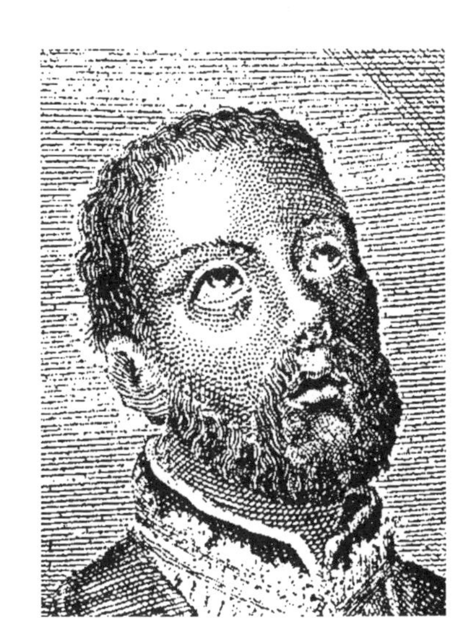

❺ Zum Nachdenken!

"Der Mensch ist dazu hin geschaffen, Gott unseren Herrn zu loben, Ihm Ehrfurcht zu erweisen und Ihm zu dienen, und mittels dessen seine Seele zu retten.
Die anderen Dinge auf Erden sind zum Menschen hin geschaffen, und um ihm bei der Verfolgung seines Zieles zu helfen, zu dem hin er geschaffen ist.
Hieraus folgt, dass der Mensch sie soweit zu gebrauchen hat, als sie ihm zu seinem Ziele hin helfen, und soweit zu lassen, als sie ihn daran hindern." (Ignatius von Loyola)

RELIGION	Name:	Klasse:	Datum:	Nr.

Lösung: Wie erneuerten die Jesuiten den Glauben?

Die Geschichte der Kirche in der Neuzeit ist unlösbar verbunden mit dem Jesuitenorden. Das Wirken von drei Jesuiten zeigt das. ***Kreuzt jeweils die richtigen Antworten an!***

❶ Ignatius von Loyola (1491 - 1556):

● Er gründete die "Gesellschaft Jesu", den Jesuitenorden.
❍ Er gründete mit dem Leitspruch "ora et labora" den Benediktinerorden.
● Er fasste 1522 ein Exerzitienbüchlein ab.
❍ Er schrieb das berühmte Buch über den Gottesstaat.
● Er pilgerte 1523 ins Heilige Land.
❍ Er baute Rom als Hochburg des katholischen Glaubens aus.
● Er erneuerte die Kirche und vertiefte das christliche Leben.
❍ Er suchte vor allem den theologischen Streit mit den Protestanten.

❷ Petrus Canisius (+1597):

● Er gilt als der 2. Apostel Deutschlands.
❍ Er gilt als der größte Bistumsgründer Deutschlands.
● Er schuf einen neuen Katechismus für die Jugend ("Canisi").
❍ Er verfasste die Bibeltexte neu.
❍ Er schrieb alle Messtexte in zeitgemäßer Form neu auf.

❸ Franz Xaver (+1552):

● Er gilt als der "Apostel Asiens".
❍ Er gilt als der "Apostel Amerikas".
● Er ist das Vorbild vieler Missionare.
❍ Er missionierte in Amerika, Afrika und Arabien.
● Er missionierte Japan, Indien und die Südseeinseln.
❍ Er kümmerte sich vor allem um die Katholiken in protestantischen Gebieten.

❹ Die Jesuiten kümmerten sich vor allem um Unterricht und Seelsorge:

● Sie richteten Schulen (Kollegien) ein.
❍ Sie richteten Krankenhäuser und Altenheime ein.
● Sie unterrichteten das Volk in Glaubensfragen.
● Sie veranschaulichten den Glauben in Bild, Musik und Theater.
● Sie richteten Seelsorgezentren (Bayern, Köln) ein.

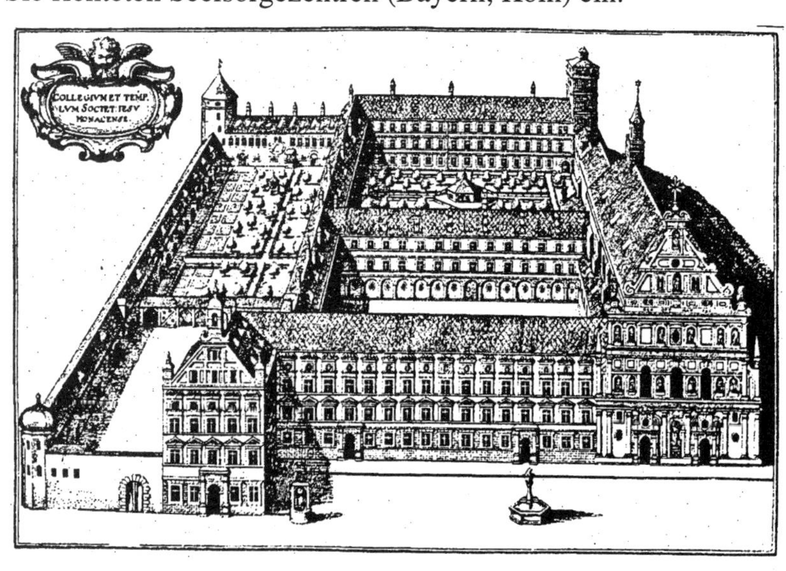

RELIGION	Name:	Klasse:	Datum:	Nr.

Die Arbeiter von Rochdale

Vergangene Zeiten werden entweder gern als die „gute alte Zeit“ beschrieben, in der das Leben schöner und lebenswerter als heute war oder als heillos rückständige Zeiten, in denen alle Menschen zu einem primitiven Lebensstandard verurteilt waren. Keine dieser Auffassungen trifft ganz zu.

Das Maschinenzeitalter begann mit der Erfindung der Dampfmaschine durch den Engländer James Watt im Jahre 1769. Nun konnten Maschinen gebaut werden, die dem Handantrieb überlegen waren. Es konnten mehrere gekoppelt werden, indem man durch Transmissionen (breite Lederriemen, die über Antriebsräder liefen) die Kraft übertrug. Viele solcher Maschinen, in einer Halle aufgestellt, ergaben eine Fabrik. Eines der ersten Geräte, die auf Kraftantrieb umgestellt wurden, war der Webstuhl. Viele tausend Jahre hatten die Menschen ihre Stoffe mit der Hand gewebt. Es gab große Webmanufakturen (Fabriken, in denen Handarbeit geleistet wurde), besonders in England, wo Hunderttausende von Arbeitern an Handwebstühlen saßen und die Schiffchen hin- und herschießen ließen. Nun wurden Webmaschinen erfunden, die auch Frauen und sogar Kinder bedienen konnten. Damit trat zum erstenmal ein gesellschaftlicher Zustand auf, den man bisher nicht gekannt hatte: eine Abwertung der menschlichen Arbeitskraft und in der Folge die Arbeitslosigkeit.
Zur gleichen Zeit, also etwa 1770 bis 1800, begann mit der Gründung neuer Fabriken das schnelle Wachstum der Städte. Bisher hatte es drei Stände gegeben: den Adel, das Bürgertum und den Bauernstand. Der Adel besaß den größten Teil des Grundbesitzes; aus ihm kamen die Regierenden, der Richterstand und die Offiziere der Armee. Das Bürgertum beherrschte den Handel und die Manufakturbetriebe. Die kleinen Handwerker zählten sich ebenso zum Bürgertum. Der Bauernstand lebte arm, doch in einer festen Lebensordnung auf dem verkehrsarmen Land. Durch hohe Geldabgaben und große Kinderzahl aber machte sich bei den Landbewohnem zunehmend ein Gefühl der Hoffnungslosigkeit breit. Deshalb ging die Umsiedlung der Menschen vom Land in die Industriestädte oft mit großen Erwartungen vor sich. Die Zugewanderten waren anfangs mit jedem Lohn zufrieden. Doch bald überstieg das Angebot an Arbeitskräften den Bedarf der Fabrikherren. Mit der Geburt des vierten Standes, des Arbeiterstandes, begann auch seine Not.
Der Arbeiter konnte seine Arbeitskraft frei jedem Arbeitgeber anbieten. Damit aber wurde die menschliche Arbeitskraft eine Ware, die den Schwankungen von Angebot und Nachfrage unterworfen war. Es gab keine Gesetze, um die Schwachen vor Ausbeutung zu schützen und die wirtschaftlich Starken in der willkürlichen Auslegung ihrer Macht zu behindern. Es gab wohl Gesetze, die alle Menschen in ihren sittlichen Rechten beschützt hätten: die Zehn Gebote Gottes!, doch im Zeitalter der Aufklärung war die Existenz Gottes von den sogenannten Aufgeklärten angezweifelt und geleugnet worden.
In einem kahlen Ziegelbau, dessen Mauem oft burgähnlich mit Zinnen gekrönt waren, stand Maschine an Maschine auf dem Steinboden. Über den Köpfen der Arbeiter lief ein Gewirr von Transmissionen ungesichert und höchst gefährlich. Unter ohren betäubendem Getöse klapperten, rollten und stampften die Maschinen. Vor diesen standen auch Frauen, ja selbst Kinder, von sechs Uhr früh bis acht Uhr abends, nur mit einer kurzen Essenspause am Mittag, jahraus, jahrein, sechs Tage in der Woche. Es gab keinen Urlaub, keine Altersrente, keinen Unfall- oder Krankenschutz. Wer arbeitsunfähig war, der wurde schon am nächsten Tag entlassen.
Es kam vor, dass junge Arbeiterinnen, die ein Kind geboren hatten, dieses vor dem Waisenhaus aussetzten, um den Arbeitsplatz in der Fabrik nicht zu verlieren; zusammen mit elternlosen Kindern aus der Unzahl von tödlichen Arbeitsunfällen füllten sich in jeder Stadt die Waisenhauser. Es zogen Scharen bettelnder Kinder, die keine Heimat besaßen, im Sommer und Winter über die Straßen Deutschlands, der Schweiz und Österreichs. Dass ein großer Teil von ihnen im Verbrechen landete, ist nicht zu verwundern.
Weil die Waisenhäuser große Kosten verursachten, kam im Jahre 1828 die Stadt Edinburgh in Schottland auf den Gedanken, ihre Insassen gegen Bezahlung an Fabriken zu vermieten. Täglich um 6 Uhr früh wurden alle elternlosen Kinder über sechs Jahre - es waren stets 300 bis 400 - in die Webereien gebracht und mussten dort 13 Stunden, bis sieben Uhr abends, schwer arbeiten.
Wer überlebte und nicht an Arbeitsunfällen, an Tuberkulose oder Unterernährung starb, wurde mit elf Jahren als erwachsen aus dem Waisenhaus entlassen und, auf sich allein gestellt, dem harten Lebenskampf ausgeliefert.

RELIGION	Name:	Klasse:	Datum:	Nr.

Es könnten noch viele Beispiele der ungeheuerlichen Menschenausbeutung berichtet werden - etwa dass in Nordfrankreich zehnjährige Kinder in Kohlenbergwerken tausend Meter unter Tage im Akkord arbeiteten - aber das wenige möge zur Kennzeichnung der sozialen Verhältnisse vor 150 Jahren genügen.
In der Industriestadt Rochdale in England trafen sich 1843 an einem Novembertag 28 Flanellarbeiter. Bitteres Elend hatte sie zusammengeführt. Die Fabrikanten von Rochdale, die 6000 Arbeiter beschäftigten, besaßen werkeigene Läden, in denen die Arbeiter alles zu hohen Preisen kaufen mussten. Auch aus diesem Handel schlug man noch Gewinn: Wer nicht bar zahlen konnte, der bekam die Waren auf Pump. Allerdings wurden pro Monat zehn Prozent Zinsen aufgeschlagen - das sind im Jahr 120% Zinsen. So brachte der Arbeiter dem Fabrikanten dreimal Gewinn.
Die 28 Flanellarbeiter beschlossen nun, ein Jahr lang jeden Monat zwei englische Pfund zusammenzulegen. Von diesem Kapital - 672 britischen Pfund - wollten sie von Großfirmen Waren ankaufen, ein kleines Lager anlegen und diese Waren an die Mitglieder ohne Gewinn weiterverkaufen. Am 21. Dezember 1844 eröffneten die Flanellarbeiter ihren Laden. Es wurde ein bitterer Anfang. Andere Arbeiter waren bezahlt worden, um dagegen zu hetzen. „Die verrückten Weber wollen Kaufleute werden! Lasst euch nicht betrügen! Wenn sie euer Geld haben, gehen sie mit der Kasse durch!“ schrien sie. In einer Nacht wurden den Webern alle Fensterscheiben eingeschlagen. Dennoch wagten sich nach und nach Arbeiterfrauen in den Laden der redlichen Pioniere von Rochdale, wo es nichts auf Schulden, dafür aber alles billiger zu kaufen gab. Damit war die erste Ein- und Verkaufsgemeinschaft gegründet. Diese Idee der genossenschaftlichen Selbsthilfe der Arbeiter breitete sich erst zögemd, dann im Sturmwind über ganz Europa aus. Zehn Jahre später hatte sie 10 000 Mitglieder allein in vielen Orten Englands - heute haben die Nachfolge-Organisationen der 28 Pioniere von Rochdale, die Konsumgenossenschaften, rund um die Welt weit über 100 Millionen Mitglieder.

Die Bauern befreite wenige Jahre später der deutsche Landbürgermeister Raiffeisen zum erstenmal aus den Fesseln des Wuchers und der Not, als er 1847 dem kleinen Ort Weyerbusch im Westerwald einen „Brotverein“ gründete. - Nach einer schlechten Ernte war eine Hungersnot ausgebrochen und der Brotpreis unerschwinglich geworden. Da gewann er etwa 30 Männer der Gemeinde, die im Rheinland Mehl ankauften, eine kleine Backstube bauten und das Brot ohne jeden Gewinn an die Hungernden abgaben. Später mussten diese selber Mitglieder der Darlehensvereine werden. So entstanden die ersten Darlehenskassen nach dem System Raiffeisen, die ihren notleidenden Mitgliedern zum niedrigsten Zins ein Darlehen geben konnten. Die Konsum- und Erzeugergenossenschaften waren der erste wirtschaftliche Versuch, die härteste Not des beginnenden Maschinenzeitalters zu überwinden. Erst nach und nach entstanden staatliche Gesetze zum Schutz der ausgebeuteten Menschen. Die schrankenlose Freiheit wurde allmählich auf ein Maß zurückgeführt, bei dem auch der Schwache geschützt war.
Und auf welcher Seite stand die Kirche? Wie kümmerte sich die Kirche um die Arbeiterschaft?
Auch innerhalb der Kirche erkannten große Persönlichkeiten die Bedeutung der Arbeiterfrage. Bischof Ketteler von Mainz setzte sich für bessere Arbeitsbedingungen ein: für kürzere Arbeitszeit, für ein soziales Arbeitsrecht, für eine Sozialversicherung, für eine Altersversicherung. Adolph Kolping, der Gründer des heute weltberühmten Kolpingwerkes, kümmerte sich um Handwerksburschen und leistete konkrete Hilfe vor Ort und für die Menschen. Und Papst Leo XIII. betonte im Rundschreiben "Rerum novarum" die gleiche Würde aller Menschen.

Franz Braumann, in: Weite Welt 5/86, Steyler Mission

Arbeitsaufgaben: ✍ ☺ ✋ ♖

❶ Welcher gesellschaftliche Zustand trat nach der Erfindung der Webmaschinen ein?
❷ Nennt die Not der Arbeiter!
❸ Was hätten Gesetze verhindern sollen?
❹ Warum erkannten nicht mehr alle Menschen die Zehn Gebote Gottes an?
❺ Welche Idee steckte hinter der Aktion der Flanellarbeiter?
❻ Informiert euch über die Arbeit von Bischof Ketteler aus Mainz und Adolph Kolping aus Köln!
❼ Wie versuchte die Kirche den Menschen in dieser Zeit beizustehen?

RELIGION	Name:	Klasse:	Datum:	Nr.

Wie half die Kirche den Menschen im 19. Jahrhundert?

Im 19. Jahrhundert wurde die soziale Frage immer drängender. Welche Probleme hatte die Arbeiterschaft, der sog. "vierte Stand"?

Welche Kirchenmänner setzten sich für die Menschen ein?
Wie machten sie es?
Was machten sie?

__________ setzte sich für bessere Arbeitsbedingungen ein:

__________ betont im Rundschreiben __________ die gleiche Würde aller Menschen.

__________ hilft:

RELIGION	Name:	Klasse:	Datum:	Nr.

Lösung: Wie half die Kirche den Menschen im 19. Jahrhundert?

Im 19. Jahrhundert wurde die soziale Frage immer drängender. Welche Probleme hatte die Arbeiterschaft, der sog. "vierte Stand"?

Abwertung und Ausbeutung der Arbeitskraft
keine soziale Absicherung
kein Unfallschutz
Arbeitslosigkeit
Kündigung bei Krankheit
unwürdige Arbeitsbedingungen
Kinder- und Frauenarbeit

Welche Kirchenmänner setzten sich für die Menschen ein?
Wie machten sie es?
Was machten sie?

Bischof Ketteler aus Mainz setzte sich für bessere Arbeitsbedingungen ein:

kürzere Arbeitszeit
soziales Arbeitsrecht
Sozialversicherung
Altersversicherung

Papst Leo XIII. betont im Rundschreiben

"Rerum novarum"

die gleiche Würde aller Menschen.

Adolph Kolping hilft:
Gründung von Gesellenvereinen/ Gesellenhäusern

finanzielle Unterstützung
berufliche Weiterbildung

Erziehung zu tüchtigen u. verantwortungsbewussten Bürgern

RELIGION	Name:	Klasse:	Datum:	Nr.

Kirche für die Menschen: Theresia Gerhardinger

Kennt ihr das Kürzel: SSND? Es ist mit der 1797 in Regensburg geborenen und 1879 in München gestorbenen Theresia Gerhardinger eng verbunden. Sie ist die Stifterin der Kongregation der Armen Schulschwestern Unserer Lieben Frau.
Karoline Gerhardinger kam am 20. Juni 1797 in Stadtamhof, einem Stadtteil Regensburgs, als Tochter eines angesehenen Schiffmeisters zur Welt. Bis zum Jahr 1833 war sie in ihrem Heimatort als Lehrerin tätig. Der Regensburger Bischof Georg Michael Wittmann, der Karoline danach auf ein klösterliches Leben vorbereitete, ermunterte sie zur Gründung einer zeitgemäßen Kongregation nach dem Vorbild der Chorfrauen von Notre-Dame zur Erziehung der weiblichen Jugend. So rief Karoline schließlich die Armen Schulschwestern ins Leben, deren Mutterhaus in Neunburg vorm Wald stand und die am 22. März 1834 von König Ludwig I. bewilligt wurden. Karoline, die im Orden den Namen Mutter Theresia von Jesus trug, leitete die Kongregation bis zu ihrem Tod fast fünf Jahrzehnte später als Generaloberin.
Wegen Raummangels wurde das Mutterhaus der Armen Schulschwestern 1843 in das frühere Klarissenkloster St Jakob in München verlegt. Der neue Orden verbreitete sich rasch in vielen Ländern, ab 1847 sogar in Nordamerika.
In der Kirche St. Jacob am Anger in München hat Karoline Theresia Gerhardinger ihre letzte Ruhestätte gefunden. Papst Johannes Paul II. sprach Theresia Gerhardinger am 17. November 1985 selig.

Kirche für die Menschen: Franziska Schervier

Papst Paul VI. nahm am 28. April 1974 eine Frau in den Kreis der Seligen auf, die zu Lebzeiten als Beispiel einer Mutter schlechthin galt: Franziska Schervier, am 3. Januar 1819 in Aachen als Tochter eines Industriellen geboren, Patenkind von Kaiser Franz von Österreich und schon in der Kindheit geprägt von innigster Frömmigkeit.
Als Franziska zur jungen Frau herangewachsen war, galt ihr einziges Streben dem Dienst für Arme und Kranke. Sie stiftete zahlreiche Armenhilfseinrichtungen und die sogenannten „Johanniskūchen" zur Verpflegung der Bedürftigen.
Im Jahr 1845 gründete Franziska Schervier das Werk, das sie unvergessen machen sollte: den Orden der „Armen Schwestern vom heiligen Franziskus". Die Schwestern dieser Genossenschaft gaben ein Beispiel von fast übernatürlicher Liebe zu Armut, Buße und Sühne und verwirklichten mit ihrer Tätigkeit die Ideale des heiligen Franz von Assisi in Vollendung.
Tag und Nacht waren die Ordensfrauen und zuallerst ihre Oberin Franziska Schervier bereit, Menschen in Not Hilfe zu leisten. In den Kriegen, die in den Jahrzehnten nach der Ordensgründung folgten, pflegten die Armen Schwestern aufopfernd die Verletzten in den Lazaretten.
Franziska Schervier starb nach einem vorbildlichen Leben der völligen Selbstaufgabe am 14. Dezember 1876 in Aachen und wurde in ihrem dortigen Mutterhaus beigesetzt. Papst Pius X. bestätigte im Jahr 1908 ihren Orden, der heute auch in den Vereinigten Staaten sehr verbreitet ist und sich hauptsächlich der Krankenpflege widmet.

Arbeitsaufgaben:

❶ Welchen Orden gründete Theresia Gerhardinger?
❷ Wodurch diente sie den Menschen?
❸ Was war ihre große Lebensleistung?
❹ Informiert euch über den Orden, den Theresia Gerhardinger gründete!
❺ Welchen Orden gründete Franziska Schervier?
❻ Wodurch diente sie den Menschen?
❼ Was war ihre große Lebensleistung?
❽ Welche Ideale hatte der hl. Franz von Assisi?
❾ Informiert euch über den Orden, den Franziska Schervier gründete!

RELIGION	Name:	Klasse:	Datum:	Nr.

Don Bosco - einer, der zur Jugend hielt!

Ihr alle kennt seine zwei berühmten Aussprüche: "Fröhlich sein, Gutes tun, und die Spatzen pfeifen lassen!" und "Der Teufel hat Angst vor fröhlichen Menschen". Wer war Don Bosco? Sein Leben war die Antwort auf die Jugendnot seiner Zeit und in seiner Heimat Italien.1815 als Sohn eines Bauern im Piemont geboren, kannte er die Not junger Menschen. Als Seelsorger und Erzieher war er ihr Anwalt in Kirche und Gesellschaft, weil er in seiner eigenen Jugend erleben musste, wie hart Arbeit sein kann. Als katholischer Priester und Erzieher bot er denen, die keine Unterkunft hatten, ein Zuhause und nahm sich um solche Jugendliche an, die keine Lehrstelle oder Schule fanden. Seine Sorge galt immer jenen, die in Not oder Gefahr waren. Don Boscos Anliegen war es, dass aus den jungen Menschen verantwortungsbewusste Bürger und gute Christen wurden. Dafür setzte er sich mit all seiner Kraft ein. Er gründete eine neue Ordensgemeinschaft, die Salesianer.
Was viele nicht wissen: Er bewährte sich als Ratgeber von Päpsten, Bischöfen und Staatsmännern und sein Herz schlug auch für die Missionsländer. Zu seinen Lebzeiten wurde er verehrt und verfolgt, nach seinem Tod wird er als Heiliger verehrt.

Arbeitsaufgabe: ✍ ☺ ✋ 💡

❶ *Informiert euch über den Salesianerorden Don Boscos, St. Wolfgangplatz 10 in München über das Leben und Wirken dieses begeisternden Menschen des 19. Jahrhunderts. Macht dazu ein Referat!*

❷ *Tragt stichpunktartig in die Kästchen wesentliche Fakten aus seinem Leben ein!*

RELIGION	Name:	Klasse:	Datum:	Nr.

Die Kirchenpolitik Hitlers vor 1933

Zur Frage der Nationalsozialistischen Deutschen Arbeiterpartei (NSDAP) schreiben die bayerischen Bischöfe in einer Anweisung vom 10. 2. 1931 an den bayerischen Klerus (= Geistlichkeit):
Der Nationalsozialsmus enthält in seinem kulturpolitischen Programm Irrlehren, weil er darin wesentliche Lehrpunkte des katholischen Glaubens ablehnt oder doch schief auffasst.
... Was der Nationalsozialismus Christentum nennt, ist nicht mehr das Christentum Christi. Die Bischöfe müssen also als Wächter der kirchlichen Glaubens- und Sittenlehre vor dem Nationalismus warnen ... Dem katholischen Geistlichen ist es streng verboten, an der nationalsozialistischen Bewegung in irgendeiner Form mitzuarbeiten ... Die Teilnahme von Nationalisten an gottesdienstlichen Veranstaltungen in geschlossenen Kolonnen mit Uniform und Fahne ist und bleibt verboten.

Bei seiner Machtübernahme im Februar 1933 wendet sich Hitler in seiner Regierungserklärung an alle, die ihm bisher misstrauten:
Die nationale Regierung sieht in den beiden christlichen Konfessionen wichtigste Faktoren der Erhaltung unseres Volkstums. Sie wird die zwischen ihnen und den Ländern abgeschlossenen Verträge respektieren, ihre Rechte sollen nicht angetastet werden ... Die nationale Regierung wird in Schule und Erziehung den christlichen Konfessionen den ihnen zukommenden Einfluss einräumen und sicherstellen. Ihre Sorge gilt dem aufrichtigen Zusammenleben zwischen Kirche und Staat. Der Kampf gegen eine materialistische Weltauffassung und für die Herstellung einer wirklichen Volksgemeinschaft dient ebensosehr den Interessen der deutschen Nation wie denen unseres christlichen Glaubens.

Mit diesen Zusicherungen gewann Hitler das „Katholische Zentrum" und alle bürgerlichen Parteien dafür, dass sie dem sog. Ermächtigungsgesetz zustimmten, das es Hitler erlaubte, die Demokratie zu beseitigen. Auch die deutschen Bischöfe zeigten sich auf der Fuldaer Bischofskonferenz beeindruckt, wie aus ihrer Verlautbarung am 28. 3. 1933 hervorgeht:
Es ist nunmehr anzuerkennen, dass von dem höchsten Vertreter der Reichsregierung, der zugleich autoritärer Führer jener Bewegung ist, öffentlich und feierlich Erklärungen gegeben sind, durch die der Unverletzlichkeit der katholischen Glaubenslehre und den unveränderlichen Aufgaben und Rechten der Kirche Rechnung getragen, sowie die vollinhaltliche Geltung der von den einzelnen deutschen Ländern mit der Kirche abgeschlossenen Staatsverträge durch die Reichsregierung ausdrücklich zugesichert wird. Ohne die in unseren früheren Maßnahmen liegende Verurteilung bestimmter religiös-sittlicher Irrtümer aufzuheben, glaubt daher der Episkopat das Vertrauen hegen zu können, dass die vorbezeichneten allgemeinen Verbote und Warnungen nicht mehr als notwendig betrachtet zu werden brauchen.

Arbeitsaufgaben:

❶ Wie stehen die Bischöfe im Text 1 und im Text 3 zum Nationalsozialismus?
❍ Zunächst empfinden die Bischöfe keine Gefahr.
❍ Zunächst warnen die Bischöfe vor dem Nationalsozialismus, weil wesentliche Lehren des katholischen Glaubens in seinem Programm abgelehnt oder falsch aufgefasst werden.
❍ 1933 wird dem höchsten Vertreter der Reichsregierung Anerkennung gezollt, weil der Unverletzlichkeit der katholischen Glaubenslehre und den Rechten der Kirche Rechnung getragen wird.

❷ Welche Folgerungen ziehen die Bischöfe jeweils aus ihrer Einstellung?
❍ Bis 1931 ist den Geistlichen jede Form der Mitarbeit am Nationalsozialismus erlaubt.
❍ Noch 1931 ist den Geistlichen jede Form der Mitarbeit am Nationalsozialismus streng verboten.
❍ 1933 werden die früheren Verbote und Warnungen für nicht mehr notwendig erachtet.

❸ Wie hat Hitler diese Sinnesänderung erreicht?
❍ Hitler machte der Kirche keine Versprechungen.
❍ Hitler machte niemals irgendwelchen Kirchen Versprechungen.
❍ Hitler hatte der Kirche große Versprechungen gemacht.

❹ Welches Ziel verfolgte er?
❍ Sein wichtigstes Ziel war es, die Kirche zu spalten.
❍ Sein einziges Ziel war es, die NSDAP auch für kirchentreue Schichten wählbar zu machen.
❍ Sein wichtigstes Ziel war es, die Kirche demokratisch auszuschalten.

RELIGION	Name:	Klasse:	Datum:	Nr.

Die Kirchenpolitik Hitlers vor 1933

Folienbild:

Arbeitsaufgaben:

❶ Wie stehen die Bischöfe im Text 1 und im Text 3 zum Nationalsozialismus?

❍ Zunächst empfinden die Bischöfe keine Gefahr.

● Zunächst warnen die Bischöfe vor dem Nationalsozialismus, weil wesentliche Lehren des katholischen Glaubens in seinem Programm abgelehnt oder falsch aufgefasst werden.

● 1933 wird dem höchsten Vertreter der Reichsregierung Anerkennung gezollt, weil der Unverletzlichkeit der katholischen Glaubenslehre und den Rechten der Kirche Rechnung getragen wird.

❷ Welche Folgerungen ziehen die Bischöfe jeweils aus ihrer Einstellung?

❍ Bis 1931 ist den Geistlichen jede Form der Mitarbeit am Nationalsozialismus erlaubt.

● Noch 1931 ist den Geistlichen jede Form der Mitarbeit am Nationalsozialismus streng verboten.

● 1933 werden die früheren Verbote und Warnungen für nicht mehr notwendig erachtet.

❸ Wie hat Hitler diese Sinnesänderung erreicht?

❍ Hitler machte der Kirche keine Versprechungen.

❍ Hitler machte niemals irgendwelchen Kirchen Versprechungen.

● Hitler hatte der Kirche große Versprechungen gemacht.

❹ Welches Ziel verfolgte er?

❍ Sein wichtigstes Ziel war es, die Kirche zu spalten.

● Sein einziges Ziel war es, die NSDAP auch für kirchentreue Schichten wählbar zu machen.

❍ Sein wichtigstes Ziel war es, die Kirche demokratisch auszuschalten.

RELIGION	Name:	Klasse:	Datum:	Nr.

War das Reichskonkordat ein Erfolg für die Kirche?

Die Vorgeschichte: *(Kreuze die jeweils falsche Aussage an!)*

❶ In einem Schreiben vom 10.2.1931, das die bayerischen Bischöfe an die Geistlichen zur Frage der NSDAP richten, zeigt sich Skepsis gegenüber dem NS-Parteiprogramm:

❍ Der Nationalsozialismus ist eine Irrlehre ❍ Der Nationalsozialismus ist kirchentreu
❍ Eine Warnung vor dem Nationalsozialismus ist angebracht
❍ Geistlichen ist die Mitarbeit am NS verboten ❍ Verbot der Teilnahme von NS an kirchlichen Veranstaltungen

❷ Bei seiner Machtübernahme im Februar 1933 wendet sich Hitler in seiner Regierungserklärung an alle, die ihm bisher misstrauten:

❍ Er betont die Unverletzlichkeit der Glaubenslehre ❍ Er sichert die Wahrung der Rechte der Konfessionen zu.
❍ Er stellt die Kirche unter den besonderen Schutz des Staates. ❍ Freie Ausübung des Religionsunterrichts

❸ Die Fuldaer Bischofskonferenz erklärt am 28.3.1933:

❍ Anerkennung für Hitler und „Vertrauen" in seine Politik ❍ Verzicht auf frühere Verbote und Warnungen
❍ Unbedingter Gehorsam gegenüber dem Nationalsozialismus

Hitler hatte der Kirche große Versprechungen gemacht. Sein einziges Ziel war es, die NSDAP auch für kirchentreue Schichten wählbar zu machen.
Im Reichskonkordat vom 20. Juli 1933 steht u. a.:
Art. 1: Das Deutsche Reich gewährleistet die Freiheit des Bekenntnisses und der öffentlichen Ausübung der katholischen Religion ...
Art. 21: Der katholische Religionsunterricht in den Volksschulen, Berufsschulen, Mittelschulen und höheren Lehranstalten ist ordentliches Lehrfach und wird in Übereinstimmung mit den Grundsätzen der katholischen Kirche erteilt ...
Art 23.: Einrichtung von Bekenntnisschulen: die Beibehaltung und Neueinrichtung katholischer Bekenntnisschulen bleibt gewährleistet ...
Art. 31: Diejenigen katholischen Organisationen und Verbände, die ausschließlich religiösen, rein kulturellen und caritativen Zwecken dienen und als solche der kirchlichen Behörden unterstellt sind, werden in ihren Einrichtungen und in ihrer Tätigkeit geschützt ...

❹ Inwiefern war das Reichskonkordat ein außenpolitischer Erfolg für Hitler?

❍ Hitlers 1. Staatsvertrag, ein unwichtiger Vertrag mit der Kirche, bedeutete Missachtung der Kirche auch im Ausland.
❍ Hitlers 1. Staatsvertrag, ein langersehnter Vertrag mit der Kirche, bedeutete Ansehen vor der ganzen Welt.

❺ Warum war das Reichskonkordat ein innenpolitischer Erfolg Hitlers?

❍ Hitler hatte endlich die Kirche gleichgeschaltet.
❍ Hitler hatte die Kirche für sich gewonnen. Sie arbeitete nicht mehr gegen ihn.

❻ Was hatte die Kirche durch das Reichskonkordat gewonnen?

❍ Freiheit ist gewährleistet ❍ Einrichtungen und Tätigkeiten der Kirche sind geschützt ❍ Einfluss auf den Staat
❍ Religionsunterricht ist ordentliches Lehrfach ❍ Katholische Bekenntnisschulen bleiben anerkannt

❼ Stimmt diese Aussage? ❍ ja ❍ nein

Damit befindet sich die Kirche in einem Zwiespalt. Einerseits vertritt der Nationalsozialismus eine Einstellung, die in manchen Punkten der christlichen Lehre bzw. der Gott gewollten Ordnung direkt widerspricht. Andererseits war die Regierung mit Hitler rechtmäßige Obrigkeit, der nach Röm 13, 1 (Jeder leiste den Trägern der staatlichen Gewalt den schuldigen Gehorsam. Denn es gibt keine staatliche Gewalt, die nicht von Gott stammt; jede ist von Gott eingesetzt.) jeder, also auch der Christ Gehorsam schuldig ist. Einerseits werden schon kurz nach der Regierungserklärung die ersten Maßnahmen gegen politisch Andersdenkende und gegen Juden eingeleitet. Andererseits wird der Kirche Freiheit zugesichert.

❽ Nach 1934 hält sich Hitler nicht mehr an das Konkordat. *Streiche den einzigen falschen Punkt weg!*
deutsche Religion - nationaler Gott - Euthanasie-Programm - Religionsfreiheit - Abschaffung der christlichen Religion
Judenverfolgung - Entkonfessionalisierung

RELIGION	Name:	Klasse:	Datum:	Nr.

Lösung: War das Reichskonkordat ein Erfolg für die Kirche?

Die Vorgeschichte: *(Kreuze die jeweils falsche Aussage an!)*

❶ In einem Schreiben vom 10.2.1931, das die bayerischen Bischöfe an die Geistlichen zur Frage der NSDAP richten, zeigt sich Skepsis gegenüber dem NS-Parteiprogramm:

❍ Der Nationalsozialismus ist eine Irrlehre ● Der Nationalsozialismus ist kirchentreu
❍ Eine Warnung vor dem Nationalsozialismus ist angebracht
❍ Geistlichen ist die Mitarbeit am NS verboten ❍ Verbot der Teilnahme von NS an kirchlichen Veranstaltungen

❷ Bei seiner Machtübernahme im Februar 1933 wendet sich Hitler in seiner Regierungserklärung an alle, die ihm bisher misstrauten:

❍ Er betont die Unverletzlichkeit der Glaubenslehre ❍ Er sichert die Wahrung der Rechte der Konfessionen zu.
● Er stellt die Kirche unter den besonderen Schutz des Staates. ❍ Freie Ausübung des Religionsunterrichts

❸ Die Fuldaer Bischofskonferenz erklärt am 28.3.1933:

❍ Anerkennung für Hitler und „Vertrauen" in seine Politik ❍ Verzicht auf frühere Verbote und Warnungen
● Unbedingter Gehorsam gegenüber dem Nationalsozialismus

Hitler hatte der Kirche große Versprechungen gemacht. Sein einziges Ziel war es, die NSDAP auch für kirchentreue Schichten wählbar zu machen.
Im Reichskonkordat vom 20. Juli 1933 steht u. a.:
Art. 1: Das Deutsche Reich gewährleistet die Freiheit des Bekenntnisses und der öffentlichen Ausübung der katholischen Religion ...
Art. 21: Der katholische Religionsunterricht in den Volksschulen, Berufsschulen, Mittelschulen und höheren Lehranstalten ist ordentliches Lehrfach und wird in Übereinstimmung mit den Grundsätzen der katholischen Kirche erteilt ...
Art 23.: Einrichtung von Bekenntnisschulen: die Beibehaltung und Neueinrichtung katholischer Bekenntnisschulen bleibt gewährleistet ...
Art. 31: Diejenigen katholischen Organisationen und Verbände, die ausschließlich religiösen, rein kulturellen und caritativen Zwecken dienen und als solche der kirchlichen Behörden unterstellt sind, werden in ihren Einrichtungen und in ihrer Tätigkeit geschützt ...

❹ Inwiefern war das Reichskonkordat ein außenpolitischer Erfolg für Hitler?

❍ Hitlers 1. Staatsvertrag, ein unwichtiger Vertrag mit der Kirche, bedeutete Missachtung der Kirche auch im Ausland.
● Hitlers 1. Staatsvertrag, ein langersehnter Vertrag mit der Kirche, bedeutete Ansehen vor der ganzen Welt.

❺ Warum war das Reichskonkordat ein innenpolitischer Erfolg Hitlers?

❍ Hitler hatte endlich die Kirche gleichgeschaltet.
● Hitler hatte die Kirche für sich gewonnen. Sie arbeitete nicht mehr gegen ihn.

❻ Was hatte die Kirche durch das Reichskonkordat gewonnen?

● Freiheit ist gewährleistet ● Einrichtungen und Tätigkeiten der Kirche sind geschützt ❍ Einfluss auf den Staat
● Religionsunterricht ist ordentliches Lehrfach ● Katholische Bekenntnisschulen bleiben anerkannt

❼ Stimmt diese Aussage? ● ja ❍ nein

Damit befindet sich die Kirche in einem Zwiespalt. Einerseits vertritt der Nationalsozialismus eine Einstellung, die in manchen Punkten der christlichen Lehre bzw. der Gott gewollten Ordnung direkt widerspricht. Andererseits war die Regierung mit Hitler rechtmäßige Obrigkeit, der nach Röm 13, 1 (Jeder leiste den Trägern der staatlichen Gewalt den schuldigen Gehorsam. Denn es gibt keine staatliche Gewalt, die nicht von Gott stammt; jede ist von Gott eingesetzt.) jeder, also auch der Christ Gehorsam schuldig ist. Einerseits werden schon kurz nach der Regierungserklärung die ersten Maßnahmen gegen politisch Andersdenkende und gegen Juden eingeleitet. Andererseits wird der Kirche Freiheit zugesichert.

❽ Nach 1934 hält sich Hitler nicht mehr an das Konkordat. *Streiche den einzigen falschen Punkt weg!*
deutsche Religion - nationaler Gott - Euthanasie-Programm - ~~Religionsfreiheit~~ - Abschaffung der christlichen Religion Judenverfolgung - Entkonfessionalisierung

RELIGION	Name:	Klasse:	Datum:	Nr.

Hält sich Hitler an das Konkordat?

➊ Nach 1934 greifen die Nationalsozialisten die Kirche an:

"Nationalsozialistische und christliche Auffassungen sind unvereinbar ..."
Martin Bormann, Geheimes Rundschreiben
"Der größte Volksschaden sind unsere Pfarrer beider Konfessionen ... "
Adolf Hitler, Tischgespräche
"Wir Nationalsozialisten fordern die Entkonfessionalisierung des gesamten öffentlichen Lebens ... "
Reichsminister Frick, Rede 1935

➋ Was spricht aus diesen meist geheimen und inoffiziellen Aussagen und Vorgängen?
❍ Immer häufiger verletzen Nationalsozialisten das Konkordat.
❍ Immer weniger mischen sich Nationalsozialisten in kirchliche Angelegenheiten.
❍ Der Nationalsozialismus will Religionsfreiheit unter staatlicher Aufsicht.
❍ Der Nationalsozialismus will Entkonfessionalisierung, das Verbot von Bekenntnisschulen und Religionsunterricht.

➌ Stimmt folgende Aussage? ❍ ja ❍ nein
Das Konkordat wird von den Nationalsozialisten immer häufiger verletzt. Hitler propagiert eine neue deutsche Religion aus dem Mythos des Blutes, stellt ein Euthanasieprogramm auf und verfolgt zunehmend die Juden. Zunehmend regt sich aber vereinzelt Widerstand aus kirchlichen Kreisen gegen Hitler. Einer ist Kardinal Faulhaber. Er steht in einer langen Reihe von Männern aus der katholischen und evangelischen Kirche, die Hitlers Machenschaften durchschauen und ihnen entgegentreten. Der Münchner Kardinal war ein unerbittlicher Verteidiger der Lehre und Freiheit der Kirche. Von ihm stammt auch der Entwurf des päpstlichen Rundschreibens, das Papst Pius XI am Palmsonntag 1937 in allen katholischen Kirchen Deutschlands verlesen ließ.

➍ Welchen Machenschaften Hitlers tritt das päpstlichen Rundschreiben „Mit brennender Sorge“ entgegen?
„Als Wir im Sommer 1933 die Uns von der Reichsregierung . . . angetragenen Konkordatsverhandlungen abschließen ließen, leitete Uns die pflichtgemäße Sorge um die Freiheit der kirchlichen Heilsmission in Deutschland . . . zugleich aber auch der aufrichtige Wunsch, der friedlichen Weiterentwicklung und Wohlfahrt des deutschen Volkes einen wesentlichen Dienst zu leisten . . .
Trotz mancher schwerer Bedenken haben Wir uns damals den Entschluss abgerungen, Unsere Zustimmung nicht zu versagen. Der Anschauungsunterricht der vergangenen Jahre . . . enthüllt Machenschaften, die von Anfang an kein anderes Ziel kannten, als den Vernichtungskampf . . .
Nur oberflächliche Geister können der Irrlehre verfallen, von einem nationalen Gott, von einer nationalen Religion zu sprechen, können den Wahnversuch unternehmen, Gott . . . in die Grenze eines einzelnen Volkes, in die blutmäßige Enge einer einzelnen Rasse einkerkern zu wollen . . .“
❍ Vernichtungskampf Hitlers gegen Andersdenkende
❍ Vernichtungskampf Hitlers gegen die internationale Kirche
❍ Vernichtungskampf Hitlers gegen den Vatikan
❍ NS-Irrlehre der nationalen Religion
❍ NS-Irrlehre des nationalen Gottes
❍ NS-Irrlehre der multi-kulturellen Erziehung

➎ Diskutiert folgende Fragen!
1. Wie sollte sich die Kirche gegen Diktaturen verhalten?
2. Wann ist Widerstand gerechtfertigt?
3. Sollte man zwischen privatem und kollektivem Widerstand unterscheiden?
4. Wie seht ihr die Rolle der Kirche im 3. Reich?
5. Welche Probleme haben Kirchenleute im Umgang mit Diktaturen?
6. Wie denkt ihr über die Sätze:
"Gebt dem Kaiser, was des Kaisers ist, und Gott, was Gottes ist!"
"Jeder leiste den Trägern der staatlichen Gewalt den schuldigen Gehorsam. Denn es gibt keine staatliche Gewalt, die nicht von Gott stammt; jede ist von Gott eingesetzt." (Röm 13,1)

RELIGION	Name:	Klasse:	Datum:	Nr.

Lösung: Hält sich Hitler an das Konkordat?

❷ Was spricht aus diesen meist geheimen und inoffiziellen Aussagen und Vorgängen?

● Immer häufiger verletzen Nationalsozialisten das Konkordat.
❍ Immer weniger mischen sich Nationalsozialisten in kirchliche Angelegenheiten.
❍ Der Nationalsozialismus will Religionsfreiheit unter staatlicher Aufsicht.
● Der Nationalsozialismus will Entkonfessionalisierung, das Verbot von Bekenntnisschulen und Religionsunterricht.

❸ Stimmt folgende Aussage? ● ja ❍ nein

Das Konkordat wird von den Nationalsozialisten immer häufiger verletzt. Hitler propagiert eine neue deutsche Religion aus dem Mythos des Blutes, stellt ein Euthanasieprogramm auf und verfolgt zunehmend die Juden. Zunehmend regt sich aber vereinzelt Widerstand aus kirchlichen Kreisen gegen Hitler. Einer ist Kardinal Faulhaber. Er steht in einer langen Reihe von Männern aus der katholischen und evangelischen Kirche, die Hitlers Machenschaften durchschauen und ihnen entgegentreten. Der Münchner Kardinal war ein unerbittlicher Verteidiger der Lehre und Freiheit der Kirche. Von ihm stammt auch der Entwurf des päpstlichen Rundschreibens, das Papst Pius XI am Palmsonntag 1937 in allen katholischen Kirchen Deutschlands verlesen ließ.

❹ Welchen Machenschaften Hitlers tritt das päpstlichen Rundschreiben „Mit brennender Sorge" entgegen?

● Vernichtungskampf Hitlers gegen Andersdenkende
❍ Vernichtungskampf Hitlers gegen die internationale Kirche
❍ Vernichtungskampf Hitlers gegen den Vatikan
● NS-Irrlehre der nationalen Religion
● NS-Irrlehre des nationalen Gottes
❍ NS-Irrlehre der multi-kulturellen Erziehung

Folienbild:

RELIGION	Name:	Klasse:	Datum:	Nr.

Kirche früher - Kirche heute

Der Apostel Paulus hat in einer schwierigen Zeit folgenden Brief an den Bischof Timotheus von Ephesus geschrieben, was er von ihm erwartet:

2 Tim 1, 6-9:

Deshalb rufe ich dir ins Gedächtnis: Entfache die Gnade Gottes wieder, die in dir ist, seit ich dir die Hände aufgelegt habe. Denn Gott hat uns nicht einen Geist der Verzagtheit gegeben, sondern den Geist der Kraft, der Liebe und der Besonnenheit. Schäme dich also nicht, dich zu unserem Herrn zu bekennen, schäme dich auch meiner nicht, der ich seinetwegen im Gefängnis bin, sondern leide mit mir für das Evangelium! Gott gibt dazu die Kraft: Er hat uns errettet; mit einem heiligen Ruf hat er uns gerufen, nicht auf Grund unserer Werke, sondern aus eigenem Entschluss und aus Gnade, die uns vor ewigen Zeiten in Christus Jesus geschenkt wurde.

2 Tim 4, 1-8:

Ich beschwöre dich bei Gott und bei Christus Jesus, der die Lebenden und Toten richten wird, bei seinem Erscheinen und seinem Reich: Verkünde das Wort, tritt dafür ein, zu gelegener und ungelegener Zeit; weise zurecht, tadle, ermahne, in unermüdlicher und geduldiger Belehrung! Denn es wird eine Zeit kommen, in der man die gesunde Lehre nicht erträgt, sondern sich nach eigenen Wünschen zahlreiche Lehrer sucht, die den Ohren schmeicheln; und man wird der Wahrheit nicht mehr Gehör schenken, sondern sich Fabeleien zuwenden. Du aber sei in allem nüchtern, ertrage das Leiden, verkünde das Evangelium, erfülle deine Aufgabe! Denn ich werde nunmehr geopfert, und die Zeit meines Aufbruchs ist nahe. Ich habe den guten Kampf gekämpft, den Lauf vollendet, die Treue gehalten. Jetzt liegt für mich der Kranz der Gerechtigkeit bereit, den mir der Herr, der gerechte Richter, geben wird an jenem Tag, aber nicht nur mir, sondern allen, die in Liebe auf sein Erscheinen warten.

❶ Welche Ratschläge hat der Apostel Paulus an seinen ehemaligen Begleiter?
❷ Wie denkt ihr über diese Ratschläge?
❸ Wo gibt es heute Gefahren für das kirchliche Leben, gegen die sich die Kirche oder wir uns bewusster stellen müssten?
❹ Notiert eure Gedanken dazu!

im Privatleben:

____

____

____

in der Gesellschaft:

____

____

____

in der Politik:

____

____

____

in der Kirche selbst:

____

____

____

RELIGION	Name:	Klasse:	Datum:	Nr.

"Nicht Lob, nicht Furcht!"
Das Leben und Wirken des Bischof von Galen

Mit der Verhaftung und Hinrichtung rechnete Bischof von Galen, als er im Sommer 1941 in drei Predigten mit atemberaubendem Freimut Anklage erhob gegen die Ermordung von Kranken und die Vertreibung von Ordensleuten. Die Machthaber des Dritten Reiches verschoben ihre „Abrechnung" bis nach dem „Endsieg", weil sie wussten, mit welcher Treue die Katholiken zu ihrem Bischof standen. Die Predigten, unter Lebensgefahr millionenfach verbreitet, öffnen vielen die Augen für das wahre "Gesicht" des Nationalsozialismus, bestärken die unter dem Terror Leidenden, wecken neue Hoffnung. „Der Löwe von Münster" wird für die ganze Welt zur Symbolgestalt des „anderen Deutschland".
Aus einem Guß war Clemens August Graf von Galen: auf Burg Dinklage (Oldenburg), dem Stammsitz eines jahrhundertealten Geschlechts, zusammen mit vielen Geschwistern aufgewachsen, blieb er für immer eingewurzelt in eine Lebenstradition, in der sich ursprüngliche Menschlichkeit und ungebrochene Gläubigkeit verwoben. Nach Jahren im Jesuiteninternat in Feldkirch - wo er zum passionierten Bergsteiger wurde - dem Abitur in Vechta und zwei Semestern Philosophie in Freiburg (Schweiz) reifte während eines Romaufenthaltes und bei Exerzitien in Maria Laach die Entscheidung für den Priesterberuf. Theologiestudium an der Jesuitenuniversität Innsbruck und in Münster, 1904 Priesterweihe. Zwei Jahre als Domvikar in Münster, Assistent des Weihbischofs Galen, dessen pastoraler Einsatz, imponierende Frömmigkeit, Güte, Demut ihn bleibend beeinflussten.1906 ging er als Kaplan in die Diaspora nach Berlin. Die Seelsorge in der Weltstadtpfarrei St. Matthias mit 30 000 Katholiken stellte höchste Anforderungen. Er trieb die Neueinteilung der Pfarrei voran, gab bei der Errichtung der Norbertkirche mit dem Krankenhaus sein Erbteil, 35 000 Goldmark, in den Baufonds. Bei seinen täglichen Besuchen in den Kellerwohnungen und Hinterhäusern konfrontierte er sich - ähnlich wie Carl Sonnenschein - mit den Problemen der Arbeitslosigkeit, Entwurzelung, politischen Radikalisierung; als Präses der Kolpingsfamilie in Berlin setzte er sich mit aller Kraft für die jungen Arbeiter und Handwerker ein, weil er erkannte, dass sie in dieser Atmosphäre die Gemeinschaft Gleichgesinnter brauchten. Als Kaplan und Pfarrer (ab 1919) pflegte er engen Kontakt mit den Mitbrüdern. Die Wohnung war ärmlich wie eine Mönchszelle, bis zum Mittagessen um 2 Uhr nahm er nur eine Schnitte trockenes Brot und eine Tasse Kaffee zu sich; nur auf seine Pfeife konnte er (auch während der Fastenzeit) nicht ganz verzichten.
1929 Pfarrer von St. Lamberti in Münster.1933 zum Bischof von Münster gewählt. Gemäß seinem Wahlspruch „Nicht Lob nicht Furcht", auf Grund seines lauteren Charakters und seiner Glaubensüberzeugung nahm er von Anfang an den Kampf auf gegen die NS-Ideologie des Herrenmenschentums, der Kirchenfeindlichkeit. Dies entsprach seinem Bild vom Amt des Bischofs und Priesters: Anwalt der Unterdrückten, Kämpfer gegen das Böse, Verkünder der befreienden Botschaft, Beter, Ausspender der Heilsgaben, Seelsorger für alle sein. Er war bereit, dafür sein Leben einzusetzen. Die Zerstörung der Stadt Münster, seines Domes und Hauses erschütterte ihn tief. Unerschrocken trat er gegen Übergriffe der Besatzungsmacht und den Vorwurf der deutschen Kollektivschuld auf. Pius XII. ernannte ihn 1945 zum Kardinal. Am 22.3.1946 starb er, bis zuletzt auf seinem Posten.

Arbeitsaufgaben: ✍ ☺ ✋ 💡

❶ Warum war Bischof von Galen in ständiger Lebensgefahr?
❷ Welchen Beinamen trug der Münsteraner Bischof?
❸ Welche Lebensstationen durchlief er in seiner Jugend?
❹ In welchem Jahr feierte er seine Priesterweihe?
❺ Welche sozialen Aufgaben nahm er in Berlin als Pfarrer wahr?
❻ Was geschah politisch in Deutschland, als von Galen 1933 zum Bischof von Münster gewählt wurde?
❼ Was war sein Bischofs-Wahlspruch?
❽ Welchen zwei Punkten der NS-Ideologie galt sein Kampf?
❾ Wie sah er sein Amt als Bischof und Priester?
❿ Wie verhielt sich Bischof von Galen nach dem Krieg gegenüber den Siegermächten?

RELIGION	Name:	Klasse:	Datum:	Nr.

Wie bekämpfte Bischof von Galen den Nationalsozialismus?

❶ Durch welche öffentliche Aktion gegen den Nationalsozialismus wurde Bischof von Galen bekannt?
❍ Er wurde durch einen Thesenanschlag gegen Hitler am Dom zu Münster gekannt.
❍ Er wurde durch seine drei kühnen Predigten bekannt.
❍ Er wurde durch sein misslungenes Attentat auf Hitler bekannt.

❷ Welche Menschenrechtsverletzungen der NS-Ideologie prangerte Bischof von Galen besonders an?
❍ die Einrichtung von Konzentrationslager
❍ das Versagen Hitlers in der Außenpolitik
❍ die Hinrichtung Geisteskranker
❍ die Aufrüstung Hitlers im Militärbereich
❍ die Verurteilung Andersdenkender ohne Gerichtsverfahren
❍ die Vertreibung Geistlicher aus Kirchen und Klöstern

❸ Was war das Lebensmotto Bischof von Galens?
❍ Nicht Lob, noch Tadel!
❍ Nicht Lob, nicht Furcht!
❍ Ohne Furcht und Tadel!

❹ Wie verstand Bischof von Galen das Amt des Bischofs und Priesters?
❍ Anwalt der Unterdrückten
❍ genauer Kenner der Heiligen Schrift
❍ Kämpfer gegen das Böse
❍ Verteidiger der kirchlichen Lehre
❍ Verkünder der Frohen Botschaft
❍ politischer Kämpfer für Recht und Ordnung
❍ Ausspender der Heilsgaben
❍ Seelsorger für alle
❍ Verteidiger der päpstlichen Dogmen

❺ Stimmt folgende Aussage? ❍ ja ❍ nein
Bischof von Galen schrieb Protestnoten und Telegramme an Hitler und Göring, erstattete Anzeigen bei der Staatsanwaltschaft. Er prangerte die Bestrafung Unschuldiger an und verurteilte Freiheitsstrafen, die von NS-Richtern ohne rechtmäßiges Verfahren gesprochen wurden. Besonders scharf kritisierte er die Morde an "Unproduktiven".

❻ Zu welchem seiner Kritikpunkte gegen die NS-Ideologie passt folgender Ausspruch von ihm:
"Hast du, habe ich nur so lange das Recht zu leben, so lange wir produktiv sind, so lange wir von den anderen als produktiv anerkannt werden?"

---

❼ Welche Folgen musste Bischof von Galen für sich und für Deutschland durch die Nazis befürchten?

---

❽ Woher nahm dieser Bischof den Mut und die Kraft zu solchem Auftreten?
❾ Warum wurde Bischof von Galen im III. Reich für viele Geistliche eine wichtige Stütze?

RELIGION	Name:	Klasse:	Datum:	Nr.

Lösung: Wie bekämpfte von Galen den Nationalsozialismus?

❶ Durch welche öffentliche Aktion gegen den Nationalsozialismus wurde Bischof von Galen bekannt?
❍ Er wurde durch einen Thesenanschlag gegen Hitler am Dom zu Münster gekannt.
● Er wurde durch seine drei kühnen Predigten bekannt.
❍ Er wurde durch sein misslungenes Attentat auf Hitler bekannt.

❷ Welche Menschenrechtsverletzungen der NS-Ideologie prangerte Bischof von Galen besonders an?
● die Einrichtung von Konzentrationslager
❍ das Versagen Hitlers in der Außenpolitik
● die Hinrichtung Geisteskranker
❍ die Aufrüstung Hitlers im Militärbereich
● die Verurteilung Andersdenkender ohne Gerichtsverfahren
● die Vertreibung Geistlicher aus Kirchen und Klöstern

❸ Was war das Lebensmotto Bischof von Galens?
❍ Nicht Lob, noch Tadel!
● Nicht Lob, nicht Furcht!
❍ Ohne Furcht und Tadel!

❹ Wie verstand Bischof von Galen das Amt des Bischofs und Priesters?
● Anwalt der Unterdrückten
❍ genauer Kenner der Heiligen Schrift
● Kämpfer gegen das Böse
❍ Verteidiger der kirchlichen Lehre
● Verkünder der Frohen Botschaft
❍ politischer Kämpfer für Recht und Ordnung
● Ausspender der Heilsgaben
● Seelsorger für alle
❍ Verteidiger der päpstlichen Dogmen

❺ Stimmt folgende Aussage? ● ja ❍ nein
Bischof von Galen schrieb Protestnoten und Telegramme an Hitler und Göring, erstattete Anzeigen bei der Staatsanwaltschaft. Er prangerte die Bestrafung Unschuldiger an und verurteilte Freiheitsstrafen, die von NS-Richtern ohne rechtmäßiges Verfahren gesprochen wurden. Besonders scharf kritisierte er die Morde an "Unproduktiven".

❻ Zu welchem seiner Kritikpunkte gegen die NS-Ideologie passt folgender Ausspruch von ihm:
"Hast du, habe ich nur so lange das Recht zu leben, so lange wir produktiv sind, so lange wir von den anderen als produktiv anerkannt werden?"

Morde an sog. "Unproduktiven"

❼ Welche Folgen musste Bischof von Galen für sich und für Deutschland durch die Nazis befürchten?
seine Verhaftung und Internierung in ein Konzentrationslager
Untergang des deutschen Volkes

❽ Woher nahm dieser Bischof den Mut und die Kraft zu solchem Auftreten?
❾ Warum wurde Bischof von Galen im III. Reich für viele Geistliche eine wichtige Stütze?

RELIGION	Name:	Klasse:	Datum:	Nr.

Sie standen für ein anderes Deutschland

Preysing, Galen, Frings wurden 1946 zu Kardinälen ernannt

Die Älteren ab 50 erinnern sich. Wer in den kalten Tagen des Winters 1945/46 mit der Eisenbahn durch das zerstörte Nachkriegsdeutschland fahren wollte, musste gut zu Fuß sein. In den letzten Kriegstagen waren über 3000 Eisenbahnbrücken bombardiert und gesprengt worden, darunter alle Rhein-, Donau- und Weserübergänge. Sie waren entweder nur proviorisch oder noch gar nicht wiederhergestellt. Wenn überhaupt Züge fuhren, dann krochen sie mit Tempo 30 über die Strecke. Personenzüge durften nur die dritte Klasse führen, weil die Siegermächte angesichts der Greuelnachrichten aus den Konzentrationslagern angeordnet hatten, dass Deutsche auf hartem Holz zu sitzen hatten. In D-Zügen durften nur wenige Privilegierte reisen. Fahrten ins Ausland waren so gut wie nicht möglich. Dem Chaos im Innern, für das die Verkehrslage nur ein Beispiel war, entsprach die internationale Beurteilung der Deutschen. Sie waren geächtet.

Diese Situation wurde um die Jahreswende durch einen Lichtstrahl erhellt, an den wir uns heute, nach 50 Jahren, dankbar erinnern. Papst Pius XII. sandte ihn von Rom aus in das gepeinigte und gedemütigte Deutschland. Am Heiligen Abend 1945 sickerte, zunächst über den englischen Rundfunk, die Nachricht durch, dass der Papst in Kürze 32 Bischöfe aus dem ganzen Erdkreis zu Kardinälen erheben wolle, darunter drei Deutsche, den Bischof von Berlin, Konrad Graf von Preysing, den Bischof von Münster, Clemens August Graf Galen, und den Erzbischof von Köln, Joseph Frings. Die Betroffenen konnten die Nachricht zunächst nicht glauben. Die Diözesen Berlin und Münster gehörten nicht zu den Bistümern, deren Oberhirten traditionell zum Kardinal ernannt werden. Galen, obwohl als „Löwe von Münster“ durch seinen Mut bekannt, mit dem er den Nationalsozialisten entgegengetreten war, hielt sich zudem für ganz und gar unwürdig, eine so hohe Ehrung zu empfangen.

Er erklärte: „Ich hoffe, dass es nicht wahr ist. Der Gedanke ist erschütternd; ich bin ungeeignet und unbrauchbar. Dieses Herausragen beschämt und bedrückt mich.“ Schließlich musste Galen ebenso wie Preysing und Frings zur Kenntnis nehmen, dass Pius XII. ihn am 18. Februar 1946, ein knappes Jahr nach Beendigung des Völkermordes, im Geheimen Konsistorium zum Kardinal kreieren werde. In der Weltöffentlichkeit erregte es begreifliches Aufsehen, dass das geschlagene und darniederliegende Deutschland drei neue Kardinäle erhalten sollte. Von den drei deutschen Kardinälen der Vorkriegszeit lebte nur noch der Erzbischof von München und Freising, Michael von Faulhaber; der frühere Kölner Oberhirte, Kardinal Schulte, war 1942 gestorben, und der letzte Fürstbischof von Breslau, Kardinal Bertram, war bei Kriegsende den Strapazen der Flucht aus seiner schlesischen Heimat erlegen.

Die Anreise der drei neuerwählten deutschen Kardinäle verlief abenteuerlich. Per Zug war sie nicht möglich. Dem Berliner Bischof stellte die französische Militärregierung eine einmotorige Maschine der Luftstreitkräfte zur Verfügung, die ihn bis Orly bei Paris flog. Hier stand Graf Preysing ohne eine nennenswerte Summe zur Weiterreise in der Millionenstadt Paris. Der damalige Apostolische Nuntius in Frankreich und spätere Papst Johannes XXIII., Angelo Roncalli, nahm sich seiner jedoch mit großer Liebenswürdigkeit an. Preysing konnte noch am selben Tag nach Rom weiterfahren.

Die Kardinäle Frings und Galen führte der Weg nach Rom ebenfalls über Paris. Galen war insgesamt acht Tage unterwegs. Nuntius Roncalli nahm auch sie in Paris in Empfang. Er lud sie zusammen mit den Erzbischöfen von Paris und von Rouen, die beim gleichen Konsistorium den Kardinalshut erhalten sollten, in sein Haus ein. So kam es, dass die beiden Deutschen gemeinsam mit ihren französischen Amtsbrüdern in Rom eintrafen. Als sie Arm in Arm mit ihnen dem Salonwagen in Stazione Termini entstiegen, hielten die Römer den Atem an. Beim öffentlichen Konsistorium am 21. Februar waren 20000 Menschen im Petersdom versammelt. Pius XII. hatte auf dem Thron, der über dem Petrusgrab errichtet war, Platz genommen. Da geschah etwas Aufsehenerregendes.

Als die fast zwei Meter hohe Gestalt des Grafen Galen auf die Stufen des päpstlichen Thrones zuschritt, brandete ein vieltausendstimmiger Begeisterungssturm unter der Kuppel Michelangelos auf. Die Weltkirche, Kleriker, Laien, Diplomaten hohe Ehrengäste jubelten dem Bischof von Münster zu. Pius XII. neigte sich zu von Galen: „Gott segne Deutschland!“ Er, dessen flammende Ansprachen gegen die Kirchen- und Rassenpolitik der Nazis und gegen die Vernichtung sogenannten „unwerten Lebens“ *(bitte umblättern!!!)*

RELIGION	Name:	Klasse:	Datum:	Nr.

auch im Ausland während des Krieges bekanntgeworden waren und den Hitler bei der Abrechnung nach dem „Endsieg“ dafür liquidieren wollte, war zum Symbol jenes anderen Deutschland geworden, das der Papst vor den Augen einer haßerfüllten Welt würdigte, die dem deutschen Volk die Kollektivschuld an den braunen Greueln aufbürdete. Galens Reden wie diejenige „vom 3. August 1941, in der er zur „Euthanasie“ Stellung nahm und ausrief: „Wehe uns allen, wenn wir alt und krank sind!“ haben in unseren Tagen - ein kaum fassbarer Vorgang - bedrängende Aktualität gewonnen.
Ähnlich wie Galen hatten auch Joseph Frings und in herausragender Weise der aus Bayern stammende Konrad von Preysing sich dem NS-Regime in den Weg gestellt. Preysing, der bevorzugte Briefpartner Pius XII. während des „Dritten Reiches“, hatte vor allem Juden und christlichen „Nichtariern“ in Berlin geholfen, soweit er dazu in der Lage war, und, seinem Gewissen folgend, nicht nur in zahllosen Eingaben an die Reichsregierung, sondern auch öffentlich gegen die Politik der braunen Machthaber Stellung bezogen. Joseph Goebbels, der Propagandaminister Hitlers, hatte ihn sich als „Hetzer gegen die deutsche Kriegsführung“ für den Tag der Endabrechnung“ vorgemerkt.
Preysing hatte unter anderem enge Beziehungen zur Widerstandsgruppe des Kreisauer Kreises gehabt. Nach dem fehlgeschlagenen Attentat vom 20. Juli 1944, das ihn selbst überrascht hatte, rechnete er ständig mit seiner Verhaftung, was ihn jedoch nicht hinderte, den Hinterbliebenen der hingerichteten Widerstandskämpfer zu helfen. Auch Frings hatte, zum Beispiel in seinem Hirtenbrief vom 12. Dezember 1942, die Verbrechen der Nazis mutig und öffentlich verurteilt.
Im Deutschland des Jahres 1946 aber wurden die drei neuen Kardinäle, deren Heimreise sich dann etwas weniger schwierig gestaltete, mit großer Begeisterung empfangen. Sie waren nach der Schmach der NS-Terrorherrschaft zu Garanten eines Neubeginns in einem neuen Deutschland geworden.

Dr. Norbert Stahl, in: Passauer Bistumsblatt 2/86

Arbeitsaufgaben: ✍ ☺ ✋ 💡

❶ Welche drei deutschen Bischöfe wurden kurz nach Kriegsende zu Kardinälen ernannt?
❷ In welcher Weise traten von Galen und von Preysing als Gegner des Nationalsozialismus hervor?
❸ Informiert euch in Geschichtsbüchern, welche Widerstandskämpfer zum Kreisauer Kreis gehörten!
❹ Wie reagierte Bischof von Galen auf die Ernennung zum Kardinal?
❺ Wie verlief die Anreise zur Kardinalsernennung nach Rom?
❻ Welcher berühmte Mann half in Paris den deutschen Bischöfen bei der Weiterreise?
❼ Was geschah im Petersdom, als Bischof von Galen auf den päpstlichen Thron zuschritt?
❽ Was sagte Papst Pius XII. zu von Galen?
❾ Was bedeutet der Satz: "Sie standen für ein anderes Deutschland"?
❿ Wie denkt ihr über die Entscheidung im Vatikan, ein Jahr nach Kriegsende drei deutsche Bischöfe zu Kardinälen zu erheben?

RELIGION	Name:	Klasse:	Datum:	Nr.

"Ein kleines Türchen zum Leben"

Ihre schrecklichen Erlebnisse in Dachau kann Schwester Imma nicht vergessen. Nach dem Krieg hat sie alle Bücher und Artikel über die NS-Zeit gelesen, die ihr in die Hände kamen. Noch heute ist sie fassungslos darüber, dass sie nicht gewusst hat, was während der Nazi-Zeit vorgegangen ist. "Ich hatte eine sehr behütete Kindheit und Jugend. Doch in Wirklichkeit sind Dinge passiert, die so schrecklich und grausam waren, das ist heute noch unfassbar. Das ist belastend für mich gewesen - durch all die Jahrzehnte." Sie fährt sich mit der Hand über die Augen, räuspert sich. Und das ist auch der Grund, warum sie heute über ihre Fahrten nach Dachau spricht. "Viele junge Menschen sollen erfahren, was damals passiert ist. Und sie sollen wissen, dass es auch Widerstand gegeben hat."

Juni 1944 in Dachau. Eilig schiebt eine junge Frau ihr Fahrrad über das holprige Pflaster zu dem Konzentrationslager. Einige bange Sekunden am Eingang: Ob die Wachposten sie kontrollieren? Alles geht gut. Rasch läuft sie zur Plantage, wo die Gefangenen Obst und Gemüse anbauen. In einem kleinen Büro am Gewächshaus wird „Mädi“, so der Deckname der jungen Frau, schon erwartet. Als sich der Posten, der außen vor der Tür auf und ab geht, kurz entfernt, nimmt man ihr rasch die Pakete ab: Lebensmittel, Medikamente, Hostien und Mcsswcin für die inhaftierten polnischen Priester.

Die Ereignisse liegen über 50 Jahre zurück. Das „Mädi“- heißt mit bürgerlichem Namen Josefa Mack. Damals war sie Kandidatin bei den Armen Schulschwestern, heute gehört sie diesem Orden als Schwester Imma an. Ein Jahr lang, vom Mai 1944 bis April 1945, hat sie Pakete für die Gefangenen ins Konzentrationslager Dachau geschmuggelt. Schwester lmma fällt es heute schwer, darüber zu sprechen. „Ich muss mich dann wieder hineinsteigern." Schließlich beginnt sie doch mit leiser Stimme zu erzählen: „Im Frühjahr 1944, es war ein sehr nasser Frühling, hatten die Gärtnerinnen im Kloster in Freising keine Pflanzen mehr. Die Frau Oberin hat mich gebeten, mit einem Lehrmädchen ins Konzentrationslager Dachau zu fahren und dort Setzlinge von der Plantage zu holen.“ Am nächsten Morgen machten sich die beiden jungen Frauen mit dem Zug auf den Weg nach Dachau. Auf dem Weg zur Plantage kamen wir auch an Häftlingen vorbei. Es war erschütternd.“

In einem kleinen Büro beim Gewächshaus erwartete sie einer der Gefangenen, Pfarrer Schönwälder, ein junger Priester aus dem Sudetengau. „Anfangs“, so erinnert sich Schwester Imma, „war er recht unfreundlich zu mir. Später hat er mir dann erklärt, dass er mich nur beobachten wollte.“ Als sich die 20jährige nach einem inhaftierten Priester, dem Bruder einer Schulschwester, erkundigte, schwand sein Misstrauen. Er erzählte Josefa Mack vom Leben im Lager, vom Hass der Nazis gegen die Priester, von Misshandlungen, Krankheit und Tod. In einem Bericht schrieb Schwester Imma 1946: „Es schien mir fast unglaublich, dass es hier in Deutschland so etwas geben könne. Ich konnte es nicht glauben und musste es dennoch glauben, denn viele Häftlinge berichteten mir am gleichen Tag von den gleichen Dingen.“

Als sich die beiden jungen Frauen verabschiedeten, nahm Pfarrer Schönwälder Josefa Mack zur Seite und bat sie wiederzukommen. Sie sollte, wenn möglich, Hostien und ein Gläschen Messwein mitbringen, damit er und einige polnische Priesterkameraden heimlich die Messe feiern könnten. Von nun an fuhr Josefa Mack fast jede Woche ins Konzentrationslager. Da die Pakete immer größer wurden, war es bald zu gefährlich, sie zum Gewächshaus zu bringen. Sie gab sie statt dessen bei Familie Beer ab, die auf der Plantage wohnte und den Gefangenen half. Von dort holten die Häftlinge sie später an der Hintertür in Waschkörben ab. Messwein und Hostien, darum baten die inhaftierten Priester immer wieder. Und die Schulschwestern in Freising waren froh, helfen zu können. Was immer sie entbehren konnten, Josefa Mack brachte es in das Lager - manchmal 700 Hostien pro Woche. Die deutschen Geistlichen wurden offiziell vom Pfarrer in Dachau besucht, der mit ihnen die heilige Messe feierte. Die ausländischen Priester waren davon ausgeschlossen. Und sie durften auch keine Pakete von den Angebörigen empfangen. „Mädi“ war für sie die einzige Verbindung nach außen, "ein kleines Türchen zum Leben", wie einer der Gefangenen damals sagte. Neben Hostien, Messwein und Lebensmitteln schmuggelte Josefa Mack vor allem Medikamente ins Lager. Viele Gefangene waren an Typhus erkrankt. Und stockend erzählt Schwester Imma: „Im KZ wurden Versuche an polnischen Geistlichen gemacht. Eines Tages ist Pater Stanislaus auf die Plantage gekommen. An den Beinen hatte er tiefe Löcher. Die Lagerärzte hatten ihm Bazillen eingeimpft.“ Viele deutsche Soldaten waren in Afrika an Typhus erkrankt. Durch die grausamen Versuche an den Gefangenen wollten die Ärzte ein wirksames Medikament gegen diese Infektionskrankheit finden.

RELIGION	Name:	Klasse:	Datum:	Nr.

Am 3. Dezember 1944, als Josefa Mack wieder in Dachau war, hatte Pater Schönwälder ein besonderes Anliegen: Im Lager war ein junger Diakon, Karl Leisner, der sich sehnlichst wünschte, zum Priester geweiht zu werden. Josefa Mack sollte deshalb zwei Briefe von dem Jesuitenpater Otto Pies aus dem Lager schmuggeln. Einen an Kardinal Faulhaber in München, den anderen an den Bischof von Münster, die gebeten wurden, die Priesterweihe zu genehmigen: Josefa Mack leitete die Briefe weiter. Und als sie bald darauf wieder nach Dachau fuhr, hatte sie nicht nur die Genehmigung, sondern auch Öl und alles Nötige für die Priesterweihe im Gepäck. Am dritten Adventssonntag wurde Karl Leisner von dem inhaftierten französischen Bischof zum Priester geweiht. Acht Monate später starb er. Papst Paul VI. hat 1977 den Seligsprechungsprozess für den polnischen Priester eröffnet.
Am 29. April 1945 ist Josefa Mack zum letzten Mal nach Dachau gefahren. Am Vortag hatten die Schwestern gehört, dass die Amerikaner in Ingolstadt angekommen waren. Auf den Straßen wimmelte es von Flüchtlingen und Deserteuren. Schwester Imma kann sich noch an diesen Tag erinnern: Ein Zug von Häftlingen wurde Richtung Süden getrieben. Es war erschütternd. Sie hatten Decken um die abgemagerten Körper gewickelt. Die Aufseher haben auf sie eingeschlagen.“ Im Lager waren nur noch wenige Gefangene. Und auch die Straße, in der die SS-Angehörigen wohnten, war wie ausgestorben. Auf Drängen von Pater Otto Pies, der selbst Häftling in Dachau war, und der Oberin, hat Imma Mack 1946 im Noviziat ihre Erlebnisse niedergeschrieben. Diese Aufzeichnungen hat Pater Pies in seinem Buch „Stephanus heute, Karl Leisner, Priester und Opfer“, 1949 veröffentlicht. „Schwester Josefa, der ‚Mädi' von einst, dankbar gewidmet von P. Otto Pies“ steht auf der ersten Seite des Buches, in dem Schwester Imma blättert, während sie erzählt. „Ich habe vieles vergessen. Ich musste ganz einfach vergessen. Die schrecklichen Einzelheiten von Quälereien . . .“ Sie hatte sich anfangs gewehrt, als man sie bat, ihre Erlebnisse niederzuschreiben. Später war sie froh, dass sie es getan hat. „Vor allem amerikanische Schwestern haben mich immer wieder nach Dachau gefragt. Zum Glück habe ich kein Englisch gesprochen.“ So hat sie auf das Buch von Pater Pies verwiesen, das in mehrere Sprachen übersetzt worden ist.
Nach dem Krieg rühmte Kardinal Faulhaber aus München den Einsatz der jungen Frau. Doch für Schwester Imma waren die gefährlichen Fahrten nach Dachau selbstverständlich.. "Ich konnte damals gar nicht anders handeln. Dazu hätte meine Kindheit und Jugend anders verlaufen müssen." Sie erklärt: „Für mich waren die Nazis Feinde. Ich kann mich noch erinnern, dass wir bei der Fronleichnamsprozession beobachtet wurden. In Freising musste ich verheimlichen, dass ich Kandidatin bei den Arrnen Schulschwestern war.“ Auch ihr Vater war ein entschiedener Gegner des Nationalsozialismus, der sich nicht scheute, seine Meinung zu sagen.
Nach dem Krieg ist die Kandidatin Josefa Mack ins Noviziat gegangen, ein Jahr später, im August 1946, hat sie ihr Gelübde als Arme Schulschwester abgelegt. Nach dem Lehrerinnenexamen machte sie später noch die Prüfung als Damenschneiderin. Jahrelang unterrichtete sie an der Realschule und an den berufsbildenden Schulen des Ordens. Vor zwei Jahren gab sie diese Tätigkeit auf. Doch das ist ihr nicht weiter schwergefallen;
„So gern ich in die Schule gegangen bin, so gern schneidere ich jetzt.“ Mit einer anderen Schwester näht sie seither für die 62 Mitschwestern Kleider oder bessert sie aus.

aus: Frau im Leben Nr. 6/1986

Arbeitsaufgaben: ✍ ☺ ✋ ♉

❶ Was schmuggelte Schwester Imma ins KZ Dachau?
❷ Wovon erzählte Pfarrer Schönwälder der jungen Schulschwester?
❸ Im Widerstand wurde sie "Komplizin" der Priester. Warum?
❹ Welche Lager-Maßnahme traf die polnischen Priester besonders hart?
❺ Welche Greueltaten der Nazis entsetzten die Schwester am meisten?
❻ Warum rühmte Kardinal Faulhaber den Einsatz der jungen Schwester?
❼ Warum waren die Nazis "ihre Feinde"?
❽ Worin liegt die große Leistung dieser "kleinen" Widerstandkämpferin?
❾ Gibt es deiner Meinung nach "große" und "kleine" Widerstandskämpfer?

RELIGION	Name:	Klasse:	Datum:	Nr.

Kirche im KZ

„Wir erlebten in Dachau auch eine Priesterweihe. Seit Ende 1939 schmachtete der schwer lungenkranke Diakon Karl Leisner, aus der Diözese Münster, in Dachau. Oft habe ich ihm Hoffnung gemacht, Gott werde ihm sicher das hohe Glück schenken, in der Heimat die Priesterweihe zu empfangen. Leider ging es mit ihm gesundheitlich immer mehr bergab. Im Herbst 1944 schwand jede Aussicht auf Rettung. Doch der liebe Heiland erbarmte sich des Diakons.
Im September 1944 kam Msgr. Piquet, der Bischof von Clermont-Ferrand, als Häftling zu uns. Nun begann eine illegale Korrespondenz mit Kardinal Faulhaber aus München und dem Bischof von Münster. Sämtliche zur Priesterweihe nötigen Papiere kamen an. Geheim fabrizierten Häftlinge bischöfliche Gewänder und alles andere, was zu einer solchen Feier gehört. Ring und Brustkreuz lieferten die Messerschmitt-Werke. Der Trappistenpater Spitzig drehte den Hirtenstab. Der Stoff für die violette Soutane und das Mäntelchen kam von der Beute, die sich Nazi-Diebe im Judenviertel von Warschau geholt hatten. Der englische Oblatenpater Durand stellte aus Seide und Perlen eine Mitra her. Von Kardinal Faulhaber erhielten wir aus München die nötigen Öle und die Ritualbücher. Alles verlief so vorsichtig und geheim, dass nur vereinzelte Priester unseres Blockes es merkten. Kein Nazi ahnte etwas, weder von der Vorbereitung noch von der Zeremonie selbst.
Am 18. Dezember 1944 stand dann der junge Diakon, eine schlank gewachsene Gestalt, mit vor Fieber glühenden Wangen in unserer Stube Nr. 2. Der Bischof legte die Pontifikalgewänder über sein Häftlingskleid. Ach, alles so armselig, und doch passte es zu unserem Milieu. - Die Prozession bewegte sich zur nahen Kapelle. Alle Priester aus seiner Heimatdiözese, die Seminaristen, auch viele Laien, sowie die ehemaligen Capos des Diakons und Mithäftlinge seiner Kommandos durften der ergreifenden Zeremonie in der Kapelle beiwohnen. Wir anderen Priester blieben wegen Platzmangel draußen und folgten still der heiligen Handlung.
Nach einigen Tagen wieder zu Kraft gekommen, feierte der Neugeweihte am 26. Dezember 1944 seine feierliche Primiz. Da stand der Neugeweihte an dem größten Festtage seines Lebens am Altar, fern der Mutter, fern dem Vater, den Geschwistern und den Freunden. Er weinte, und wir weinten mit ihm. Bei verschlossener Türe wurden in aller Stille einige Photoaufnahmen von dieser Primizfeier in der Kapelle gemacht. So sahen die Eltern wenigstens im Bilde ihren Priestersohn am Primizaltar im KZ von Dachau.
Der Neupriester Karl Leisner hat seine Heimat nie wiedergesehen. Er starb ein paar Wochen nach der Befreinng in einer Lungenheilanstalt bei München."

aus: Dr. Johann Neuhäusler, Wie war das im KZ Dachau? Manz-Verlag Dillingen 1960

Arbeitsaufgaben: ✍ ☺ ✋ 💡

❶ Wer wurde im KZ Dachau zum Priester geweiht?
❷ Welche Vorbereitungen wurden getroffen?
❸ Wie verlief die Priesterweihe?
❹ Überlebte der neu geweihte Priester das Kriegsende?

Lösung: Kirche im KZ

Viele Gefahren lauerten auf Schwester Imma:
Beobachtung, politischer Druck, Verrat, Entdeckung

Sie schmuggelte:
Lebensmittel, Medikamente, Öl, Hostien, Messwein

Das Lagerleben für die deutschen und polnischen Priester war sehr hart:
keine Messfeiern, Hass auf Aufseher, Misshandlungen, medizinische Versuche, Krankheiten, Tod

Am 18. Dezember 1944 wird ***Diakon Karl Leisner*** zum Priester geweiht.

RELIGION	Name:	Klasse:	Datum:	Nr.

Kirche im KZ

Viele Gefahren lauerten auf Schwester Imma:

____

____

Dennoch hielt sie Kontakt mit den Priestern im KZ. Sie schmuggelte:

____

Das Lagerleben war für die deutschen und polnischen Priester sehr hart:

____

____

____

____

Durch den mutigen Einsatz von Schwester Imma geschieht etwas Außergewöhnliches:

Am 18. Dezember 1944 wird ______________ zum Priester geweiht.

RELIGION	Name:	Klasse:	Datum:	Nr.

"Seine Nächstenliebe war grenzenlos"

"Der Herr ... der Herr ... der Herr" ... Der Priester, der in der Kreuzkapelle von St. Michael in München mit seiner Predigt beinahe zu Ende ist, kann plötzlich nicht mehr weiter. Er bricht ohnmächtig zusammen. Einen Tag später, am Allerheiligentag des Jahres 1945, gegen 11 Uhr stirbt er: Pater Rupert Mayer, der berühmte und beliebte Münchner Männerapostel.

"Den Schlaf verkürzen, die Stunden des Tages auskaufen und sich selbst nicht schonen." Dieses Wort, das viele Heilige erfüllt haben, gilt in besonderem Maß für Rupert Mayer, dessen Seligsprechungsprozess sich dem Ende nähert. Der Jesuit sagte einmal während seines Aufenthaltes im Konzentrationslager Sachsenhausen: „Gottlob habe ich mich mit meinem Los völlig abgefunden. Ich bin froh, dass ich meine Lebensbedürfnisse immer schon freiwillig auf das Mindestmaß zurückgeschraubt habe. Das kommt mir jetzt unendlich zu statten."

Dabei hätte er sich wirklich an ein angenehmes Leben gewöhnen können. Geboren in einer kinderreichen, wohlhabenden Stuttgarter Kaufmannsfamilie am 23. Januar 1876, hatte er eine wunderschöne Jugend. Nach bestandenem Abitur besucht der junge Rupert die Universitäten Tübingen, Freiburg/Schweiz und München. Fünf Jahre später, am 2. Mai 1899, weiht ihn Bischof von Keppler zum Priester. Zuerst sendet man ihn als Vikar nach Spaichingen in Württemberg. Doch der Ordensberuf in der Gesellschaft Jesu steht ihm als Ziel vor Augen.

In den nächsten Jahren lebt er abwechselnd in Österreich und Holland. 1906 beginnt sein öffentliches Leben und Wirken. 1911 legt er seine letzten Gelübde als Koadjutor der Gesellschaft Jesu ab und wird im Januar 1912 nach München versetzt. Er soll Seelsorger der „Zugereisten" werden, von denen jährlich etwa 23.000 in „die bayerische Landeshauptstadt kommen."

Über drei Jahrzehnte bestimmt er nun in seinem unermüdlichen Eifer das Gesicht Münchens. Er läuft treppauf und treppab, um zu raten und zu helfen.

Dann bricht der 1. Weltkrieg aus. Für Pater Mayer ist es selbstverständlich, sich als Feldgeistlicher zu melden. Mit seinen Soldaten hält er Gottesdienste und hört ihre Beichten. Immer erweist er sich als echter Samariter, besonders bei Schwerverwundeten und Sterbenden. So wird er als erster Feldgeistlicher mit dem Eisernen Kreuz 1. Klasse ausgezeichnet.

Wieder einmal greift der Feind an. Die Sanitäter suchen Deckung in Mulden und Löchern, da stöhnt ein Verwundeter: „Helft mir! Nehmt mich mit!" Dies ist im Augenblick unmöglich. Der Divisionspfarrer bleibt bei ihm, legt sich über ihn und tröstet: „Kamerad, sei still! Wenn es einen trifft, dann mich zuerst." Und dann trifft es ihn: Ein Geschoss zerschmettert ihm den linken Unterschenkel. Fuß und Oberschenkel müssen nach und nach amputiert werden. Schließlich schickt man Pater Mayer nach langen Lazarettaufenthalten in die Heimat zurück.

Der Krieg geht zu Ende. Die Landeshauptstadt erlebt große wirtschaftliche Not, den Wechsel der Staatsform, das Königreich Bayern wird Räterepublik. Jetzt vervielfacht Pater Mayer seine Tätigkeit. Der „hinkende Apostel" gönnt sich keine Ruhe. Manchmal hält er 70 Predigten und Vorträge in einem Monat. Als er Präses der Marianischen Männerkongregation wird, wächst in kurzer Zeit die Zahl der Mitglieder auf 7000 an. Dann kommt 1933 Adolf Hitler an die Macht. Er findet vom ersten Augenblick an in Pater Mayer seinen Gegner. Obwohl dieser weiß, dass man ihn bespitzelt, nimmt er kein Blatt vor den Mund und verteidigt tapfer den Glauben. Kein Wunder, dass man ihm Redeverbot erteilt und seine Verhaftung nur eine Frage von Tagen ist. Man schleppt ihn von Gefängnis zu Gefängnis.

Sein Bischof, Kardinal Faulhaber, tritt öffentlich für seinen Priester ein, doch was hilft es? Recht und Ordnung existieren nicht mehr, nur Gewalt herrscht. So verurteilt ein Sondergericht den Angeklagten wieder zu einer Gefängnisstrafe, und als er weiterhin predigt, bringt ihn die Gestapo in die Haftanstalt Landsberg am Lech. Dreieinhalb Monate ist er dort der Strafgefangene Nummer 9169. Man behandelt ihn, den Schwerkriegsbeschädigten, wie jeden anderen Häftling. Weihnachten 1939 weist man ihn ins Konzentrationslager Sachsenhausen ein.

Der Zustand Pater Mayers verschlechtert sich dort, bis akute Lebensgefahr besteht. Nun kennt man ja in der Berliner NSDAP-Zentrale das Ansehen und die Popularität des Jesuitenpaters. Wenn man ihn nicht im KZ sterben lassen will, muss man schnell handeln, denn sein Tod in Sachsenhausen würde große Empörung auslösen. Deshalb bietet die Gestapo am 6. August 1940 dem Münchner Ordinariat an, Pater Mayer zu entlassen, wenn man ihn in einem Kloster völlig isolieren und "von jeder politischen Betätigung fernhalten würde".

Wenige Tage später trifft der Jesuit in der Abtei Ettal ein. Er ist zum Skelett abgemagert. Beichtehören wird ihm untersagt, zelebrieren ist nur allein gestattet, die Korrespondenz nur mit den nächsten Angehörigen. Unter der Fürsorge der Mönche und durch gute ärztliche Betreuung überwindet der Isolierte nach und nach die gesundheitliche Krise.

Kaum sind 1945 die Amerikaner in Ettal eingerückt, steht er schon wieder auf der Kanzel. In München, wohin er zurückkehrt, kennt die Begeisterung der Gläubigen keine Grenzen. Schnell verzehren sich nun aber seine Kräfte, und er spricht viel vom Tod. Am 1. November 1945 stirbt er: Gehirnschlag. *Inge Kowalsky, in: Frau im Leben 11/1985*

RELIGION	Name:	Klasse:	Datum:	Nr.

Pater Rupert Mayer

Folienbilder:
1. Seelsorger für Zugereiste
2. KZ-Häftling
3. Prediger
4. Feldgeistlicher

RELIGION	Name:	Klasse:	Datum:	Nr.

"Seine Nächstenliebe war grenzenlos"

Arbeitsaufgaben:

❶ Nennt den Namen des berühmten Münchner Männerapostels! ____________________

❷ Stellt einige Daten seines Lebens zusammen!

Geburt: ____________________

Studium: ____________________

Priesterweihe: ____________________

1912: ____________________

1. Weltkrieg: ____________________

Weihnachten 1939: ____________________

❸ Warum entlässt die Gestapo Pater Rupert Mayer?

____

❹ Welche Bedingungen stellen die Nazis?

____

____

❺ Überwindet Pater Rupert Mayer die gesundheitliche Krise?

____

❻ Was sagt er, bevor er am 31. Oktober 1945 ohnmächtig zusammenbricht?

____

❼ Wo in München beten die Gläubigen zu Pater Rupert Mayer?

____

❽ Welches Wort, das viele Heilige erfüllt haben, gilt besonders für ihn?

____

❾ Ordnet die Wortkarten mit gleicher Farbe zu!

1912 in München	Feldgeistlicher Divisionspfarrer	bis zu 70 Predigten und Vorträge im Monat
1914-1918	Dienst am Nächsten	Verteidigung des Glaubens gegen Nationalsozialismus
1918-1933	kümmert sich um Schwerverwundete	Seelsorger für Zugereiste
nach 1933	Prediger/Glaubensverkünder	Gefängnisinsasse/KZ-Häftling

RELIGION	Name:	Klasse:	Datum:	Nr.

Lösung: "Seine Nächstenliebe war grenzenlos"

Arbeitsaufgaben: ✍ ☺ ✋ 💡

❶ Nennt den Namen des berühmten Münchner Männerapostels! ***Pater Rupert Mayer***

❷ Stellt einige Daten seines Lebens zusammen!
Geburt: ***23. Januar 1876 in Stuttgart***
Studium: ***Tübingen, Freiburg/Schweiz und München***
Priesterweihe: ***2. Mai 1899 durch Bischof von Keppler***
1912: ***Seelsorger der Zugereisten in München***
1. Weltkrieg: ***Feldgeistlicher, Divisionspfarrer***
Weihnachten 1939: ***Konzentrationslager Sachsenhausen***

❸ Warum entlässt die Gestapo Pater Rupert Mayer?
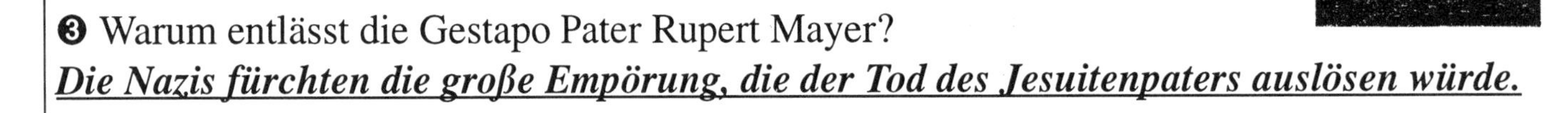
Die Nazis fürchten die große Empörung, die der Tod des Jesuitenpaters auslösen würde.

❹ Welche Bedingungen stellen die Nazis?
Pater Rupert Mayer soll in einem Kloster isoliert werden,
um sich nicht politisch betätigen zu können.

❺ Überwindet Pater Rupert Mayer die gesundheitliche Krise?
Ja. Schon 1945 steht er wieder auf der Kanzel und predigt.

❻ Was sagt er, bevor er am 31. Oktober 1945 ohnmächtig zusammenbricht?
"der Herr ... der Herr ... der Herr"

❼ Wo in München beten die Gläubigen zu Pater Rupert Mayer?
an seinem Grab in der Unterkirche des Bürgersaals

❽ Welches Wort, das viele Heilige erfüllt haben, gilt besonders für ihn?
"Den Schlaf verkürzen, die Stunden des Tages auskaufen und sich selbst nicht schonen."

❾ Ordnet die Wortkarten mit gleicher Farbe zu!

1912 in München	Feldgeistlicher Divisionspfarrer	*bis zu 70 Predigten und Vorträge im Monat*
1914-1918	**Dienst am Nächsten**	Verteidigung des Glaubens gegen Nationalsozialismus
1918-1933	kümmert sich um Schwerverwundete	**Seelsorger für Zugereiste**
nach 1933	*Prediger/Glaubensverkünder*	Gefängnisinsasse/KZ-Häftling

RELIGION	Name:	Klasse:	Datum:	Nr.

Wie sich die Kirche erneuern kann ...

Seit den Päpsten Benedikt XV., Pius XI. und Pius XII. ist das Bemühen um Unionsgespräche und -kontakte nicht mehr zur Ruhe gekommen. Wie ein zur Glaubenseinheit rufender Fanfarenstoß wirkte das von **Papst Johannes XXIII.** einberufene und von seinem Nachfolger, Papst Paul VI., weitergeführte Zweite Vatikanische Konzil.

Als Papst Johannes XXIII. den deutschen Kurienkardinal Bea an die Spitze des 1960 neu geschaffenen Sekretariats für die Einheit der Christen stellte, wurde dies von der gesamten, von Rom getrennten Christenheit dankbar begrüßt. Gewiss wurde das **Zweite Vatikanische Konzil** noch kein Unionskonzil, aber es hat die Tore der katholischen Kirche weit geöffnet. Auf Einladung der beiden Konzilspäpste Johannes XXIII. und Paul VI. haben fast alle nichtkatholischen Kirchen und Gemeinschaften offizielle Beobachter zum Konzil entsandt, die allein schon durch ihre Anwesenheit, vor allem aber durch ihre Gespräche mit den Konzilsvätern eine gute ökumenische Atmosphäre des Konzils gewährleisteten. Entscheidende Marksteine auf dem Weg der Wiedervereinigung sind die beiden, in der 4. öffentlichen Sitzung vom 21. November 1964 verkündeten Konzilsdokumente: die dogmatische **Konstitution über die Kirche** und das **Dekret über den Ökumenismus**.

Beim zweiten Vatikanischen Konzil waren durch offizielle Delegierte vertreten: das Ökumenische Patriarchat von Konstantinopel, die Russisch-orthodoxe Kirche (Moskauer Patriarchat), die Koptisch-Orthodoxe Kirche von Ägypten, die Syrisch-Orthodoxe (jakobitische) Kirche, die Syrisch-Orthodoxe Kirche von Indien, die Russisch-Armenische Kirche, die Armenisch-Apostolische Kirche, die Russisch-Orthodoxe Kirche im Ausland, Altkatholische Kirche (Utrechter Union), die Syrische Mar-Thoma-Kirche von Malabar (Indien), die Anglikanischen Kirchen, der Lutherische Weltbund, der Presbyterianische Weltbund, die Evangelische Kirche in Deutschland (EKD), der Weltrat der Methodisten, der Weltrat der Kongregationalisten, das Weltkomitee der Freunde (Quäker), die Weltvereinigung der Kirchen Christi, die Internationale Vereinigung des liberalen Christentums, die Kirche von Südindien und der Weltrat der Kirchen.

Die nichtkatholische Welt horchte auf, als **Papst Paul VI.** anlässlich der Eröffnung der 2. Sitzungsperiode des Vatikanischen Konzils (29. September 1963) sich mit der Bitte um Vergebung und um Wiedervereinigung an alle wandte, die an Christus und sein heiliges Evangelium glauben.

„Wenn uns eine Schuld an dieser Trennung zuzuschreiben ist, so bitten wir demütig Gott um Verzeihung und bitten auch die Brüder um Vergebung, wenn sie sich von uns verletzt fühlen. Was uns betrifft, sind wir bereit, der Kirche zugefügtes Unrecht zu verzeihen und den großen Schmerz ob der langen Zwietracht und Trennung zu vergessen.“

Ein weiteres Zeichen für die Bereitschaft zum ökumenischen Gespräch zwischen der katholischen und der orthodoxon Kirche war die denkwürdige Begegnung des Papstes Paul VI. mit Athenagoras I., dem Patriarchen von Konstantinopel, am 5. und 6. Januar 1964 in Jerusalem. Jahrhunderte des Schweigens waren damit zu Ende, denn seit dem Unionskonzil von Ferrara-Florenz 1439 gab es keine Begegnung zwischen dem Papst und dem Oberhaupt der Orthodoxen Kirche.

Gewiss ist noch ein weiter und dornenreicher Weg bis zur Wiedervereinigung im Glauben. Aber die ganze Christenheit kommt heute nicht mehr von der Erkenntnis los, dass die Spaltung der Kirche dem Willen Christi widerspricht und ein Skandal unter den christlichen Brüdern ist. *aus: A. Läpple, Kirchengeschichte, Kösel*

Arbeitsaufgaben:

❶ Welches Konzil bemühte sich um eine Vertiefung der Einheit der Christen?
❷ Welche Gruppen wurden als offizielle Beobachter zum Konzil eingeladen?
❸ Mit welchen Worten bat Papst Paul VI. die christlichen Brüder um Vergebung?
❹ Mit wem traf sich Papst Paul VI. 1964 in Jerusalem?
❺ Welche Bedeutung hatte dieses Treffen?
❻ Warum widerspricht die Spaltung der Kirche dem Willen Christi?
❼ Was bedeutet Ökumenismus?
❽ Was können wir persönlich für die Ökumene tun?
❾ Wie denkt ihr über die neuen Wege in der Kirche?
❿ Sollte die Kirche auch mit anderen Weltreligionen zusammenarbeiten?

RELIGION	Name:	Klasse:	Datum:	Nr.

Uns Christen eint weit mehr als wir glauben!

Arbeitsaufgabe:

✍ ☺ ✋ 💡

Tragt folgende Begriffe in das Schaubild ein!

❶ Bekenntnis zu Jesus Christus als Gott und Retter

❷ Anerkennung der Hl. Schrift als Wort Gottes

❸ Taufe als grundlegendes Sakrament

RELIGION	Name:	Klasse:	Datum:	Nr.

Wie sah der Aufbruch der Kirche unter Johannes XXIII. aus?

Arbeitsaufgaben:

❶ Kreuze die richtige Aussage an!

❍ Im Jahre 1952 wird Antonio Giuseppe Roberti zum Papst gewählt. Obwohl er erst 27 Jahre alt ist, fasziniert er viele Menschen durch Menschenfreundlichkeit und Klugheit.

❍ Im Jahre 1976 wird Karol Wojtila zum Papst gewählt. Obwohl er aus Polen kommt, unterstützt ihn die gesamte Kirche. Er beruft zwei Jahre nach seinem Amtsantritt, also 1978, das Zweite Vatikanische Konzil ein.

❍ Im Jahre 1958 wird Angelo Giuseppe Roncalli zum Papst gewählt. Obwohl er schon 77 Jahre als ist, fasziniert er viele Menschen durch Menschenfreundlichkeit und Bescheidenheit.

❷ Johannes XXIII. brach als Papst mit vielen alten Gewohnheiten. Welche sind es?

❍ Er ließ sich in das römische Parlament wählen.
❍ Er sprach mit Menschen auf der Straße, besuchte Krankenhäuser und Pfarreien, ging in Gefängnisse und Heime.
❍ Er ernannte Frauen zu Bischöfen, setze moderne Mess-Liturgien durch und verbot alle alten Traditionen während der Gottesdienste.
❍ Er sprach mit Kommunisten und Atheisten und mit Vertretern anderer Religionen.

❸ Welche zwei wichtigen Ereignisse fielen in seine Amtszeit?

❍ das I. Vatikanische Konzil (1958-1964)
❍ das II. Vatikanische Konzil (1962-1964)
❍ das III. Vatikanische Konzil (1964-1966)
❍ Gründung eines Sekretariats zur Förderung der Dritten Welt
❍ Gründung eines Sekretariats zur Förderung der Einheit der Christen
❍ Gründung eines Sekretariats zur Förderung der jungen Kirche

❹ Welche drei großen Ziele hatte die Kirchenversammlung?

❍ die innere Erneuerung in der Kirche vorantreiben
❍ die Rahmenbedingungen für eine Gleichberechtigung von Mann und Frau in der Kirche schaffen
❍ die Kirche auf die neuen Verhältnisse der heutigen Zeit einstellen
❍ die Kirche zurückdrehen in die gute alte Zeit
❍ nach Möglichkeiten für die Einheit der Christen suchen
❍ nach Möglichkeiten für die Einheit der Weltreligionen suchen

❺ Um welches Symbol handelt es sich rechts?

❍ das Wappen des Papstes
❍ das Familienwappen Johannes XXIII.
❍ das Symbol für das II. Vatikanische Konzil
❍ das Symbol zur Einheit der Christen
❍ das Dienstsiegel des Vatikan

❻ Johannes XXIII. wurde durch eine Geste berühmt. Welche ist gemeint?

❍ Er zeigte den Pilgern das V(ictory)-Zeichen und wollte damit den Sieg der Kirche über das Böse dokumentieren.
❍ Er machte demonstrativ ein Fenster auf und wollte damit die Öffnung der Kirche nach außen zeigen.
❍ Er umarmte eine Römerin vor dem Petersdom, um seine Verbundenheit mit den Frauen in der Kirche zu zeigen.

❼ Was meinte Johannes XXIII. mit folgendem Ausspruch?

"Es gilt, den kaiserlichen Staub, der sich seit Konstantin auf dem Stuhl des heiligen Petrus gesetzt hat, abzuschütteln!"

❽ Was bedeutet folgender Ausspruch von Joachim Lell?

"Wir haben keine Antworten zu geben, sondern Türen aufzutun."

RELIGION	Name:	Klasse:	Datum:	Nr.

Lö: Wie sah der Aufbruch der Kirche unter Johannes XXIII. aus?

Arbeitsaufgaben: ✍ ☺ ✋ ♡

❶ **Kreuze die richtige Aussage an!**

❍ Im Jahre 1952 wird Antonio Giuseppe Roberti zum Papst gewählt. Obwohl er erst 27 Jahre alt ist, fasziniert er viele Menschen durch Menschenfreundlichkeit und Klugheit.

❍ Im Jahre 1976 wird Karol Wojtila zum Papst gewählt. Obwohl er aus Polen kommt, unterstützt ihn die gesamte Kirche. Er beruft zwei Jahre nach seinem Amtsantritt, also 1978, das Zweite Vatikanische Konzil ein.

● Im Jahre 1958 wird Angelo Giuseppe Roncalli zum Papst gewählt. Obwohl er schon 77 Jahre als ist, fasziniert er viele Menschen durch Menschenfreundlichkeit und Bescheidenheit.

❷ **Johannes XXIII. brach als Papst mit vielen alten Gewohnheiten. Welche sind es?**

❍ Er ließ sich in das römische Parlament wählen.
● Er sprach mit Menschen auf der Straße, besuchte Krankenhäuser und Pfarreien, ging in Gefängnisse und Heime.
❍ Er ernannte Frauen zu Bischöfen, setze moderne Mess-Liturgien durch und verbot alle alten Traditionen während der Gottesdienste.
● Er sprach mit Kommunisten und Atheisten und mit Vertretern anderer Religionen.

❸ **Welche zwei wichtigen Ereignisse fielen in seine Amtszeit?**

❍ das I. Vatikanische Konzil (1958-1964)
● das II. Vatikanische Konzil (1962-1964)
❍ das III. Vatikanische Konzil (1964-1966)
❍ Gründung eines Sekretariats zur Förderung der Dritten Welt
● Gründung eines Sekretariats zur Förderung der Einheit der Christen
❍ Gründung eines Sekretariats zur Förderung der jungen Kirche

❹ **Welche drei großen Ziele hatte die Kirchenversammlung?**

● die innere Erneuerung in der Kirche vorantreiben
❍ die Rahmenbedingungen für eine Gleichberechtigung von Mann und Frau in der Kirche schaffen
● die Kirche auf die neuen Verhältnisse der heutigen Zeit einstellen
❍ die Kirche zurückdrehen in die gute alte Zeit
● nach Möglichkeiten für die Einheit der Christen suchen
❍ nach Möglichkeiten für die Einheit der Weltreligionen suchen

❺ **Um welches Symbol handelt es sich rechts?**

● das Wappen des Papstes
❍ das Familienwappen Johannes XXIII.
❍ das Symbol für das II. Vatikanische Konzil
❍ das Symbol zur Einheit der Christen
❍ das Dienstsiegel des Vatikan

❻ **Johannes XXIII. wurde durch eine Geste berühmt. Welche ist gemeint?**

❍ Er zeigte den Pilgern das V(ictory)-Zeichen und wollte damit den Sieg der Kirche über das Böse dokumentieren.
● Er machte demonstrativ ein Fenster auf und wollte damit die Öffnung der Kirche nach außen zeigen.
❍ Er umarmte eine Römerin vor dem Petersdom, um seine Verbundenheit mit den Frauen in der Kirche zu zeigen.

❼ **Was meinte Johannes XXIII. mit folgendem Ausspruch?**

"Es gilt, den kaiserlichen Staub, der sich seit Konstantin auf dem Stuhl des heiligen Petrus gesetzt hat, abzuschütteln!"

❽ **Was bedeutet folgender Ausspruch von Joachim Lell?**

"Wir haben keine Antworten zu geben, sondern Türen aufzutun."

RELIGION	Name:	Klasse:	Datum:	Nr.

„Werden wir nicht müde auf dem Weg zum gemeinsamen Herrn“

Ansprache von Papst Johannes Paul II. beim Ökumenischen Wortgottesdienst in Augsburg 1986:

"Liebe Brüder und Schwestern im Herrn!

Unser Herr Jesus Christus sagt: "Wo zwei oder drei in meinem Namen versammelt sind, da bin ich mitten unter ihnen“ (Mt 18,20). In dieser Stunde sind wir im Namen des Herm versammelt.

So dürfen auch wir dessen sicher sein: Er selbst ist in unserer Mitte; er spricht zu uns, wie er es bei seinem Abschied getan hat, von dem die Apostelgeschichte berichtet.

Wie seine Jünger damals, so werden auch wir von der Frage bedrängt: Was wird aus uns? Was wird aus unserer Welt? Was muss geschehen, damit inmitten aller Gefahren das Reich Gottes anbricht, das Reich der Gerechtigkeit, der Liebe und des Friedens? „Als sie nun beisammen waren, fragten sie ihn: Herr, stellst du in dieser Zeit das Reich für Insel wieder her?“ Grundsätzlich sind die Jünger bereits davon überzeugt, dass Jesu Person und Wirken für das Anbrechen des Gottesreiches entscheidend sind. Aber ihre Frage zeigt doch auch, dass sie mit ihren Erwartungen noch weit hinter dem zurückbleiben, was der Herr mit ihnen und der Welt vorhat.

Gleich dreimal sprengt er die Grenzen, die ihr Leben und Denken einengen. Sie sprechen von Israel als dem Ort des Reiches. Er aber führt über die räumliche Beschränkung hinaus und sagt: Nicht nur hier, „in Jerusalem und in ganz Judäa, sondern auch im euch fremden Samarien kommt das Reich bis an die Grenzen der Erde" wird es sich erstrecken.

Die Jünger reden von "dieser Zeit". Unverzüglich möchten sie ihre Wünsche erfüllt sehen. Er entgegnet: "Euch steht es nicht zu, Zeiten und Fristen zu erfahren, die der Vater in seiner Macht festgesetzt hat“. Sie wollen Daten und Termine. Greifbares und Begreifbares. Er verweist sie auf den Vater und seinen unerforschlichen Willen. Seine Liebe überschreitet unsere Maße. Sie beschränkt sich nicht auf einzelne Heilsmomente, sie eröffnet vielmehr eine Heilszeit, die nicht aufhört, solange die Erde besteht. Für immer sollen die Jünger eine unvergängliche Heilsgabe empfangen: seinen Heiligen Geist.

„Ihr werdet die Kraft des Heiligen Geistes empfangen, der auf euch herabkommen wird, und ihr werdet meine Zeugen sein“. Fortan soll in jedem Augenblick Gottes Geist in den Jüngern und durch sie in der Welt sein und wirken.

Damit werden alle Möglichkeiten und Grenzen des Menschen vollends überschritten. Gottes Reich soll durch Gottes Geist im Innersten der Seinen beginnen und sich von dort ausbreiten.

Mit großer Dankbarkeit bekennen wir, dass sich diese Worte des Herrn am ersten Pfingstfest erfüllt haben und sich seither immer wieder neu erfüllen. In der Kraft des Heiligen Geistes ist die Kette der Zeugen Christi nicht abgerissen. Wir alle leben von ihr. Dass wir glauben können, verdanken wir nach dem Hebräerbrief einer „Wolke von Zeugen“.

Stellvertretend für die unermesslich große Zahl der Zeugen Christi rücken die beiden Patrone dieser Kirche in unseren Blick: die Heiligen Afra und Ulrich, eine Frau, die in der diokletianischen Verfolgung in Augsburg für den Herrn in den Tod ging, und der Bischof, dessen Leben an die Rettung Mitteleuropas aus größter Gefahr erinnert und dessen Gestalt für immer mit dem siegreichen Kreuz verbunden ist. Vergessen wir es nicht: Wir leben vom geistgewirkten Zeugnis Ungezählter vor uns und neben uns.

Bedenken wir aber zugleich: Wir leben auch für das Zeugnis. Uns allen gilt die Verheißung Christi: »Ihr werdet die Kraft des Heiligen Geistes empfangen». Sein Auftrag nimmt uns alle in Pflicht: »Ihr werdet meine Zeugen sein“. Wer immer den Glauben empfängt, ist auch gehalten, ihn mitzuteilen. Jeder ist zu einem ganz persönlichen Zeugnis gerufen. Zugleich ist jeder verpflichtet, das gemeinsame Zeugnis anzustreben.

Jesus Christus verheißt den Heiligen Geist ja der Gemeinschaft der Jünger: "Ihr werdet die Kraft des Heiligen Geistes empfangen“. Ebenso überträgt er die Zeugnisaufgabe allen zusammen: „Ihr werdet meine Zeugen sein“.

Wenn wir der Weisung des Herrn gehorchen und Zeugnis von ihm geben wollen, müssen wir alles daransetzen, um immer mehr eins zu werden. Dabei dürfen wir auf den Helligen Geist vertrauen. Der Geist der Wahrheit kann in alle Wahrheit einführen; der Geist der Liebe kann alle Trennung überwinden. Seit dem ersten Pfingstfest ist er am Werk. Danken wir für alle Einheitsgnaden, die er uns bereits geschenkt hat.

RELIGION	Name:	Klasse:	Datum:	Nr.

Bitten wir um Verzeihung dafür, dass wir uns nur unzulänglich von diesen Gnaden haben ergreifen, beseelen und bewegen lassen. Danken wir für alle Schritte, die uns in den letzten Jahren der größeren Einheit nähergebracht haben. Insbesondere sollten wir denen danken, die sich in intensivem ökumenischem Gespräch darum bemüht haben, die Trennungen, die zu wechselseitigen Verurteilungen geführt haben, nach Kräften überwinden zu helfen. Lohnen wir der hierfür nach meiner ersten Pastoralreise eingesetzten Dialogkommission die sorgfältige und verantwortungsbewusste Arbeit, indem wir alle auf der Ebene unserer jeweiligen Kompetenz ihre Ergebnisse ernsthaft und zügig studieren, werten und einem möglichen kirchlichen Konsens zuführen.
Was immer man uns in unserem Bemühen um die Einheit aller Christen skeptisch entgegenhält - werden wir nicht müde auf dem Weg zum gemeinsamen Herrn; er ist auch der geradeste Weg zueinander. Erstreben wir das gemeinsame Zeugnis, wo immer es geht. Je mehr wir es versuchen, um so mehr werden wir weitere mögliche Schritte zur vollen Einheit entdecken; je mehr wir eins werden, um so bessere Zeugen des Herrn können wir sein.
Liebe Schwestern und Brüder!
Nicht weit von hier sind im Jahre 1518 Martin Luther und Kardinal Cajetan zusammengetroffen. Was wäre geworden, wenn am Ende ihrer Gespräche die erneuerte, vertiefte und verstärkte Einheit im Glauben gestanden hätte? Um 1530 waren viele hier in Augsburg noch um Versöhnung und Gemeinschaft bemüht. Welchen Weg hätte die Geschichte genommen, welche missionarischen Möglichkeiten hätten sich doch für die neuentdeckten Erdteile ergeben, wenn damals die Überbrückung des Trennenden und die verständnisvolle Klärung der Streitpunkte gelungen wären? Es ist nicht unsere Sache über Wenn und Aber zu spekulieren. Auch hierfür gilt wohl die Mahnung Jesu: "Euch steht es nicht zu, Zeiten und Fristen zu erfahren". Uns ist aufgetragen, heute zu tun, was heute fällig ist, damit morgen geschehen kann, was morgen vonnöten ist. "Heute, wenn ihr meine Stimme hört, verhärtet euer Herz nicht" (Hebr 3,7f), sagt uns der Herr. Lasst uns sein Wort und seinen Geist aufnehmen. "Lass uns eins sein, Jesu Christ, wie du mit dem Vater bist." Lasst uns einmütig und ohne Unterlass beten: "Sende aus deinen Geist und alles wird neu geschaffen": unser Zeugnis, unsere Kirche, unsere Welt! Das schenke uns Gott in seiner Barmherzigkeit und Güte! Amen.

Arbeitsaufgaben: ✍ ☺ ✋ 💡

❶ Unterstreicht die in der Ansprache verwendeten Worte aus der Heiligen Schrift!
❷ Welche drei Fragen stellt der Papst am Beginn seiner Rede?
❸ Wie würdet ihr sie beantworten?
❹ Warum sprengt Jesus gleich dreimal die Grenzen der Jünger, die deren Leben und Denken einengen?
❺ Welchen Auftrag Jesu müssen Christen ernst nehmen, wenn sie der Weisung des Herrn gehorchen und Zeugnis von ihm geben wollen?
❻ Auf wen dürfen Christen dabei immer vertrauen?
❼ Wie denkt ihr über folgende Frage:
"Was wäre geworden, wenn am Ende der Gespräche von Martin Luther und Kardinal Cajetan 1518 die erneuerte, vertiefte und verstärkte Einheit im Glauben gestanden hätte?"
❽ Welche Schlussworte gibt Johannes Paul II. an die Gläubigen weiter?
❾ Wie denkt ihr über die Ansprache zu mehr Ökumene und Einheit im Glauben?
❿ Was könnt ihr selbst zu mehr Ökumene tun?

RELIGION	Name:	Klasse:	Datum:	Nr.

Die Kirche im 20. Jahrhundert

Arbeitsaufgabe: ✍ ☺ ✋ 💡
Tragt wichtige Ereignisse der Weltkirche, Papstnamen und Zukunftswege der Kirche im Schaubild ein!

2000

1990

1980

1970

1960

1950

1940

1930

1920

1910

1900

RELIGION	Name:	Klasse:	Datum:	Nr.

Lösung: Die Kirche im 20. Jahrhundert

Arbeitsaufgabe:
Tragt wichtige Ereignisse der Weltkirche, Papstnamen und Zukunftswege der Kirche im Schaubild ein!

Junge Kirchen in der Dritten Welt
Basisbewegungen
Katholikentage
Taize

2000

1990

Zeitalter der Ökumene
Einheit der Kirchen

1980

Johannes Paul II. (seit 1978)

Gemeinsame Synode (71-75) ←

1970

Joh. Paul I.
Paul VI.

II. Vatikanisches Konzil (62-65) ←

1960

Papst Johannes XXIII.

1950

Ende 2. Weltkrieg ←

Kirche und Widerstand

1940

Pius XII.

Hitlerdiktatur

1930

Pius XI.

1920

1. Weltkrieg (14-18) ←

Benedikt XV.

1910

Pius X.

1900

An Grenzen stoßen - die Hoffnung nicht aufgeben

Bewusst machen, dass zum Leben auch die Erfahrungen von Unvollkommenheit, Endlichkeit und Ohnmacht gehören
Aufmerksam werden auf unterschiedliche Umgangsweisen mit Grenzerfahrungen
Auseinandersetzung mit Vorstellungen der Menschen über Leid und Tod
Sich öffnen für den Glauben an die Auferstehung Jesu Christi
Erfahren können, dass Gott jeden Menschen auch in Leid und Tod trägt
Glauben können, dass Gott unvergängliches Leben verheißt

❶ Scheinbar grenzenlose Möglichkeiten - ein Leben voller Grenzen

● An Grenzen stoßen	AB, Fragen, Bilder

Gespräch über die Frage: "Warum sind Verlierer nicht gefragt?"
(Menschen erfahren Grenzen und eigene Begrenzungen)

❷ Das macht Angst - Sterben und Tod

● Der Tod - wie er uns heute begegnet!	AB
● Wie junge Leute über den Tod sprechen!	AB, Texte, Fragen
● Wie Menschen über den Tod denken und sprechen!	AB, Text, Fragen
● Tod? Auferstehung? Was nun? Wie nun?	AB, Texte, Fragen
● "Die letzte Reise"	AB, Text, Fragen
● Der Tod - wie ihn Schriftsteller und Musiker sehen!	AB, Texte
● Wo der Glaube an das Leben lebendig ist	AB, Text
● Krankheit - Sterben - Tod! ... und mein Verhalten dazu	AB, Text, Fragen,
● Krankensalbung - woher kommt sie?	AB, Text, Fragen
● Krank sein und gesund werden ...	AB, Text, Fragen,

Gespräch über folgende Themen:
Sterben als Prozess mit verschiedenen Phasen
Erfahrungen von Menschen in Todesnähe
Formen der Verharmlosung
Besuch eines Friedhofs

❸ Hoffnung über den Tod hinaus - Auferstehung Christi

● Wie sehen Christen den Tod?	AB, Texte, Fragen
● Mehrheit glaubt an ein Leben nach dem Tod	AB, Text
● Was sagt die Heilige Schrift zum Leben nach dem Tod?	AB, Fragen
● Was sagen andere Religionen über das Leben nach dem Tod?	AB, Fragen
● Gibt es für Menschen einen ewigen Tod?	AB, Texte, Fragen
● Wie sich die Menschen früher Fegefeuer und Hölle vorstellten!	AB, Folie
● Wonach der Weltenrichter urteilt	AB, Text, Fragen
● "Himmel" - "Hölle" - "Fegefeuer"	AB, Text, Bild
● Was muss ich tun, um das ewige Leben zu gewinnen?	AB, Text, Fragen
● Wie beschreibt die Heilige Schrift das Ende der Welt?	AB, Texte, Fragen
● "Es wird die Hölle, furchtbar!"	AB, Text, Fragen
● "Ja, wenn der Herr einst wiederkommt!"	AB, Bild

Gespräch über Auferstehungshoffnung, die das Leben verändern kann (am Beispiel Emmausjünger)

Hinweis:
Ergänzende Unterrichtsmaterialien aus dem **pb-Verlag Puchheim** zu diesem Lernziel finden Sie in:
Katholische Religion 5, In Gemeinschaft miteinander leben und glauben
Thema 1: Miteinander leben - füreinander da sein
Katholische Religion 6: Eigene Interessen und Fähigkeiten entdecken und entfalten
Thema 4: Befreiung und Rettung - Grunderfahrungen des Glaubens
Katholische Religion 7: Auf der Suche zu sich selbst
Thema 4: Neu anfangen - Wege aus Schuld und Angst

RELIGION	Name:	Klasse:	Datum:	Nr.

Der Tod - wie er uns heute begegnet!

❶ Sammelt Presseartikel zum Thema: "Wie wird der Tod in der Tageszeitung dargestellt?" und klebt sie unten in den Rahmen ein! ✍ ☺ ✋ 💡

❷ Könnt ihr folgender Aussage zustimmen?

"Der Tod begegnet uns in der Medienwelt täglich mehrfach, zum Beispiel in Kriegs- und Katastrophenberichten, bei Unfällen und Verbrechen. Der Tod erscheint auch als Folge von Krankheit und Alter. Viele Menschen stumpfen gegenüber den ständigen Todesmeldungen ab."

❸ Sammelt Werbeanzeigen von Bestattungsinstituten und klebt sie unten in den Rahmen ein! ✍ ☺ ✋ 💡

❹ Könnt ihr folgender Aussage zustimmen?

Folgende Anzeige eines Bestattungsinstituts ist nur ein Beispiel: "Trauerfall? - Wir stehen Ihnen mit Rat und Tat zur Seite. Diskret, schnell und gewissenhaft erledigen wir alles Notwendige."- Gehen wir Menschen wirklich diskret, schnell und gewissenhaft mit dem Tod um? Manchmal hat es den Anschein, man wolle in der Gesellschaft Tote nicht (mehr) sehen. Die meisten Menschen sollen im Krankenhaus "unter Ausschluss der Öffentlichkeit" sterben. Viele Menschen verdrängen deshalb den Tod aus ihrem Leben."

RELIGION	Name:	Klasse:	Datum:	Nr.

Wie junge Leute über den Tod sprechen!

Am liebsten würde ich gar nicht sterben. Wie das wohl ist, wenn ich sterbe? Wenn ich mich schon nicht mehr bewegen kann, ob ich dann noch etwas denke? Wenn ich dann im Sarg liege, wo dann wohl meine Seele ist? Wenn ich wieder auferstehe, ob ich dann noch alles über mein Leben weiß? **Thomas (12)**

Ich stelle mir den Tod schrecklich vor. Man liegt in einem Bett oder ist sonst irgendwo und man macht plötzlich die Augen zu und lebt nicht mehr. Man weiß nicht, wie es nach dem Tod aussieht. Ob man nach dem Tod auf irgendeine Weise doch noch weiter lebt. Wenn der Körper verwest ist und wir vielleicht mit einem anderen Körper weiterleben und das Treiben der Menschen beobachten können. Man weiß auch nicht, ob die Welt, wenn ich gestorben bin, überhaupt noch existiert und wie es dann aussieht. **Silvia (12)**

Ich habe meinen Vater gesehen, als er mit dem Tod kämpfte. Es war grauenhaft. Ich werde es nie in meinem ganzen Leben vergessen. Manchmal stelle ich mir auch vor, wie das ist, wenn man tot ist und dann im Grabe liegt. Wie wird das Jenseits sein? Es muss doch schrecklich sein, nicht mehr leben zu können. Ich habe eine unsagbare Angst vorm Sterben. Manchmal sitze ich eine halbe Stunde da, döse vor mich hin unt denke nur an den Tod. Auch habe ich Angst, dass meine Mutter stirbt und dass ich dann Vollwaise bin. Meine Mutter sagt immer: "Das Leben geht viel zu schnell vorbei." Und davor, dass mein Leben auch schnell vorbei ist, habe ich Angst. Ich möchte noch sehr lange leben, denn das Leben ist schön. **Petra (14)**

Obwohl in der Bibel steht, man solle sich über den Tod keine Getanken machen, muss ich trotzdem oft darüber nachdenken; besonders abends, wenn ich im Bett liege. Dann überfällt mich plötzlich dieser Gedanke und lässt mich nicht mehr los. Mir läuft es dabei eiskalt über den Rücken. Ich stelle mir immer vor, dass nach meinem Tod das Leben nicht mehr weiter gehen kann. Dann denke ich wieder, um mich zu trösten: Das Leben ist noch so lang, warum soll ich jetzt schon an den Tod denken. Doch mit dieser Antwort gebe ich mich auch nicht zufrieden. Ich glaube nicht daran, wie manche Völker, dass man nach dem Tod als ein anderes Wesen auf die Erde zurückkommt. Auf der anderen Seite kann ich mir aber auch nicht vorstellen, dass nach dem Tod der Körper verwest und die Seele weiterlebt. Mir wäre es am liebsten, wenn man überhaupt nicht zu sterben brauchte. **Birgit (14)**

Ich selbst habe schreckliche Angst vor dem Tod. Und wenn einer stirbt, den ich kenne, dauert es immer lange, bis ich wieder ruhig schlafen kann. **Angela (13)**

Dass das Leben einfach einmal aufhört, kann ich mir dann nicht vorstellen. Ich habe öfters über den Tod nachgedacht und kann mir einfach nicht vorstellen, dass ich die Sonne, die Blumen, die Tiere und die Menschen einmal nicht mehr sehen kann.

Christine (13)

Arbeitsaufgaben: ✍☺✋♕

❶ **Welche Fragen stellt sich Thomas?**
❷ **Wie würdest du die Fragen von Thomas beantworten?**
❸ **Kannst du die Meinung von Silvia über den Tod teilen?**
❹ **Petra spricht vom Jenseits. Wie stellst du dir das Jenseits vor?**
❺ **Warum haben die meisten Jugendlichen Angst vor dem Tod?**
❻ **Welche Wörter, Sätze oder Fragen zeigen, dass der Tod den Menschen Grenzen aufzeigt?**
❼ **Warum lässt sich so schwer eine Antwort auf die Frage nach dem Tod finden?**
❽ **Warum empfinden Menschen unterschiedliche Gefühle bei Gedanken an den Tod?**
❾ **Formuliert eine kurze Stellungnahme wie oben!**
❿ **Diskutiert eure Stellungnahmen!**

RELIGION	Name:	Klasse:	Datum:	Nr.

Wie junge Leute über den Tod sprechen!

Ich habe keine Angst vor dem Tod. Meine Eltern haben mir schon von klein auf gesagt, dass es nicht weh tut. Manchmal stelle ich mir aber vor, dass es gar nicht stimmt. Bis jetzt ist ja noch kein ganz normaler Mensch wieder auferstanden. Ich bin auch Katechumen und glaube an Gott. Wenn ich dann denke, dass nach dem Tod gar nichts mehr ist, sondern der Körper nur vermodert und dass es Gott gar nicht gibt. Dann stelle ich mir die Bibel vor, wenn über Jesus und Gott viele Geschichten immer wieder weitergegeben wurden, bis zur Auferstehung, so muss doch etwas Wahres dran sein. Aber trotztem: Nach dem Tod? - das ist schlecht vorzustellen. Wenn ich als kleines Kind hörte, wenn ein Erwachsener sagte: "Ja, ja, der Kindheit schöne Jahre" oder überhaupt etwas über die schöööнen Jugendjahre, fand ich das immer so übertrieben doof. Aber in letzter Zeit ist mir die Wahrheit daran immer mehr aufgegangen. Die Zeit, wo man sich über das Leben keine Gedanken macht, in der Schule über die Noten (dabei hängt doch die Schönheit des Berufes, des ganzen Lebens davon ab) und die Eltern immer die Verantwortung über alles haben, die geht doch schnell vorbei.
Überhaupt das ganze Leben und man wird immer älter und kann keine so schönen Sachen mehr machen, weil man nicht dieselbe Beweglichkeit hat. Wenn man dann fest daran glaubt, nach dem Tod geht es weiter, so ist das ein großer Trost. Wenn nicht, wieso ist man dann überhaupt da?

Heike (12)

Wenn der Tod nicht dasein würde, gäbe es auf der Welt bald keinen Platz für Lebewesen. Der Tod bildet für die Organe des Körpers und des Gehirns ein Ende. Viele Menschen meinen, die Seele würde noch erhalten bleiben und dass Gott der Seele des Menschen ein ewiges Leben biete. Der Mensch versucht sich durch diesen Gedanken zu trösten. Er meint, wenn er böse war, würde er keinen guten Platz im Jenseits erhalten. Das ganze Geschehen ist für mich ein biologischer Vorgang. Der Körper verwandelt sich zu Aas und wird zu Erde. Er schenkt anderen Lebewesen Nahrung. An seinem Platz erhält ein anderer Mensch sein Leben. Wenn der Mensch nach seinem Tode noch einmal leben könnte, dann würde er gewiss keinen Fehler mehr machen.

Udo (15)

Ich komme immer mehr zu dem Entschluss, dass man, wenn man an Gott und an ein Weiterleben nach dem Tode glaubt, keine Angst vor dem Tod zu haben braucht, weil für diesen Menschen der Tod das Tor zum ewigen Leben ist.

Maria (15)

Der Tod ist einmal für mich eine Erholung von dem Leben auf der Erde. Man schläft und denkt an nichts mehr.

Karl (16)

aus: H. D. Osenberg, Das Leben ist schön - Das Leben ist schrecklich,
Furche-Verlag Hamburg 1974, Band 116 der Stundenbilder

Arbeitsaufgaben:

❶ Warum hat Heike keine Angst vor dem Tod?
❷ Warum kommen Heike dennoch Zweifel?
❸ Warum glaubt Heike, dass es nach dem Tod weitergeht?
❹ Wie denkst du über die "naturwissenschaftliche" Deutung des Todes von Udo?
❺ Stimmt Udos Meinung, dass ein Mensch nie mehr Fehler machen würde, wenn er nochmals geboren würde?
❻ Ist Marias Meinung über den Tod christlich? Wenn ja, warum?
❼ Karls Meinung ist verblüffend einfach. Kann man nach dem Tod "schlafen und an nichts mehr denken"?
❽ Zeichnet unten in den Rahmen ein Symbolbild für den Tod!

RELIGION	Name:	Klasse:	Datum:	Nr.

Wie Menschen über den Tod denken und sprechen!

❶ Wie beschreiben Menschen das Ableben ihrer Nahestehenden in Todesanzeigen?

a)

Unsere über alles geliebte Mutter hat Gott, der Herr, zu sich gerufen. Es hat uns allen gebrochen das Herz, Tränen sind kein Ausdruck von unserem Schmerz. Sie war die beste Mutter der Welt, ihre Liebe und Kraft waren nicht aufzuwiegen mit Geld. Sie war der Sonnenschein in unserem Leben und es wird sie für uns immer geben.

b)

Mein lieber Gatte, Vater, Schwiegervater, Schwager und Onkel
Johann Schmid
geboren 25. 2.1931, gestorben 15. 2. 1996
hat uns verlassen.

c)

Unsere Mitarbeiterin
Ulrike Posterer
wurde von ihrer schweren Krankheit erlöst.
Wir trauern um eine liebenswerte, junge Kollegin,
die mit großer Liebe für unsere Heimbewohner sorgte.

d)

Nun aber bleibt Glaube,
Hoffnung, Liebe, diese drei;
aber die Liebe ist
die größte unter ihnen. (1 Kor. 13, 13)
Am 16. Februar 1996 starb mein geliebter Mann, unser lieber Papa, Sohn und Bruder.

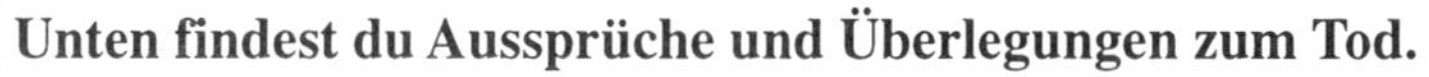

Unten findest du Aussprüche und Überlegungen zum Tod.
❷ Welche Meinung kommt deiner am nächsten? Begründe, warum das so ist!

Mit dem Tod finden wir uns alle ab; womit wir uns nicht abfinden, das ist das Leben.
Graham Greene

Wenn ich gestorben bin, sagt dem süßen Königreich Erde, dass ich es mehr geliebt habe, als ich je auszusprechen wagte.
Georges Bernanos

Der Tod tötet dich nicht, bist du dir nicht selber der Tod.
Augustinus

Ist das Leben des Individuums nicht vielleicht ebenso viel wert wie das des ganzen Geschlechts? Denn jeder einzelne Mensch ist schon eine Welt, die mit ihm geboren wird und mit ihm stirbt. Unter jedem Grabstein liegt eine Weltgeschichte.
Heinrich Heine

Ich sehe seither alles ganz anders. Ich gehe manchrnal durch die Straßen und schaue mir jedes Tor an, jeden Stein, jeden Eingang. Ich nehme diese Anblicke in mich auf, so intensiv, als ob ich sie nie wieder hergeben oder vergessen wollte.
Christine Skinner (35), tödlich an Krebs erkrankte Hausfrau und Mutter in der Sendung "Leben mit dem Tode" des BBC-Fernsehens 1966

Unser Glaube ist die Auferstehung der Toten.
Tertullian

Ja, Tod, du bist eine eigene Sache, du Tod du! - Schauerlich durch Rätselhaftigkeit, und wärst vielleicht noch schauerlicher, wenn das Rätsel gelöst wär.
Johann Nepomuk Nestroy

RELIGION	Name:	Klasse:	Datum:	Nr.

Tod? Auferstehung? Was nun? Wie nun?

In dem Büchlein "Leichenreden" von Kurt Marti finden sich Texte, die ihr überdenken sollt!

was kommt nach dem tod?
nach dem tod
kommen die rechnungen
für sarg begräbnis und grab

was kommt nach dem tod?
nach dem tod
kommen die wohnungssucher
und fragen ob die wohnung erhältlich

was kommt nach dem tod?
nach dem tod
kommen die grabsteingeschäfte
und bewerben sich um den auftrag

was kommt nach dem tod ?
nach dem tod
kommt die lebensversicherung
und zahlt die versicherungssumme
was kommt nach dem tod?

ihr fragt
wie ist
die auferstehung der toten?
ich weiß es nicht
ihr fragt
wann ist
die auferstehung der toten?
ich weiß es nicht
ihr fragt
gibts
eine auferstehung der toten?
ich weiß es nicht
ihr fragt
gibts
keine auferstehung der toten?
ich weiß es nicht

ich weiß
nur
wonach ihr nicht fragt:
die auferstehung derer die leben
ich weiß
nur
wozu Er uns ruft:
zur auferstehung heute und jetzt

Zum Nachdenken!
Lest die letztwillige Verfügung von Karl (Kari) Dällenbach, Coiffeurmeister und Stadtoriginal in Bern, kremiert am 12. August 1931:
"Alle, die mich auf dem letzten Gang begleiten, sollen nur während der Predigt und der Versenkung der Urne besinnlich sein. Danach ist Gemütlichkeit und Humor an der Reihe. Ich habe bei Frau Jenni in der "Grünegg" ein Säli reserviert und im voraus ein Zvieri mit Hamme und natürlich einem rechten Tropfen Roten bezahlt.
Da denkt alle an mich zurück, indem ihr bei Frohsinn und Geselligkeit meine Geschichten auffrischt. Zum Abschluss des Mahls, das wünsche ich mir ausdrücklich, singt für mich noch einmal "Wie die Blümlein draußen zittern". Ich werde mein liebstes Lied hören."

Arbeitsaufgaben: ✍ ☺ ✋ 💡
❶ Ist der Tod heute nur ein Geschäft für Bestattungsinstitute?
❷ Warum überlassen viele Menschen die letzten Dinge den Bestattungsinstituten?

❸ Welche Antworten gebt ihr auf folgende Fragen:
a) Wie ist die Auferstehung der Toten?
b) Wann ist die Auferstehung der Toten?
c) Gibt es eine Auferstehung der Toten?
d) Gibt es eine Auferstehung derer, die leben?

❹ Was meint Kurt Marti mit folgendem Satz:
"ich weiß nur wozu Er uns ruft: zur auferstehung heute und jetzt"
❺ Wie denkt ihr über den letzten Willen des Kari Dällenbach?
❻ Warum steht auf Grabinschriften oft der Spruch: "R.I.P."?
❼ Was bedeutet er?

RELIGION	Name:	Klasse:	Datum:	Nr.

"Die letzte Reise"

Im Rahmen einer Ausstellung über den Tod schrieben junge Leute nach dem Besuch folgendes in das Ausstellungsbuch:

"Der Tod ist ebenso natürlich wie das Leben. Der Mensch sollte nur frühzeitig beginnen, sich damit auseinanderzusetzen. Dann hätte er bedeutend weniger Angst." **Eva**

"Es ist nicht schlimm zu sterben, ich möchte nur nicht dabeisein!" **Sabrina**

"Ich finde es gut, sich mit dem Tod auseinanderzusetzen. Vielleicht lebt man dann ein Leben mit mehr Sinngehalt und strengt sich mehr an." **Anja (19)**

"Wir haben uns zu sehr daran gewöhnt, unsterblich zu sein. Nach dieser Ausstellung hatte ich einen riesigen Kloß im Hals. Mir wurde mal wieder bewusst, wie begrenzt unser Leben ist, wie ohnmächtig wir sind, wie unvollkommen. Und: Mit wurde bewusst, wie viel Angst ich vor dem Tod habe. Wahnsinn!" **Michael**

"Der Mensch bringt es prima fertig, den Tod zu verdrängen!" **Berti**

"Der Tod ist das große Tabu von heute!" **Thomas**

"Mir ist bei dieser Ausstellung über das Sterben erst so richtig bewusst geworden, wie man das Leben leben muss." **Karen, Moers**

"Zum Teil taktlos, diese Ausstellung über den Tod!" **anonym**
darunter:
"Der Tod kennt keinen Takt!" **Albert**

"Der Tod wird gern bei uns weggeschoben!" **Dietmar**

"Viele Menschen stumpfen doch gegenüber den Todesmeldungen immer mehr ab. Sie verdrängen den Tod aus ihrem Leben. Will heute jemand Tote noch sehen? Sterbende werden ins Krankenhaus abgeschoben, Bestattungsdienste leisten letzte Dienste. Stimmt's?" **Hans**

Arbeitsaufgabe:

Stellt Plakate zusammen mit folgenden Titeln:

❶ Der Tod begegnet uns täglich: in Spiel- und Kinofilmen!

❷ Der Tod begegnet uns täglich: in Comics und in Videos!

❸ Der Tod in Kriegs- und Katastrophenberichten

❹ Der Unfalltod

❺ Der Tod als Folge von Krankheit, Alter und Sucht

✞ Verwendet Materialien aus Zeitungen und Zeitschriften!
✞ Gestaltet ein Einladungsplakat für die Ausstellung mit dem Titel: "Die letzte Reise"
✞ Startet vor der Ausstellungseröffnung eine Umfrage, wie Menschen auf der Straße über den Tod denken!
✞ Stellt die Ergebnisse in der Ausstellung vor!
✞ Findet Bilder aus der Kunstgeschichte, wie der Tod dargestellt wird!

RELIGION	Name:	Klasse:	Datum:	Nr.

Der Tod - wie ihn Schriftsteller und Musiker sehen!

"... Da nahm er die Schere und schnitt ihm den Bauch auf, und wie er ein paar Schnitte getan hatte, da sah er das rote Käppchen leuchten, und wie er noch ein wenig geschnitten, da sprang das Mädchen heraus und rief: „Ach ich war so erschrocken,wie dunkel war's in dem Wolf seinem Leib" ..."
Gebrüder Grimm, "Rotkäppchen"

" ...the police in New York city
chased a boy right through the park
in a case of mistaken identity
they put a bullet through his heart
heartbreaker with your 44
I wanna tear your world apart
heartbreaker with your 44
I wanna tear your world apart..."
Rolling Stones, "Heartbreaker"

"Wann i amol stiab
miassn mi d'Fiaker trogn
und dabei Zither schlogn
weil i dees liab.
Ja, i war meiner Seel,
oiweil fidöö!"
Andre Heller

"Wos eppa dös bedeut'
mit enk, ös reichn Leut,
und enkern Geld?
Müassts oiwei mehra spar'n
müassts oiwei z'sammascharrn
und müassts doch aussefahrn
aus dera Welt!

Ös müassts mas scho valaubm
i hab koan andern Glaubm
als daas 's enk reut.
Kemmt's ös in d'Trucha nei,
da seid's ös aa net fei,
da werd's ös grad so sei
wia'r ander Leut'."

Ludwig Thoma

Die jungen toten Soldaten
... sie sagen: Ob unser Leben und Tod für Frieden war,
und für neue Hoffnung,
oder für nichts,
können wir nicht sagen,
denn IHR müsst es sagen.
Wir lassen EUCH unsere Tode.
Gebt ihnen Sinn.
Wir waren jung.
Wir sind gestorben.
Denkt an uns.
Archibald Mac Leish

"...wenn mein Ende nicht mehr weit ist,
ist der Anfang schon gemacht.
Weil's dann keine Kleinigkeit ist,
ob die Zeit vertane Zeit ist,
die man mit sich zugebracht ..."
Konstantin Wecker

"Der Tod ist groß,
wir sind die Seinen,
lachenden Munds.
Wenn wir uns mitten im Leben
meinen,
wagt er zu weinen,
mitten in uns."
Rainer Maria Rilke

Arbeitsaufgaben:

❶ Wie wird in Märchen der Tod geschildert?
❷ Welcher "Tod" wird in dem Rolling Stones-Song beschrieben?
❸ Wie stellt sich der Wiener Künstler Andre Heller "seinen" Tod vor?
❹ Welchen Ratschlag an die reichen Leute gibt Ludwig Thoma, wenn er an den Tod denkt?
❺ Was sagen uns die "jungen, toten Soldaten" im Gedicht von Archibald Mac Leish?
❻ Kannst du die Gedanken von Konstantin Wecker nachvollziehen? Wie denkst du darüber?
❼ Versucht das Gedicht von Rainer Maria Rilke in eigenen Worten zu erklären!
❽ Versucht andere literarische Texte über den Tod zu finden!
❾ Tragt sie der Klasse vor und sprecht darüber!

RELIGION	Name:	Klasse:	Datum:	Nr.

Wo der Glaube an das Leben lebendig ist

Das Kalenderblatt zeigte den 1. November an, Fest Allerheiligen. Die Familie hatte beschlossen, nachmittags mit der Prozession zum Friedhof zu ziehen. Die Gräber waren besonders herausgeputzt und in Ordnung gebracht worden - überall frische Blumen und flackernde Grablichter. In früheren Jahren hatte ich den Sinn dieses Friedhofganges nie so recht begriffen, alles kam mir so bedrückend vor, so fremd. Das hat sich im letzten Sommer geändert. Und das kam so: Mein langjähriger italienischer Brieffreund Francesco hatte mich für die Sommerferien nach Rom eingeladen. Mit meinen Eltern hatte ich früher schon einmal die Ewige Stadt besucht. So freute ich mich auf ein Wiedersehen mit Rom und mit meinem Freund Francesco. Nach einer herzlichen Begrüßung und einem typisch italienischen Abensessen machte Francesco den Vorschlag, am nächsten Tag einmal die Katakomben von Rom zu besuchen. Vieles hatte ich hier schon gesehen, doch in diesen altehrwürdigen Grabstätten unter der Erde war ich noch nicht gewesen. Francescos Vater meinte noch: "Ich mach noch einen Vorschlag zu eurem Besichtigungsprogramm: Francesco interessiert sich schon seit einiger Zeit für die alten Etruskerstädte im Norden Roms. Wir könnten nach Tarquinia fahren und uns dort auch das berühmte Gräberfeld ansehen. Wissenschaftler haben dort in den vergangenen Jahrhunderten viele Gräber mit herrlichen Wandmalereien aus einer Zeit lange vor Christus entdeckt ..."

Am nächsten Morgen gelangten wir mit dem Linienbus durch die Porta Sebastiano auf die Via Appia Antica, eine der ältesten Landstraßen des alten Rom. Die Straße war mit Ruinen früherer Grabdenkmäler gesäumt. Die Römer begruben ihre Toten stets vor den Mauern der Stadt. Die Reichen hatten an den Landstraßen ihre Grabplätze, die ärmeren Leute wurden in einfachen Erdlöchern beigesetzt. Bereits vor 2.000 Jahren gab es Bestattungsunternehmen, die die Begräbnisse in die Hand nahmen. Die ganze Familie, alle Trauergäste, unter ihnen laut klagende, extra angestellte Schauspieler, begleiteten damals die Toten, die auf einer offenen, geschmückten Liege zu Grabe getragen wurden. Wir hatten uns die Katakomben des heiligen Kalixtus ausgesucht. Die Gesamtlänge aller Katakombengänge um Rom beträgt beinahe 900 km, erklärte uns ein Pater, der uns in den unterirdischen Gängen führte. Vom 2. bis zum 5. Jahrhundert waren die Katakomben auch Begräbnisstätten für die ersten Christen. Tausende von ihnen, darunter viele Martyrer, fanden in den Nischen und Höhlungen ihre letzte Ruhestätte. Allein hätten wir sicher nicht mehr aus den engen Gängen und dem winkligen Labyrinth herausgefunden. An Wänden und Decken, auf Marmortafeln und kleinen Terrakotten (Keramiktafeln) entdeckten wir christliche Symbole: den Fisch für Christus, einen Anker mit Kreuz - Bild des Glaubens, Vögel und Lorbeerkränze - Zeichen des Friedens und des Sieges. Nach den großen Christenverfolgungen gerieten die Katakomben bald in Vergessenheit. Ihrer Neuentdeckung im 16. und 19. Jahrhundert folgte die wissenschaftliche Untersuchung. Heute besuchen viele Pilger diese Grabstätten und feiern gern an den Gräbern der Heiligen die heilige Messe ... Es war gruselig-schön da unten, doch war ich froh, wie wir wieder frische Luft atmen konnten.

Am nächsten Tag ging es wie geplant nach Tarquinia zu den Grabstätten der Etrusker. Tarquinia ist eine der ältesten Etruskerstädte. Sie soll bereits im 13. Jahrhundert vor Christus gegründet worden sein. Zunächst gingen wir ins Museum, das den Besuchern herrliche Grabfunde aus den unterirdischen Grabkammern zeigt. Kostbare Vasen und Krüge (Amphoren), Schmuckgegenstände und Statuen von Menschen und Tieren. Die Nekropole (Totenstadt) lag vor den Mauern. Schon von weitem erkannten wir die kleinen Häuschen, die über den Eingängen zu den unterirdischen Kammern gebaut waren. Steile, aus Stein gehauene Treppen führten in die Grabkammern hinab. Im Schein der Taschenlampe erkannten wir die herrlichen Wandmalereien. Diese Bilder gaben uns einen guten Einblick in die Kunst, die Kultur und die Religion der Etrusker. Bildszenen stellten das damalige Leben dar: Festessen und Gelage, Tänze, Musikanten, Jagdausflüge und sportliche Wettkämpfe. So stand für die Menschen lange vor Christus fest: das Leben geht nach dem Tode weiter. Man gab dem Toten die Welt seines irdischen Lebens mit ins Grab. Von daher erklären sich die Grabbeigaben, die Speisen, der Schmuck, ja sogar manchmal die Tiere.

Auf der Rückfahrt beschäftigte mich eine Frage: Wo und wie bestatten die Römer heute ihre Toten? Zunächst war Francesco über meinen Wunsch, den Zentralfriedhof von Rom zu besuchen, sehr erstaunt. Doch schließlich kam er mit. Wir parkten vor der großen Basilika St. Laurentius vor den Mauern. An diese Kirche, die im Jahr 330 Kaiser Konstantin über dem Grab des heiligen Laurentius erbauen ließ, schließt sich der Campo Verano an, der Hauptfriedfhof Roms. Seit dem 18. Jahrhundert bestatten die Römer hier ihre Toten. Unser erster Eindruck war, in einer kleinen Stadt zu sein. Reiche Familien besitzen regelrechte Häuser, in denen sich die Familie am Jahrestag des Verstorbenen zur heiligen Messe versammelt. Andere Grabstätten gleichen Grabdenkmälern aus der Antike. Auf vielen Grabsteinen sind Fotos der Verstorbenen ausgestellt, Bilder, wie sie den Lebenden in Erinnerung sind.

In den Katakomben wurden die Toten übereinander in den Nischen einer Gräberwand bestattet. Auch heute gibt es diese Gräberwände. Urnen und Särge der einfachen Römer werden nach den Beisetzungsfeierlichkeiten dort hineingeschoben. Liebevoll schmücken auch hier die Angehörigen die letzte Ruhestätte ihrer Verstorbenen: ein Liebesdienst den Toten, die leben. Jetzt fällt es mir gar nicht mehr schwer, gelegentlich auf den Friedhof zu gehen und mit ein paar Blumen das Grab meiner Großeltern zu schmücken, so wie man den Lebenden einen Glückwunsch oder einen Gruß mit einem Blumenstrauß besonders deutlich macht.

Renate Schmidt, in: Weite Welt 11/84, Steyler Presse

RELIGION	Name:	Klasse:	Datum:	Nr.

An Grenzen stoßen

Unsere Welt fordert den Fortschritt und den Erfolg - im Privatleben wie im Beruf. Es wird immer schwerer, mit Grenzen zu leben. Unsere menschliche Begrenztheit zeigen uns Umweltkatastrophen, Krankheiten, Leid und Tod.

Beantwortet dazu folgende Fragen:

❶ Welche anderen Begrenzungen außer Leid und Tod kennt ihr?
❷ Können wir diese Begrenzungen überhaupt noch akzeptieren?
❸ Wie werden wir mit unserer eigenen Unvollkommenheit, Endlichkeit und Ohnmacht fertig?
❹ Wie werden wir mit der Unvollkommenheit, Endlichkeit und Ohnmacht der anderen fertig?
❺ Wie gehen wir heute mit Krankheit, Leid und Tod in der Gesellschaft um?
❻ Schreibt zum Bild unten Fragen oder eigene Texte!

RELIGION	Name:	Klasse:	Datum:	Nr.

Krankheit - Sterben - Tod! ... und mein Verhalten dazu

Das sind meine persönlichen Daten: Beruf - Kaplan; Alter - 41 Jahre; Schwerpunkt in der Gemeindearbeit - Jugendseelsorge; seit sieben Jahren Priester, erst im Münsterland, jetzt am Rande des Ruhrgebietes; erlernter früherer Beruf - Krankenpfleger. So versuche ich, in unserer 30.000 - Einwohner-Stadt Waltrop ganz einfach für die Menschen dazusein, für die Jungen ebenso wie für die Alten und natürlich auch für die Gesunden ebenso wie für die Kranken. Und damit sind wir beim Thema. Eine meiner schwierigsten Aufgaben ist der Umgang mit Schwerkranken und Sterbenden. Darüber zu reden fällt mir noch relativ leicht - in der Schule etwa. Aber wenn ich in unserem Krankenhaus den Schwerkranken begegne oder zu einem Sterbenden gerufen werde, dann fehlen mir oft die Worte. Und wenn dieser Sterbende dann noch ein zehnjähriger Junge ist - wie vor einigen Wochen in unserer Gemeinde geschehen -, dann versagen alle menschlichen Erklärungsversuche. Jeder von uns kann heute oder morgen ganz plötzlich in die Situation geraten, einem Schwerkranken oder Sterbenden beizustehen, ihm Trost zu spenden ... oder was sollten wir sonst tun?

Die Angst vor dem Tod

Zum Alltag meines Kaplans-Lebens gehört es auch, Verstorbene zu beerdigen. An den offenen Gräbern höre ich bei den dort gehaltenen „Gedenkreden" manchmal den Satz: „Möge die Erde Dir leicht sein." Diese eigentlich nichtssagenden Worte sind so etwas wie eine Kapitulation des menschlichen Verstandes vor dem Tod und dem, was danach folgt. Und doch steckt meines Erachtens auch in dieser Resignation noch ein gutes Stück Glaube. Denn immerhin wird da einer angesprochen, dem die Erde leicht sein soll. Ansprechen kann man ja nur jemanden sinnvollerweise, wenn man damit rechnet, dass es ihn gibt, dass er es irgendwie hört. Tod, Sterben - ist damit alles aus? Oder gibt es noch etwas danach? Wer weiß die Antwort? Die Menschen haben heute manche Probleme gelöst, die den Generationen vor uns noch schwer zu schaffen machten. Mit einem Problem aber - so scheint es - werden wir schlechter fertig als sie: mit dem Tod. Statt uns dem Tod und Sterben zu stellen, ertappen wir uns immer wieder bei verzweifelten Ausweichmanövern.

Wenn einer lebensbedrohlich erkrankt, versuchen die Angehörigen, ihm möglichst seinen wahren Zustand zu verheimlichen. Weil man ihn liebt, will man ihn schonen. Eine Zeitlang lassen sich die Kranken willig täuschen, weil sie sich selber vor der Wahrheit fürchten. Dann spüren manche schließlich doch aus etlichen Anzeichen, dass sie wahrscheinlich nicht mehr gesund werden. Aber nun wagen sie wiederum nicht, mit ihren Angehörigen zu sprechen, um sie nicht zu beunruhigen. So kommt es, dass das, was beide zutiefst bewegt, den Kranken und die Angehörigen, nicht zur Sprache kommt. Jeder bleibt mit seiner Sorge und seinem Schmerz allein, obwohl doch hier geteilter Schmerz wirklich halber Schmerz wäre. Viele Schwerstkranke und Sterbende sind allein gelassen in ihrer Angst und Not, ohne sich aussprechen zu können - immer wieder unehrlich beschwichtigt, aber nie wirklich getröstet. Wie durch eine Mauer des Schweigens von den nächsten Angehörigen getrennt, gehen sie dem Tod entgegen. Wichtige Dinge bleiben ungesagt. Manchmal mag es wirklich gelingen, die Täuschung aufrechtzuerhalten. Aber ist das ein menschenwürdiges Sterben, wenn man so dabinstirbt, ohne es selber zu merken, ohne Abschied?

„Im Angesicht des Todes"

Wenn man einem Menschen begegnet, von dem man weiß, dass er unheilbar krank ist, dann lautet die erste bange Frage, die man sich stellt: „Weiß er, der Patient, auch, wie es um ihn steht? Muss ich ihm etwas vormachen - oder kann ich ihm mit Offenheit begegnen?" Meistens weiß es der Schwerkranke. Vielleicht hat er es aus irgendeinem Gespräch mitbekommen. Oder er erkennt die Diagnose aus den an ihm vorgenommenen Maßnahmen. Ein Patient sagte mir vor kurzem: „Ich weiß, dass es mit mir zu Ende geht. Ich spür' das doch. Ein Organ nach dem anderen hört bei mir auf zu funktionieren." Nicht zuletzt wird dem Kranken sein Wissen durch die unmittelbare Umgebung vermittelt: Wir alle ändern unser Verhalten - meist auch unbewusst-, wenn wir wissen, dass der Kranke bald sterben wird. Mancher von uns verbirgt seine Unsicherheit auch hinter irgendwelchen „Masken": Angehörige hinter der Maske der Überaktivität, Ärzte hinter der Maske der wissenschaftlichen Fachsprache, Seelsorger zuweilen hinter der Maske der „ritualisierten Handlungen". Vor einigen Tagen habe ich in unserem Krankenhaus eine sterbende Frau besucht. Die Angehörigen waren anwesend. Ich ertappte mich dabei, dass ich der Kranken als erstes den Puls fühlte, was so eine „ritualisierte Handlung" sein kann.

Manche Angehörige und Pfleger entmündigen, verkindlichen oder versachlichen einen Schwerkranken. Klar, die Tatsache, dass der Kranke liegt und wir ihm gegenüber eine „überragende" Position haben - weil wir ja stehen -, verführt sehr leicht dazu. Hat jemand zu Hause über Monate, ja oft Jahre einen Schwerkranken gepflegt, dann wird er sich manchmal über die häufige -scheinbare - Undankbarkeit ärgern: „Da hat man nun alles für diesen Menschen getan, und dann schimpft er auch noch." Aber dieses Verhalten sind Mitteilungen, Hilferufe des Schwerkranken, des Sterbenden. Der Sterbende wird immer von einer Flut von Gefühlen überwältigt. Warum passiert gerade ihm das . . .? Wenn Angehörige schnell noch den Sterbenden ins Krankenhaus bringen lassen, um alles getan zu haben, so suchen sie sich selbst oft zu beruhigen, vielleicht auch eigene Schuldgefühle zu überwinden oder letztlich auch eigene Todesängste zu vermeiden. Und dann kann es vorkommen, dass ein Schwerstkranker infolge einer Bewusstseinsstörung anfängt, seine Angehörigen anzugreifen oder zu beschuldigen. So zerreißt damit oft jede Kommunikation mit den Angehörigen. Dabei sollte man doch immer wieder das Gespräch suchen.

RELIGION	Name:	Klasse:	Datum:	Nr.

Das Gespräch mit Schwerkranken und Sterbenden

Das Gespräch mit Sterbenden - gerade ihm kommt in den Phasen der schweren Krankheit und des Sterbeprozesses eine ganz besondere Bedeutung zu - kann man lernen. Zunächst einmal muss man es wollen. Sicher, Gespräche mit Schwerstkranken und Sterbenden können manchmal bis an die Grenze menschlicher Belastbarkeit reichen. Durch ganz behutsames Nachfragen könnte man dem sterbenskranken Menschen die Möglichkeit vermitteln, alles über seine Ängste sagen zu können.

Gespräch mit Sterbenden heißt aber in vielen Fällen: selber kaum oder überhaupt nicht zu sprechen. Man kann sich auch mit Gesten verständigen. Der Gesunde sitzt dann einfach am Bett, hält die Hand des Kranken, streicht die Haare aus dem Gesicht, tupft den Schweiß ab, gibt zu trinken. Wir leiden das Leiden des anderen mit.

Die christliche „Kunst des Sterbens“

Der weitaus größere Teil der Einwohner unserer Stadt nennt sich Christen. Bedeutet das auch etwas für deren Sterben? Ich werde immer wieder gefragt, ob denn Christen anders sterben? Ja, sage ich, Christen können anders sterben. Die „Kunst des Sterbens“ kann durchaus bei Jesus selbst gelernt werden. Im Evangelium ist so etwas geschildert: Sein Sterben und das Verhalten derer, die ihm die Nächsten waren.

Jesus starb nicht so einsam und verlassen wie so viele moderne Menschen. Maria verdrängte den Tod ihres Sohnes nicht, wie viele Angehörige es heute versuchen. Sie stellte sich ihm. Jesus konnte Abschied nehmen. Man zwang Maria nicht - wie man das heute tut-, den toten Leib ihres Sohnes gleich nach dem Verscheiden an andere, fremde Menschen abzugeben, sondern sie durfte ihn auf ihren Schoß nehmen und dabeisein, wie er zum Begräbnis bereitet wurde. Nur wer bewusst stirbt, kann ein letztes Ja - auch zu Gott- sprechen, ja zu seinem eigenen Leben sagen, eine letzte Korrektur vollziehen. Wir Menschen sollten lernen, in diesem Sinne Schwerstkranken- und Sterbehilfe leisten zu können. Wer aber selber den Tod aus seinem Leben ängstlich verdrängt, kann natürlich auch am Kranken- und Sterbebett keine Zuversicht ausstrahlen.

Leben nach dem Tod?

Wir können einen anderen nur bis an die Schwelle des Todes begleiten. Sterben - aus!, Punkt! Ein Leben danach . . .? Christen sollten aus der Zuversicht leben, dass der Tote jenseits der Schwelle von guten Mächten erwartet wird. Die grundlegende Antwort unseres Glaubens angesichts des Todes lautet: In der Auferstehung Jesu Christi wurde der Tod besiegt. Seine Auferstehung ist unser Leben. Seine Auferstehung ist der Grund unserer Auferstehungshoffnung. Jesus von Nazareth hat in seiner Botschaft ebenso wie in seinem Verhalten den Menschen gegenüber klargemacht, dass über unserem Dasein das „Ja“ Gottes zum Menschen steht, und darum kann mit dem Tod nicht alles aus sein.

Martin Frohnhöfer, in: "17", Nr. 9/85, Steyler Missionare

Arbeitsaufgaben:

❶ Welche Aufgabe bezeichnet der Kaplan als besonders schwierig?
❷ Warum steckt in den resignierenden Worten: "Möge die Erde Dir leicht sein!" ein gutes Stück Glaube?
❸ Warum weichen die Menschen dem Tod heute gerne aus?
❹ Wie reagieren Angehörige oft, wenn sie mit Schwerstkranken zusammenleben?
❺ Hinter welchen "Masken" verbergen Mitmenschen ihre Unsicherheit vor dem Tod?
❻ Warum ist das Gespräch mit den Sterbenden so wichtig?
❼ Gibt es auch einen Kontakt mit Sterbenden ohne Gespräch?
❽ Warum kann Christus für Christen im Sterben Vorbild sein?
❾ Ist für Christen nach dem Tod alles aus?
❿ Wie denkt ihr über Krankheit - Sterben - Tod?

RELIGION	Name:	Klasse:	Datum:	Nr.

Krankensalbung - woher kommt sie?

„In Jerusalem gibt es beim Schaftor einen Teich, zu dem fünf Säulenhallen gehören. Dieser Teich heißt hebräisch Betesda. In diesen Hallen liegen viele Kranke, darunter Blinde, Lahme und Ausgezehrte. Dort lag auch ein Mann, der schon achtunddreißig Jahre krank war. Als Jesus ihn dort liegen sah und erkannte, dass er schon lange krank war, fragte er ihn: Willst du gesund werden? Der Kranke antwortete ihm: Herr, ich habe keinen, der mich in den Teich trägt, sobald das Wasser in Bewegung gerät. Während ich hingehe, steigt schon ein anderer vor mir hinab. Da sagte Jesus zu ihm: Steh auf, nimm deine Matte und geh. Sofort wurde der Mann gesund. Er nahm seine Matte und ging umher . . .“ (Joh 5, 1-9).
Der Kranke, der Jesus nicht kannte, hatte keinen Menschen. Darum konnte er nicht gesund werden. Er saß an dem heilkräftigen Wasser - aber es fehlte der Mensch, dem Kranken zu helfen. Wir sind Christen. Das bedeutet: Wir müssen einander helfen, damit Gott uns hilft.
Durch die Hand der Apostel geschahen viele Zeichen und Wunder im Volk . . . die Kranken trug man auf die Straßen hinaus und legte sie auf Betten und Tragen, damit, wenn Petrus vorbeikomme, wenigstens sein Schatten auf sie falle. "Im Namen Jesu Christi" - das heißt stellvertretend für ihn und in seiner Kraft, wirkt Petrus das erste Wunder, von dem die Apostelgeschichte erzählt:
„Petrus aber sagte: Silber und Gold besitze ich nicht. Doch was ich habe, das gebe ich dir: Im Namen Jesu Christi, des Nazaräers, geh umher! Und er fasste ihn an der rechten Hand und richtete ihn auf. Sogleich wurden seine Füße und die Knöchel fest. Er sprang auf, stand und ging umher .“
So heißt es im Jakobusbrief:
„Ist einer von euch krank? Dann rufe er die Ältesten der Gemeinde zu sich: Sie sollen für ihn beten und ihn im Namen des Herrn mit Öl salben“. Auf diese Stelle der Bibel geht das Sakrament der Krankensalbung zurück. Dem Öl wurde zeichenhaft weihende und heilende Kraft zugeschrieben.

Das hebräische Wort Betesda bedeutet: Haus der Gnade, Haus der Barmherzigkeit. Es war eine übliche Bezeichnung für ein Krankenhaus. Der Teich von Betesda lag außerhalb der alten Stadtmauer von Jerusalem. Ausgrabungen aus neuerer Zeit haben ihn weitgehend freigelegt und die Beschreibung des Evangeliums bestätigt. Eine Halle wölbte sich über dem Mittelgang und teilte den Teich. 1961 sind östlich der beiden großen Bassins in den Felsen gehauene Badewannen gefunden worden, die durch ein Netz kleiner Kanäle mit Wasser versorgt wurden. Wahrscheinlich wurden diese Wannen - und nicht die 13 m tiefen Teiche - von den Kranken benutzt. Wir haben einen Bericht (70 n. Chr.) über dieses außerordentlich heilkräftige Wasser.
An dieser Stelle befand sich seit frühesten Zeiten ein Heiligtum. Zur Zeit Christi war es dem Äskulap (griechischer Gott der Heilkunde) geweiht und nur notdürftig an den Glauben Israels angepasst. Der Teich diente vor allem den vielen Ausländern, die in Jerusalem weilten, den römischen Soldaten und den Händlern. Aber auch die Einheimischen begaben sich gern dorthin. In einem Teil der Evangelien-Handschriften gibt es einen Text, der anschließt an Joh 5, 3; da heißt es von den Kranken, die „auf die Bewegung des Wassers warteten . . .: ein Engel des Herrn stieg von Zeit zu Zeit in den Teich hinab und brachte das Wasser in Wallung. Wer nach dem Aufwallen als erster hinabstieg, wurde geheilt“. Die „Bewegung des Wassers“ geht wahrscheinlich auf den Zustrom von neuem Wasser aus der Bruunentiefe zurück, das in Unterbrechungen einmal stärker, einmal schwächer strömte.
Nach Auffassung der Heiden war es Äskulap, der das Wasser bewegte und so Heilung hervorrief. Die Heilung Christi hatte nichts mit dem heilkräftigen Wasser zu tun. Sein Wort und das gläubige Vertrauen des Kranken machten den hilflos Werdenden wieder gesund.

Arbeitsaufgaben:

❶ Was soll die Geschichte von der Heilung des Kranken durch Jesus am Betesda-Teich sagen?
❷ Warum konnte Petrus im Namen Jesu Kranke heilen?
❸ Auf welches biblische Geschehen geht die Krankensalbung zurück?
❹ Was bedeutet das hebräische Wort "Betesda"?
❺ Wodurch konnten Kranke damals durch Jesus Christus gesund werden?

RELIGION	Name:	Klasse:	Datum:	Nr.

Krank sein und gesund werden ...

Krank werden können wir alle, und zwar von heute auf morgen. Und wer einmal richtig krank war, der weiß, wie man auf die Hilfe der anderen angewiesen ist. Wir hoffen dann, dass der Arzt uns heilt. Jede schwere Krankheit verlangt nicht nur nach dem Arzt. Der Christ verlangt nach dem „Heiland der Welt", dem Erlöser. Im Sakrament der Krankensalbung hilft Christus dem Kranken durch die Kraft des Heiligen Geistes. Er richtet ihn auf und vergibt ihm seine Sünden. Er schenkt ihm Mut und Gottvertrauen.

Im Alten Testament lesen wir: Krankheit ist eine von Gott gefügte Strafe. Mit wenigen Ausnahmen geht sie nicht auf natürliche Ursachen zurück. Jahwe schlägt den Menschen mit Krankheit. Oder es ist der Dämon oder Satan, dem Gott freie Hand lässt. Krankheit ist eine Strafe, eine Folge der Sünde. - Die Umwelt sah im Kranken einen Sünder. Der Kranke wurde gemieden, selbst von seinen Freunden und Nächsten. Aber auch schon damals gab es die Erfahrung, dass es häufig im Leben den Ungerechten wohl ergeht, dass Krankheit eine Prüfung des Gerechten sein kann. Und im Buch der Sprüche wird zu einer vernünftigen Lebensweise geraten als Vorbeugung gegen Krankheit. Wie die Krankheit, so kommt auch die Heilung von Jahwe. Wenn der Arzt mit seinen Heilmitteln kommt (Öl, Balsam, Feigenpflaster, Salben), sind die natürlichen Heilmittel dennoch nur wirksam durch Gott.

Im Neuen Testament finden wir die Anschauungen über die Krankheit und ihre Ursachen wieder, wie sie das Alte Testament berichtet. Es besteht ein enger Zusammenhang zwischen Krankheit und Sünde, zwischen Heilung und Vergebung. Aber da ist jetzt etwas Neues! Jesus warnt vor einer falschen Schlussfolgerung: nämlich als ob der unglückliche Kranke im Stande der Sünde sei. Nun gehört der Krankenbesuch, der auch bei den Juden als Werk der Frömmigkeit geachtet ist, zu den heilsnotwendigen Werken der Barmherzigkeit. Das Heilen von Krankheiten ist aus dem Leben Jesu nicht wegzudenken. Die Heilungen, die Jesus bewirkt, sind Zeichen und bedeuten: Gottes Reich kommt. Wo Gott herrscht, wird die Welt heil.

Als Johannes der Täufer vom Gefängnis aus seine Jünger zu Jesus schickt mit der Frage: "Bist du es, der da kommen soll, oder müssen wir auf einen anderen warten?", da antwortet Jesus: "Geht und berichtet Johannes, was ihr gesehen und gehört habt: Blinde sehen wieder, Lahme gehen, und Aussätzige werden rein. Taube hören, Tote stehen auf, und den Armen wird das Evangelium verkündet". Jesus hilft den Erniedrigten, den Leidenden, den Sündern, den Armen. Seine Wunder sind eine Unterstreichung seiner Lehre, seiner „Frohen Botschaft", seines Auftrags. Es sind Erweise für Gottes Macht über Krankheit und Tod, Ausdruck der erlösenden Liebe Gottes, Zeichen des göttlichen Erbarmens. Jesu Sorge um die Kranken geht aber noch weiter. Er sendet seine Jünger aus, um den Kranken zu helfen.

"Jesus rief die Zwölf zu sich und sandte sie zu je zweien aus . . . die Zwölf machten sich auf den Weg und riefen zur Umkehr auf . . . und sie salbten viele Kranke mit Öl und heilten sie". Im Lukas-Evangelium ist zu lesen: „ . . . und er sandte sie aus mit dem Auftrag, das Reich Gottes zu verkünden und zu heilen".

Nach der Auferstehung haben die Apostel im Namen Jesu geheilt. Eine wichtige Aufgabe der Diakone in der Urkirche war die Sorge für die Kranken. Die Kirche hat Krankenhäuser gegründet. Ordensgemeinschaften stellten sich ganz in den Dienst am kranken Menschen. Die Sorge Jesu für die Kranken ist bis heute im Sakrament der Krankensalbung mitzuerleben.

Im Mittelalter kam die Meinung auf, dieses Sakrament sei vor allem ein „Sterbesakrament". Lange Zeit nannte man es „Letzte Ölung". Aber heute sagen wir: Die Krankensalbung ist für alle da, die in der Not der Krankheit die Hilfe des Herrn besonders brauchen. Denn eine schwere Krankheit greift nicht nur den Körper an. Der Mensch leidet an seiner Seele. Er wird sprachlos und einsam. Krankheiten sind Anzahlungen auf den gewissen Tod.

Einst salbte die reuige Sünderin den sündenlosen Herrn (Joh 12, 3-8). Nun aber salbt Christus im Sakrament der Krankensalbung den sündigen Menschen und nimmt die Sünde auf sich, damit wir teilhaben an seiner lebendigen Auferstehung. Heute werden - nach dem Text des letzten Konzils - Alte und Kranke wieder als Segen gesehen. Ihre Leiden können fruchtbar werden als „Miterlösung" ... "Und wie sollen wir das verstehen?"

Für Jesus besteht die Heilung nicht allein darin, dass ein Kranker wieder sehen oder wieder laufen kann. Die Heilung ist das Zeichen, dass Jesus, der Erlöser, gekommen ist. Jesus hat sein Kreuz auf sich genommen aus Liebe zu uns sündigen Menschen. Jesus will uns in diesem Sakrament die Kraft schenken, dass wir das Kreuz der Krankheit tragen können. Unser Kreuz soll helfen, soll sich vereinigen mit dem großen Kreuzesopfer Christi. So heißt es in den Texten des II. Vatikanischen Konzils: Durch die heilige Krankensalbung und das Gebet der Priester empfiehlt die ganze Kirche die Kranken dem leidenden und verherrlichten Herrn, dass er sie aufrichte und rette.

Dr. A. Kautz, in: Weite Welt 11/84, Steyler Missionare

Arbeitsaufgaben: ✍ ☺ ✋ ♡

❶ Tragt wesentliche Aussagen über das Sakrament der Krankensalbung zusammen!

❷ Was sagt die Bibel?

❸ Wie hat sich das Sakrament der Krankensalbung in den Jahrhunderten gewandelt?

RELIGION	Name:	Klasse:	Datum:	Nr.

Wie sehen Christen den Tod?

Wie denkt ihr über folgende Aussagen?

Aussage 1:

"Menschen erfahren täglich Grenzen und eigene Begrenzungen. Zum Beispiel: Unzufriedenheit, Probleme im Beruf und in der Partnerschaft, Krankheit, Arbeitslosigkeit. Eine absolute Grenzerfahrung für den Menschen ist der Tod. Deshalb haben viele Menschen Angst vor dem Tod."

❶ Was bedeutet "Grenzerfahrung"?
❷ Sind Grenzerfahrungen alltäglich?
❸ Warum haben Menschen Angst vor dem Tod?
❹ Klebt rechts in den Rahmen eine Todesanzeige ein und besprecht sie!

Aussage 2:

"Jeder Mensch hat eine andere Einstellung zum Tod.
Aber: Die meisten Menschen leben aus Zuversicht und Hoffnung.
Sie suchen in ihrem Glauben eine Antwort auf die Frage nach dem Tod."

❺ Warum haben Menschen unterschiedliche Einstellungen zum Tod?
❻ Welche Zuversicht und Hoffnung haben viele Menschen?
❼ Warum kann der Glaube eine Antwort auf die Frage nach dem Tod geben?

Aussage 3:

"Der Sterbende findet Stärkung in den Sakramenten der Buße und Krankensalbung.
Das kirchliche Begräbnis ist ein Dienst an den Toten."

❽ Warum spendet die Kirche das Sakrament der Krankensalbung?
❾ Beschreibt Begräbnisfeierlichkeiten und -bräuche!
❿ Welche Inschriften findet ihr auf Grabsteinen?
11. Was fällt euch zu folgenden Begriffen ein:

Sterbe - rosenkranz - Toten - messe
Sterbe - bild - Begräbnis
"Dreißger" - Grab - pflege
Fried -hof - Gottes - acker

Aussage 4:

"Weil Jesus selbst auferstanden ist, können wir Christen an die Auferstehung und das ewige Leben glauben. Gott trägt jeden Menschen, auch im Tod. Gott verheißt unvergängliches Leben."

12. Gibt es für Christen eine Hoffnung über den Tod hinaus?
13. Was bedeutet für dich "Auferstehung"?
14. Was bedeutet für dich "ewiges Leben"?
15. Warum ist es so schwierig, sich "unvergängliches Leben" vorzustellen?
16. Wie denkt ihr über Sterben - Tod - Auferstehung?
17. Zeichnet rechts in den Rahmen ein Symbolbild für "Tod"!

RELIGION	Name:	Klasse:	Datum:	Nr.

Kein Trost, aber auch keine Katastrophe

Folgerungen aus der Umfrage: mehr religiöse Kenntnis nötig

von Bischof Karl Lehmann

BISCHOF KARL LEHMANN, 62, leitet seit 1987 die katholische Deutsche Bischofskonferenz. Vor seiner Ernennung zum Oberhirten der Diözese Mainz 1983 war er Professor für Dogmatik und Ökumene in Freiburg. Lehmann gilt als vorsichtiger Reformer.

Die Umfrage „Glaube in Deutschland" gibt gewiß Wirklichkeit wieder, soweit diese überhaupt meßbar ist. Die Individualisierung und Pluralisierung des religösen Verhaltens ist weiter fortgeschritten. Dieser Grundzug unserer gesellschaftlichen Situation schwächt notwendig die Kirchen, offenbart aber auch die Schwächen einer kirchlich kaum oder gar nicht gebundenen Religosität.

Auf Anhieb klingt es gut, daß zwei Drittel der Bundesbürger an so etwas wie „Gott" glauben. Auch viele Konfessionslose sind keinesewegs Atheisten. Das sicher etwas diffuse Bedürfnis nach einem letzten Grund aller Wirklichkeit ist also stärker lebendig, als es die übliche Säkularisierungsthese vermuten läßt. Allerdings ist das Gottesverständnis recht vage. Dies sieht man am besten daran, daß jeder dritte, der sich für gläubig und zugleich gebildet einschätzt, sogar mehrere Götter zuläßt. Im Osten erklären sich freilich nur drei von zehn Bürgern als gläubig.

Der Glaube der Christen offenbart in der Umfrage eigentümlich widersprüchliche Struktur. 70 bis 80 Prozent erblicken in Jesus Christus Gottes Sohn, glauben an die Auferstehung und die Himmelfahrt, aber nur gut die Hälfte der Christen glaubt an ein Leben nach dem Tod. Merkwürdigerweise nehmen aber 80 Prozent von ihnen an, daß es eine Hölle gibt. Vieles klingt mir etwas formelhaft, verlegen und traditionell: Acht von zehn Christen bekennen sich zu einem Schutzengel - die Boten Gottes sind modern! Über die Hälfte bekennt sich zu Maria als der Mutter Gottes, über die Hälfte, ja im Osten drei Viertel wollen der Lehre der Kirche folgen. Fast unglaublich!

Die katholische Kirche kommt relativ gut weg, wenn es um die Festigkeit der Glaubensüberzeugungen geht. Aber sie erhält besonders schlechte Noten im Blick auf den Papst. Wenn 75 bis 80 Prozent den Papst als moralische Instanz ablehnen, dann offenbar weitgehend wegen der Lehre über die Sexualität. Hätte man anstelle der Frage nach dem Papst als einer „Instanz der Weltpolitik", die sich überall einmischt, nach dem Papst als moralischem Gewissen in der Welt gefragt, wäre sicher ein besseres Ergebnis herausgekommen. Hier gibt es Verzerrungen durch die Fragestellung.

Nur 43 Prozent der Bundesbürger halten die katholische Kirche für glaubwürdig, freilich 77 Prozent der katholischen Gottesdienstbesucher. Hier ist die Schere groß. Aber das nahegelegte Verständnis von „glaubwürdig" gerät immer wieder in die zwiespaltige Nähe von „zeitgemäß". Die Kirche muß zwar auf die Fragen und Nöte des Menschen eingehen, aber „glaubwürdig" als Kirche ist sie nur, wenn sie dem Evangelium Jesu Christi und ihrer großen Überlieferung treu bleibt. Dies geht nicht ohne Umkehr und wohl auch Ärgernis im biblischen Sinne. Würde man in diese Richtung fragen, kämen andere Ergebnisse zutage: Glaubwürdigkeit, nicht Angepaßtheit. Meine Alltagserfahrung zeigt mir, daß das Ringen der katholischen Kirche zwischen Treue zum Glauben und Auseinandersetzung mit der Moderne viel besser eingeschätzt wird.

Alarmierend ist der Tiefstand religiöser Kenntnisse im Elementarbereich: Nicht einmal die Hälfte der Bundesbürger ist mit den Zehn Geboten vertraut. Bei der Bergpredigt sind es nur 17 Prozent. Hauptschüler sind hier manchmal besser als die sogenannten Gebildeten. Vor vielen Antworten hat man also keinen so großen Respekt.

Die Untersuchung zeigt vor allem von der ersten bis zur letzten Frage, daß die Teilnahme am Gemeindeleben und am Gottesdienst ein entscheidendes Kriterium darstellt. Wer teilnimmt, kennt sich besser aus, identifiziert sich erst einmal mit Kirche und hat dennoch nicht einfach Scheuklappen, wie die Antworten im Spiegel der Auswertung im Blick auf die „Treuen" manchmal nahelegen. Es ist auch klar: „Wer um die Kirche einen Bogen macht, bewertet Kirche nicht positiv."

Die ganze Auswertung wird sicher noch viel zu denken geben. Jetzt schon werden einige Konsequenzen noch stärker sichtbar: mehr Vertiefung der religiösen Kenntnisse, mehr missionarisches Zeugnis, mehr Sorgfalt für die Vorbereitung von Predigt und Gottesdienst, mehr Zuwendung zu jungen Menschen, viel höherer Einsatz im Osten unseres Landes.

Aus Focus 14/1999

RELIGION	Name:	Klasse:	Datum:	Nr.

Was sagt die Heilige Schrift zum Leben nach dem Tod?

❶ Jesus verkündet, dass für Christen die Hoffnung nach mehr Glück später im Himmel erfüllt wird. *Sucht folgende Textstellen im NT und tragt kurz ein!*

Mt 22,1 -14: ______________________

Lk 6, 20: ______________________

Lk 22, 29: ______________________

1 Petr 1, 9: ______________________

Phil 3, 20: ______________________

Röm 8,18: ______________________

❷ Alle Bilder und Vergleiche oben bedeuten für Christen ein- und dasselbe. Was?

❍ Endgültig von allem Leid erlöst werden!
❍ Für immer im Fegefeuer sein!
❍ sich zwischen Himmel und Hölle zu entscheiden
❍ Endgültig bei Jesus und bei Gott sein!

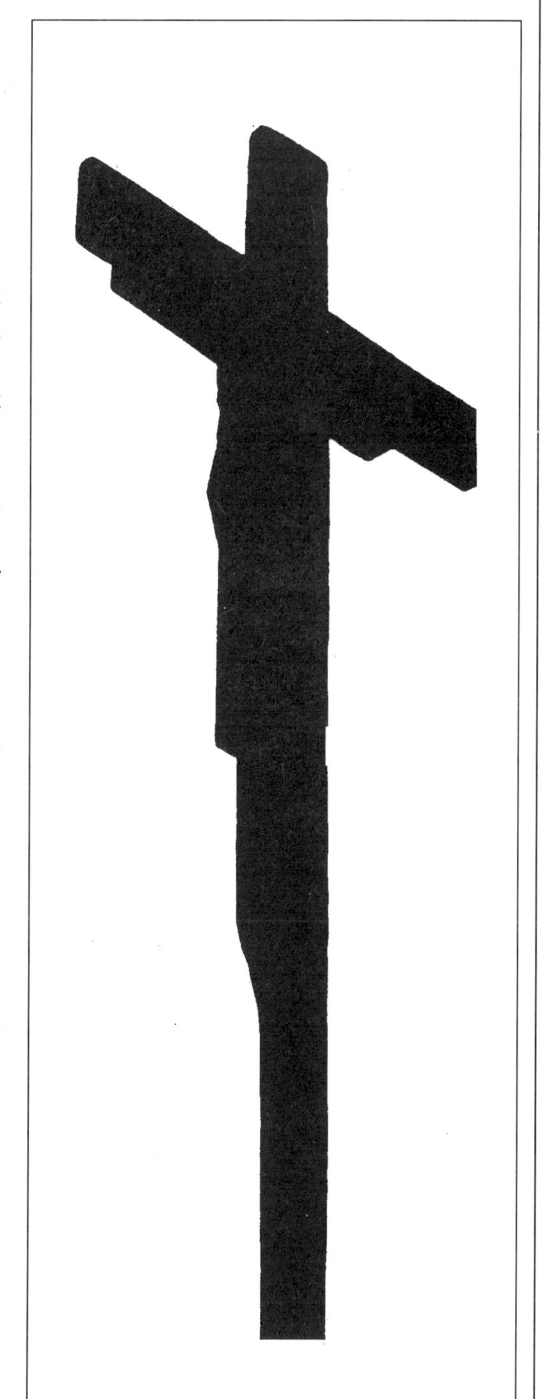

❸ Christen glauben aber auch, dass es für den Menschen einen ewigen Tod gibt. Das geschieht, wenn der Mensch Gott ablehnt und sein Leben verwirkt.
Unterstreicht den Ausspruch Jesu, der zum Begriff "Ewige Strafe" passt rot, den Ausspruch, der zu dem Begriff "Ewiges Leben" passt, gelb!

"Was ihr für einen dieser Geringsten nicht getan habt, das habt ihr auch mir nicht getan!"
"Was ihr für einen meiner geringsten Brüder getan habt, das habt ihr mir getan!"

❹ Ist folgende Aussage richtig? ❍ ja ❍ nein
"Christen glauben an die Auferstehung und das ewige Leben. Sie leben aus der Zuversicht und Hoffnung, weil Jesus Christus den Tod am Kreuz besiegte. Jesus Christus selbst sagt: Ich bin die Auferstehung und das Leben. Wer an mich glaubt, wird ewig leben."

❺ Zum Nachdenken! Eine Schülerin schrieb einmal:
"Seit ich die Beerdigung meines an Herzinfarkt verstorbenen Vaters miterlebt habe, fürchte ich mich vor den katholischen Sterberitualen. Beerdigung ist schlimmer als der Tod. Warum leistet die Kirche keine Hilfe gegen die Angst? Bin selbst erst 25, denke aber oft an den Tod. Mein täglicher Weg führt an der Pathologie vorbei. Da bin ich froh, wenn mal kein Leichenwagen davor steht."

❻ Ein Leben nach dem Tod?
Eine klare Mehrheit der deutschen Katholiken ist überzeugt von einem Leben nach dem Tod. Die Antworten auf diese von Allensbach in den letzten Jahrzehnten gestellte Frage zeigen einen ständigen Aufwärtstrend, von 48 Prozent im Jahre 1963 auf nunmehr über 60 Prozent. Dem entspricht ein Abwärtstrend der Neinsager von 25 auf 21 Prozent. Angesichts der immer mehr fortschreitenden Säkularisierung der bundesdeutschen Wohlstandsgesellschaft ein überraschender Tatbestand. Für dich auch?

RELIGION	Name:	Klasse:	Datum:	Nr.

Lösung: Was sagt die Heilige Schrift zum Leben nach dem Tod?

❶ Jesus verkündet, dass für Christen die Hoffnung nach mehr Glück später im Himmel erfüllt wird. *Sucht folgende Textstellen im NT und tragt kurz ein!*

Mt 22,1 -14: ***Jesus vergleicht den Himmel mit einem Hochzeitsmahl.***
Lk 6, 20: ***„Selig, ihr Armen; denn Euch gehört das Reich Gottes!“***
Lk 22, 29: ***„Darum vermache ich Euch das Reich, wie es mein Vater mir vermacht hat.“***
1 Petr 1, 9: ***„Ihr werdet das Ziel des Glaubens erreichen: Euer Heil!“***
Phil 3, 20: ***„Unsere Heimat ist im Himmel.“***
Röm 8,18: ***„Die Herrlichkeit, die uns bevorsteht.“***

❷ Alle Bilder und Vergleiche oben bedeuten für Christen ein- und dasselbe. Was?

❍ Endgültig von allem Leid erlöst werden!
❍ Für immer im Fegefeuer sein!
❍ sich zwischen Himmel und Hölle zu entscheiden
● Endgültig bei Jesus und bei Gott sein!

❸ Christen glauben aber auch, dass es für den Menschen einen ewigen Tod gibt. Das geschieht, wenn der Mensch Gott ablehnt und sein Leben verwirkt.
Unterstreicht den Ausspruch Jesu, der zum Begriff "Ewige Strafe" passt rot, den Ausspruch, der zu dem Begriff "Ewiges Leben" passt, gelb!

"Was ihr für einen dieser Geringsten nicht getan habt, das habt ihr auch mir nicht getan!"
"Was ihr für einen meiner geringsten Brüder getan habt, das habt ihr mir getan!"

❹ Ist folgende Aussage richtig? ● ja ❍ nein
"Christen glauben an die Auferstehung und das ewige Leben. Sie leben aus der Zuversicht und Hoffnung, weil Jesus Christus den Tod am Kreuz besiegte. Jesus Christus selbst sagt: Ich bin die Auferstehung und das Leben. Wer an mich glaubt, wird ewig leben."

❺ Zum Nachdenken! Eine Schülerin schrieb einmal:
"Seit ich die Beerdigung meines an Herzinfarkt verstorbenen Vaters miterlebt habe, fürchte ich mich vor den katholischen Sterberitualen. Beerdigung ist schlimmer als der Tod. Warum leistet die Kirche keine Hilfe gegen die Angst? Bin selbst erst 25, denke aber oft an den Tod. Mein täglicher Weg führt an der Pathologie vorbei. Da bin ich froh, wenn mal kein Leichenwagen davor steht."

❻ Ein Leben nach dem Tod?
Eine klare Mehrheit der deutschen Katholiken ist überzeugt von einem Leben nach dem Tod. Die Antworten auf diese von Allensbach in den letzten Jahrzehnten gestellte Frage zeigen einen ständigen Aufwärtstrend, von 48 Prozent im Jahre 1963 auf nunmehr über 60 Prozent. Dem entspricht ein Abwärtstrend der Neinsager von 25 auf 21 Prozent. Angesichts der immer mehr fortschreitenden Säkularisierung der bundesdeutschen Wohlstandsgesellschaft ein überraschender Tatbestand. Für dich auch?

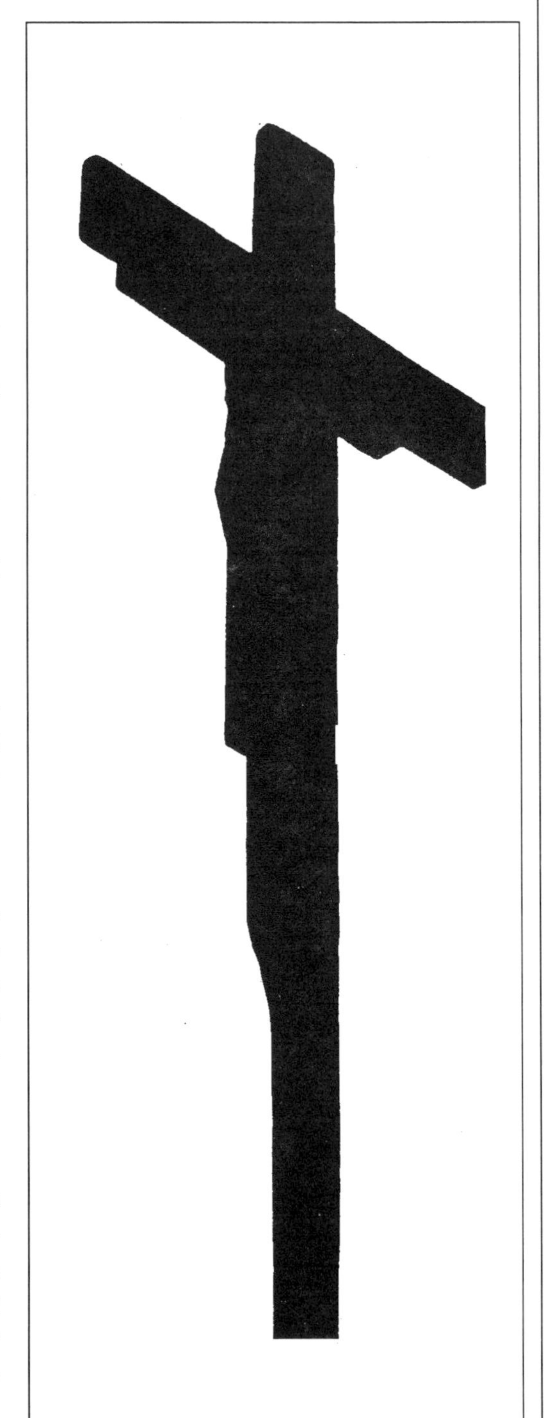

RELIGION	Name:	Klasse:	Datum:	Nr.

Was sagen andere Religionen über das Leben nach dem Tod?

Arbeitsaufgabe: ✍ ☺ ✋ 💡
Kreuzt jeweils die passenden Aussagen an!

❶ Was die Moslems glauben:
❍ Nach dem Tod gibt es ein Gottesgericht.
❍ Nach dem Tod gibt es kein Gottesgericht.
❍ Es wird nicht zwischen Himmel und Hölle unterschieden.
❍ Es wird zwischen Guten und Bösen, zwischen Himmel und Hölle unterschieden.
❍ Der Koran beschreibt niemals den Zustand von Himmel und Hölle.
❍ Der Koran beschreibt diesen Zustand in Bildern und Gleichnissen.

❷ Was die Juden glauben:
❍ Gott ist der Herr über Leben und Tod.
❍ Gott ist nicht der Weltenrichter, der Herr über Leben und Tod.
❍ Er hält den Bund mit den Menschen über den Tod hinaus aufrecht.
❍ Mit dem Tod erlischt auch Gottes Bund mit den Menschen.
❍ Der gläubige Jude kann seine Seele nach dem Tod Gott zurückgeben.
❍ Der gläubige Jude glaubt nicht an die Auferstehung und das Leben bei Gott.
❍ Wie die Christen glaubt der Jude an die Auferstehung und das Leben bei Gott.

❸ Was die Hinduisten glauben:
❍ Dem Hindu stehen nach dem Tod zwei Wege offen:
1. Sein Körper wird wiedergeboren als höheres oder niederes Lebewesen.
2. Er wird aus dem ewigen Kreislauf der Wiedergeburten befreit.

❍ Dem Hindu stehen nach dem Tod zwei Wege offen:
1. Sein Körper geht in den ewigen Kreislauf des Todes ein.
2. Er wird weder wiedergeboren noch stirbt er für immer.

❍ Dem Hindu stehen nach dem Tod drei Wege offen:
1. Sein Körper stirbt
2. Sein Körper wird wiedergeboren
3. Sein Körper verwandelt sich in ewigen Geist.

❹ Was die Buddhisten glauben:
❍ Wie beim Hinduismus erfolgt nach dem Tod
a) die Wiedergeburt oder
b) das Ende im Nirwana

❍ Wie beim Hinduismus erfolgt nach dem Tod
a) der Tod des Körpers
b) der Tod des Geistes
c) das Ende der Wiedergeburt

❍ Buddhisten sehen im Nirwana ein unvorstellbares Nichts, einen Zustand der Erlösung im Himmel.
❍ Buddhisten sehen im Nirwana einen Paradiesgarten, ähnlich wie er im Alten Testament beschrieben ist.
❍ Die Buddhisten sehen im Nirwana einen Zustand, ähnlich wie er bei den Christen im "Fegefeuer" beschrieben ist.
❍ Buddhisten glauben an kein Weiterleben nach dem Tod.

RELIGION	Name:	Klasse:	Datum:	Nr.

Lö: Was sagen andere Religionen über das Leben nach dem Tod?

Arbeitsaufgabe: ✍ ☺ ✋ 💡
Kreuzt jeweils die passenden Aussagen an!

❶ Was die Moslems glauben:
● Nach dem Tod gibt es ein Gottesgericht.
❍ Nach dem Tod gibt es kein Gottesgericht.
❍ Es wird nicht zwischen Himmel und Hölle unterschieden.
● Es wird zwischen Guten und Bösen, zwischen Himmel und Hölle unterschieden.
❍ Der Koran beschreibt niemals den Zustand von Himmel und Hölle.
● Der Koran beschreibt diesen Zustand in Bildern und Gleichnissen.

❷ Was die Juden glauben:
● Gott ist der Herr über Leben und Tod.
❍ Gott ist nicht der Weltenrichter, der Herr über Leben und Tod.
● Er hält den Bund mit den Menschen über den Tod hinaus aufrecht.
❍ Mit dem Tod erlischt auch Gottes Bund mit den Menschen.
● Der gläubige Jude kann seine Seele nach dem Tod Gott zurückgeben.
❍ Der gläubige Jude glaubt nicht an die Auferstehung und das Leben bei Gott.
● Wie die Christen glaubt der Jude an die Auferstehung und das Leben bei Gott.

❸ Was die Hinduisten glauben:
● Dem Hindu stehen nach dem Tod zwei Wege offen:
1. Sein Körper wird wiedergeboren als höheres oder niederes Lebewesen.
2. Er wird aus dem ewigen Kreislauf der Wiedergeburten befreit.

❍ Dem Hindu stehen nach dem Tod zwei Wege offen:
1. Sein Körper geht in den ewigen Kreislauf des Todes ein.
2. Er wird weder wiedergeboren noch stirbt er für immer.

❍ Dem Hindu stehen nach dem Tod drei Wege offen:
1. Sein Körper stirbt
2. Sein Körper wird wiedergeboren
3. Sein Körper verwandelt sich in ewigen Geist.

❹ Was die Buddhisten glauben:
● Wie beim Hinduismus erfolgt nach dem Tod
a) die Wiedergeburt oder
b) das Ende im Nirwana

❍ Wie beim Hinduismus erfolgt nach dem Tod
a) der Tod des Körpers
b) der Tod des Geistes
c) das Ende der Wiedergeburt

● Buddhisten sehen im Nirwana ein unvorstellbares Nichts, einen Zustand der Erlösung im Himmel.
❍ Buddhisten sehen im Nirwana einen Paradiesgarten, ähnlich wie er im Alten Testament beschrieben ist.
❍ Die Buddhisten sehen im Nirwana einen Zustand, ähnlich wie er bei den Christen im "Fegefeuer" beschrieben ist.
❍ Buddhisten glauben an kein Weiterleben nach dem Tod.

RELIGION	Name:	Klasse:	Datum:	Nr.

Gibt es für Menschen einen ewigen Tod?

❶ ***Wie denkt ihr über diese Frage?*** ✍ ☺ ✋ 💡

___

___

___

❷ ***Lest folgende Stellen aus dem NT nach und sprecht darüber!***

1 Kor 3, 11-14:

Denn einen anderen Grund kann niemand legen als den, der gelegt ist, das ist Jesus Christus. Ob aber jemand auf diesen Grund Gold baut oder Silber, Edelsteine, Holz, Heu oder Stroh, es wird eines jeden Werk offenbar werden; denn der Tag (des Herrn) wird es ans Licht bringen, weil er sich in Feuer offenbar macht, und wie das Werk eines jeden ist, wird das Feuer erproben.
Wenn standhält das Werk, das einer darauf gebaut hat, wird er Lohn empfangen;

Offenbarung 21, 27:

Nichts Unreines wird in sie eingehen und niemand, der Greuel begeht und Lüge, sondern nur jene, die eingeschrieben sind im Lebensbuch des Lammes.

❸ **Wie stellt ihr euch das "Fegefeuer" vor?**

___

___

___

❹ **Stimmt folgende Aussage?** ❍ ja ❍ nein

"Das Fegefeuer ist ein bildhafter Ausdruck. Er bedeutet: Nichts Unreines kommt zu Gott. Erst eine Läuterung macht sündige Menschen reif für den Himmel."

❺ **Wie stellt ihr euch den "Himmel" vor?**

___

___

___

❻ **Mit welchem Satz deutet Jesus an, dass es eine ewige Strafe gibt? *Kreuzt an!***

❍ Liebe deinen Nächsten wie dich selbst!
❍ Was ihr für einen dieser Geringsten nicht getan habt, das habt ihr auch mir nicht getan.
❍ Bete und arbeite!
❍ Was ihr für einen meiner geringsten Brüder getan habt, das habt ihr mir getan!

❼ **Wie denkt ihr über folgende Aussage?**

"Es gibt für den Menschen die Möglichkeit eines ewigen Todes, wenn er Gott ablehnt oder sein Leben verwirkt. "Hölle" bedeutet, sich von Gott endgültig trennen."

❽ **Diskutiert folgende Fragen:**

a) Ist die "Hölle" ein Ort im Erdinnern?
b) Was bedeutet der Ausdruck: "Das ist die Hölle"
c) Wie haben Künstler in den verschiedenen Jahrhunderten die "Hölle" dargestellt?
d) Gestaltet eine Ausstellung zum Thema: Himmel und Hölle
e) Tragt Meinungen und Bilder zusammen!
f) Versucht das Thema nach Oberbegriffen zu gliedern!
g) Gestaltet eure Ergebnisse in Form eines kleinen Büchleins!

❾ **Wie spricht Jesus über den Zustand der ewigen Strafe?**

❍ ewiges Feuer ❍ Mord und Totschlag ❍ Finsternis ❍ Sodom und Gomarrha
❍ Heulen und Zähneknirschen

RELIGION	Name:	Klasse:	Datum:	Nr.

Wie sich die Menschen früher Fegefeuer und Hölle vorstellten!

Folienbild:

Lösung: Gibt es für Menschen einen ewigen Tod?

❹ **Stimmt folgende Aussage?** ● ja ❍ nein

"Das Fegefeuer ist ein bildhafter Ausdruck. Er bedeutet: Nichts Unreines kommt zu Gott. Erst eine Läuterung macht sündige Menschen reif für den Himmel."

❻ **Mit welchem Satz deutet Jesus an, dass es eine ewige Strafe gibt? *Kreuzt an!***

❍ Liebe deinen Nächsten wie dich selbst!
● Was ihr für einen dieser Geringsten nicht getan habt, das habt ihr auch mir nicht getan.
❍ Bete und arbeite!
❍ Was ihr für einen meiner geringsten Brüder getan habt, das habt ihr mir getan!

❾ **Wie spricht Jesus über den Zustand der ewigen Strafe?**

● ewiges Feuer ❍ Mord und Totschlag ● Finsternis ❍ Sodom und Gomarrha
● Heulen und Zähneknirschen

RELIGION	Name:	Klasse:	Datum:	Nr.

Wonach der Weltenrichter urteilt

Lest fclgenden Text aus dem NT und diskutiert!

Mt 25, 31-46

Wenn der Menschensohn mit Macht und Herrlichkeit kommt, von allen Engeln begleitet, dann wird er sich auf den königlichen Thron setzen. Alle Völker der Erde werden vor ihm versammelt werden, und er wird die Menschen in zwei Gruppen teilen, so wie ein Hirt die Schafe von den Böcken trennt. Die Schafe wird er auf die rechte Seite stellen und die Böcke auf die linke. Dann wird der Richter zu denen auf der rechten Seite sagen: Kommt her! Euch hat mein Vater gesegnet. Nehmt Gottes neue Welt in Besitz, die er euch von Anfang an zugedacht hat. Denn ich war hungrig, und ihr habt mir zu essen gegeben; ich war durstig, und ihr habt mir zu trinken gegeben; ich war fremd, und ihr habt mich bei euch aufgenommen; ich war nackt, und ihr habt mir Kleidung gegeben; ich war krank, und ihr habt für mich gesorgt; ich war im Gefängnis, und ihr habt mich besucht.

Dann werden die, die Gottes Willen getan haben, fragen: Herr, wann sahen wir dich jemals hungrig und gaben dir zu essen? Oder durstig und gaben dir zu trinken? Wann kamst du als Fremder zu uns und wir nahmen dich auf, oder nackt und wir gaben dir Kleider? Wann warst du krank, und wir sorgten für dich, oder im Gefängnis, und wir besuchten dich? Dann wird der auf dem Thron antworten: Ich will es euch sagen: Was ihr für einen meiner geringsten Brüder getan habt, das habt ihr für mich getan.

„Was ihr für einen meiner Brüder getan habt, das habt ihr mir getan!"

Dann wird er zu denen auf der linken Seite sagen: Geht mir aus den Augen, Gott hat euch verflucht! Fort mit euch in das ewige Feuer, das für den Satan und seine Helfer vorbereitet ist! Denn ich war hungrig, aber ihr habt mir nichts zu essen gegeben; ich war durstig, aber ihr habt mir nichts zu trinken gegeben; ich war fremd, aber ihr habt mich nicht aufgenommen; ich war nackt, aber ihr habt mir keine Kleider gegeben; ich war krank und im Gefängnis, aber ihr habt euch nicht um mich gekümmert.

Dann werden sie ihn fragen: Herr, wann sahen wir dich jemals hungrig oder durstig, wann kamst du als Fremder, wann warst du nackt oder krank oder im Gefängnis - und wir hätten uns nicht um dich gekümmert?

Aber der Richter wird ihnen antworten: Ich will es euch sagen: Was ihr an einem von meinen geringsten Brüdern versäumt habt, das habt ihr an mir versäumt. Auf diese also wartet eine ewige Strafe. Die anderen aber, die Gottes Willen getan haben, empfangen das ewige Leben.

Arbeitsaufgaben: ✍ ☺ ✋ 💡

❶ Wie teilt der Weltenrichter die Menschen ein?
❷ Was haben die Menschen getan, die auf der rechten Seite stehen?
❸ Welche Fragen haben die, die Gottes Willen getan haben?
❹ Welcher Satz kündigt das ewige Leben an?
❺ Was haben die Menschen getan, die auf der linken Seite stehen?
❻ Welche Fragen haben die, die Gottes Willen nicht getan haben?
❼ Welcher Satz kündigt die ewige Strafe an?
❽ Findet ihr die ewige Bestrafung Gottes gerecht?
❾ Wie kann sich der Mensch von ewiger Sünde befreien?
❿ Warum ist ein Weltengericht so schwer vorstellbar für uns?

RELIGION	Name:	Klasse:	Datum:	Nr.

"Himmel"- "Hölle" - "Fegefeuer"

„Betrachte wie die Verdammten bei ihrem allergrößten Hunger und Durst vergeblich und peinlich gespeiset und getränket werden. Denn anstatt der Speise und des Trankes lässt sie der erzürnte Gott mit Kröten und Schlangen speisen, und mit Gift und Galle tränken. Ja, er lässt ihnen von den Teufeln ganze Becher voll brennenden Pech und Schwefel, Gift und Galle, geschmolzenes Erz und Blei so grausamlich eingießen, dass ihr ganzes Eingeweid mit heftiger Bitterkeit und Hitze erfüllet wird."

Caspar Erhard, 1724

RELIGION	Name:	Klasse:	Datum:	Nr.

Was muss ich tun, um das ewige Leben zu gewinnen?

Lest Mk 10, 17-27 und diskutiert darüber. Wie der Limburger Bischof Kamphaus obige Frage sieht, steht auf den nächsten zwei Seiten:

Wovon leben wir eigentlich? Wir leben vom Brot. Essen und Trinken hält Leib und Seele zusammen. Wir leben vom Brot. Nur vom Brot? Brot ist ein Lebens-Mittel, wichtig wie andere Lebensmittel, nicht zu verachten. Aber wenn Lebens-Mittel zum Sinn des Lebens werden, dann wird alles verkehrt. Dann ist schließlich alles mögliche zu haben, und doch werden immer mehr Menschen das Gefühl nicht los, leer auszugehen und immer leerer zu werden, um das Eigentliche des Lebens betrogen zu sein. Es muss im Leben mehr als alles geben. Satt zu werden genügt nicht; es kommt darauf an, erfüllt zu sein. Ein gewaltiger Unterschied!

Das Leben gewinnen

Der Mann hier in dieser Geschichte ist von der Frage nach dem Leben bewegt. Ein sympathischer Mann: Er hält sich an die Gebote, ohne sich damit zufriedenzugeben. Er weiß: es geht um mehr als um die Gebote. Er ist nicht mit allem fertig. Er ist unterwegs, er sucht. Ein Mann, der Fragen hat, nicht irgendwelche Fragen, sondern die Lebens-Frage: „Was muss ich tun, um das ewige Leben zu gewinnen?" Das ist nicht wenig, sich so in Frage zu stellen in der Begegnung mit Jesus. Der Mann will gewinnen (wie wir alle) er will kein Verlierer sein. Und er möchte nicht irgend etwas gewinnen - ein Spiel, auch nicht nur Profit. Es muss im Leben mehr als all das geben. Um dieses Mehr geht's ihm. Er geht aufs Ganze. Er ist auf das ewige Leben bedacht. Ewiges Leben, das heißt doch: etwas, das so zu mir gehört, dass ich es nie verlieren und es mir nie genommen werden kann, das mich ganz macht; nicht nur etwas an mir, sondern mich selbst, meine Zukunft.

Tun und Lassen

Ewiges Leben - der reiche Mann denkt, dass er es schon durch rechtes Tun erwerben könne.„Was muss ich tun . . .?" In der Tat: Ist es nicht richtig, so zu fragen? Das ist schon viel mehr, als der leicht zufriedene Durchschnitt überhaupt für möglich hält. Wenn so jemand zu uns käme, wüssten wir nicht im Handumdrehen eine Fülle von Dingen, die er anpacken könnte?: karitative, politische, kulturelle, religiöse Aufgaben! Jesus reagiert anders, unverständlich schroff, fast abweisend: „Warum nennst du mich gut? Niemand ist gut außer Gott, dem Einen". Es ist, als wenn Jesus von sich weg weist. Das ist typisch für ihn. Er fixiert den anderen nicht auf sich. Er macht sich selbst nicht wichtig. In seinem Verhalten kommt zum Ausdruck, was er sagt: Gott allein! Jesus will dem reichen Mann sagen: Das ewige Leben ist nicht das, was wir haben und machen. Ewig leben heißt, aus Gott leben. Die Grundfrage lautet nicht: Was muss ich tun, damit es gut wird? Die Grunderfahrung unseres Lebens darf sein: Gott ist gut. Er ist mit uns gut, weil er gut ist. Der Blick wird vom eigenen Tun weg auf Gott gerichtet. „Niemand ist gut außer Gott, dem Einen." Ein Wort, das unmittelbar ins Herz treffen kann. Das ist es, was uns trägt und halten kann, wovon wir wirklich leben und was uns niemals genommen wird. Das Gute ist da, längst bevor wir ans Werk gehen. Es kommt nicht aus uns, sondern zu uns. Wir empfangen es mehr, als dass wir es tun. Das ewige Leben ist nicht zu machen. Wenn klar ist, dass es nicht unser Werk, unsere Leistung ist, sondern ein Geschenk des Himmels, Gabe Gottes, dann kann und muss auf diesem Hintergrund von den Geboten Gottes gesprochen werden. Die erfahrene Güte ruft danach, Gutes zu tun, dem Willen Gottes gemäß zu leben. Das hat der reiche Mann getan. Alle Achtung! Jesus erkennt das an. Und doch ist mit den Geboten nicht alles getan. „Eines fehlt dir noch . . ." Auf dieses „eine" kommt es offenkundig an. Es ist wie ein Vorzeichen vor der Klammer. Plus oder minus - je nachdem, es betrifft jedes Zeichen und jede Zahl in der Klammer. So ist das mit diesem „einen" vor der Klammer unseres Tuns.

Das Leben ist anders je nachdem ich von Angst beherrscht bin oder Vertrauen empfangen und schenken darf. Es ist eine mörderische Sache, wenn man Angst davor hat, auf etwas anderes zu vertrauen als auf die eigene Tat. („Was muss ich tun?"). Dann produziert man sich schließlich selbst und denkt gar, man könne das ewige Leben produzieren. Dann wird der Besitz zur Lebensgarantie: Hast du was, dann bist du was! Aber Haben ist nicht Sein. Das Leben ist nicht zu haben. Man darf die Hab-Seligkeiten nicht überschätzen. Der reiche Mann fragt: „Was muss ich tun . . .?" Die tiefergehende Frage hat er noch nicht entdeckt: Was muss ich lassen, um den wohltuenden Unterschied zu lernen: Gott allein ist Gott, und wir sind Menschen? Er hat Angst, auf etwas anderes zu vertrauen als auf sein eigenes Tun, auf seine fromme Leistung (Gebote). Er hat Angst, sein Tun, seine Habe, sein Vermögen loszulassen. „Eines fehlt dir . . ." - die Gelassenheit, die sich Gott lässt und darum alles andere lassen kann. So ist das Leben zu gewinnen, das ewige Leben. „Wer sein Leben retten will, wird es verlieren; wer aber sein Leben um meinetwillen verliert, wird es retten."

Die Chance zur Lebenswende

Von Anfang bis Ende geht es der Erzählung darum, Gottes Gegenwart zu entdecken und ernst zu nehmen: „Niemand ist, gut außer Gott, dem Einen" und „für Gott ist alles möglich".

Darin liegt die Chance zur Lebenswende. Sie begegnet dem Reichen in Jesus, in einem Ruf: „Komm und folge mir nach!" Das ist der Ruf zum Leben. Keiner ist da abgeschrieben, keiner ist auf seinen Besitzstand festgelegt. Keiner ist - vor Gott - fix und fertig. Jesus traut ihm zu, dass er alles lassen kann, was nur Lebens-Mittel ist. Er lockt ihn vom Habenwollen zum Sein. Die Chance ist gegeben, in diesem Augen-Blick: „Da blickte ihn Jesus an und gewann ihn lieb".

RELIGION	Name:	Klasse:	Datum:	Nr.

Man könnte auch übersetzen: Er umarmte, er küsste ihn. Damit ist alles gesagt. Darin liegt die Chance des Lebens, in dieser Zuwendung Gottes. - Doch der Reiche hat alle Hände voll. Er kann die Umarmung nicht erwidern. Die Radikalität der Erzählung liegt im Anspruch des Glaubens. Armut ist zunächst nicht ein aszetisches Prinzip, sondern Ausdruck des Glaubens: im Vertrauen auf Gott bin ich davon befreit, mein Leben selbst absichern zu müssen. Ich kann mich auf Gott verlassen, und darum kann ich gelassen alles andere lassen. Wer sein Vermögen hergibt, gewinnt das Leben.
Der reiche Mann ist Jesus begegnet. Statt dass er mit Freuden alles gibt, zieht er mit seiner Habe traurig davon, den Weg zum Tod, nicht zum Leben. Eine Tragödie: er will das Leben gewinnen, und er verliert es, weil er es festhält. Er verpasst die Chance zur Lebenswende. Die traurige Geschichte von einer missglückten Jüngerberufung. Armut im Sinne des Evangeliums ist zuallererst Ausdruck leidenschaftlichen Gottvertrauens, eines Glaubens, der nichts zurückhält, der den ganzen Einsatz wagt.

Kamel vor dem Nadelöhr

Wo greift diese Erzählung in unsere Situation, wo greift sie uns, die wir mit allen Wassern der Entschärfung des Evangeliums gewaschen sind, die wir alle Tricks kennen, uns schadlos zu halten, uns die Krise des reichen Mannes zu ersparen. Was ist mit dem Nadelöhr zum Reich Gottes, vor dem der Reiche steht wie ein Kamel? Immer wieder hat man versucht, dieses Wort zu entschärfen, alle Ecken und Kanten zu glätten, bis auch das fetteste Kamel durch das Nadelöhr kommt: „Und in der Tat! Das Vieh ging durch, ob zwar sich quetschend wie ein Lurch!" (Christian Morgenstern) Über Armut als „innere Haltung" ist man sich in der Regel auffällig schnell einig. Sobald man „Nachfolge" beim Wort nimmt, sich also buchstäblich auf den Weg macht und erste leibhaftige Schritte zur Armut hin tut, beginnen die Fragen, die Widerstände und Einsprüche. Und schon sind wir dabei Jesus über unseren Leisten zu schlagen, statt dass wir uns ihm anpassen. Theoretisch ist heute in der Kirche vieles klar. Wir haben ein erstaunliches Wissen in der Auslegung der Schrift. Kaum eine Generation hat so viel über das Neue Testament gewusst wie wir. Aber unser Kopf ist viel weiter als unser Herz. Unser Engagement erschöpft sich zumeist im Wissen. Wenn es an die Konsequenzen geht, ist uns der Atem ausgegangen. „Da sah Jesus seine Jünger an und sagte zu ihnen: Wie schwer ist es für Menschen, die viel besitzen, in das Reich Gottes zu kommen!" Die Jünger sind bestürzt. Man kann es ihnen nachempfinden. Sie merken: Der Glaube hat Konsequenzen, er geht ans Vermögen. Entscheidungen sind fällig. Kaum etwas kennzeichnet unsere Situation so sehr wie der Mangel an Leidenschaft. Wir finden immer einen Grund, nicht radikal zu sein. In der Nachsicht mit uns selbst sind wir grenzenlos. Was übrigbleibt?: Ein Glaube ohne Ärgernis, eine „kommode Religion" (G. Büchner).

Alternativen

Die Kirche in Deutschland ist durch den Wohlstand unserer Gesellschaft gezeichnet. Er hat uns (wie von selbst) geändert, nicht nur im äußeren Erscheinungsbild. Wir haben die Grenzen der Einfachheit und Armut laufend zurückgenommen. Unsere Einkünfte sind mit schweren Hypotheken belastet: Wir geraten in Abhängigkeit und werden den staatlichen Strukturen immer mehr angepasst. Offenbar ist der Reichtum nicht so unschuldig und harmlos, wie er häufig unter Berufung auf die scheinbar wie selbstverständlich vorauszusetzende „Armut im Geiste" dargestellt wird. Sonst würden die, die sich im Besitz der Armut im Geiste fühlen, doch wie selbstverständlich teilen. Davon kann kaum die Rede sein. Ist die vielbeschworene innere Armut so schwach, dass sie sich nicht auszudrücken vermag und sich vereinnahmen lässt? Ist der Außendruck des Besitzes so stark, dass sie niedergehalten wird und „erstickt"? Lässt der Besitz schließlich auch die Gläubigen besessen werden? Wie sehr er Einstellungen betreffen kann und in aller Regel verändert, ist allenthalben zu sehen. Man braucht dazu nicht weit zu gehen, wahrscheinlich nur zu sich selbst. Einschränkungen, die ins Fleisch schneiden, kommen zu selten aus eigener Initiative, sie sind weit mehr durch den Zwang der äußeren Verhältnisse diktiert. In einer Gesellschaft, in der der Besitz dominiert und Scharen Besessener produziert, sind frei gesetzte leibhaftige Zeichen der Armut notwendiger denn je. Sie sind Einsprüche, Zeichen des Widerspruchs gegen den „Lauf der Dinge", Signale der Hoffnung, dass es trotz der herrschenden Verhältnisse möglich ist, frei zu sein. Werden wir die Erfahrung vermitteln können, dass weniger (an Besitz) mehr (an Glaube, an Freiheit) sein kann? Wir haben die lautstarken Proteste gegen die bestehenden Verhältnisse noch in den Ohren. Ist das Unbehagen an diesen Verhältnissen so groß, dass wir mit der Revolution im eigenen Haus beginnen? Oder schaffen wir uns nur mit dem Blick auf das Ungenügen „der Kirche" ein Alibi, um von der Frage nach uns selbst abzulenken? Wir können teilen - ohne bischöfliche Genehmigung. Wir können einfach leben, arm werden, ohne absolute Mehrheit im Pfarrgemeinderat. Wir können - wenn wir's können. Diese Möglichkeit ist nicht unsere eigene Leistung, sie ist uns von Gott eröffnet: „Denn für Gott ist alles möglich" .Ich habe mich gefragt: Wärest du Jesus gefolgt? Vielleicht hättest du versucht mit ihm zu diskutieren: Wie meinst du das, Jesus: Verkaufe, was du hast . . .? Man kann doch mit seinem Vermögen viel Gutes tun. Man muss doch realistisch sein. Wenn ich mich in die Situation des reichen Mannes versetze: Wäre ich Jesus gefolgt? Was hindert mich, dass ich mich in seine offenen Arme fallenlasse? Bin ich so frei?

Arbeitsaufgaben:

❶ Besprecht euch mit dem Partner über Textpassagen, die ihr nicht versteht!
❷ Welche Fragen diskutiert der Limburger Bischof?
❸ Welche Fragen interessieren euch?
❹ Was bedeuten folgende Begriffe:
a) das Leben gewinnen
b) niemand ist gut, außer Gott
c) wer sein Leben retten will, wird es verlieren
❺ Was bedeutet: Jesus radikal folgen?
❻ Wie hättest du dich auf Jesu Einladung hin verhalten?
❼ Warum kann heute kaum mehr jemand auf Wohlstand verzichten?

RELIGION	Name:	Klasse:	Datum:	Nr.

Wie beschreibt die Heilige Schrift das Ende der Welt?

1 Kor 15, 12-20:

Wenn nun von Christus verkündet wird, dass er auferweckt wurde von den Toten, wie behaupten da einige von euch, es gebe keine Auferstehung der Toten? Wenn es keine Auferstehung der Toten gibt, dann ist auch Christus nicht auferweckt worden. Ist aber Christus nicht auferweckt worden, dann ist unsere Predigt sinnlos, sinnlos auch euer Glaube. Dann werden wir sogar als falsche Zeugen Gottes erfunden; denn wir hätten gegen Gott bezeugt, dass er Christus auferweckt habe, den er ja gar nicht auferweckt hat, wenn angeblich Tote nicht auferweckt werden. Wenn nämlich Tote nicht auferweckt werden, ist auch Christus nicht auferweckt worden. Ist aber Christus nicht auferweckt worden, ist nichtig euer Glaube und ihr seid noch in euren Sünden. Demnach sind auch die in Christus Entschlafenen verloren. Wenn wir in diesem Leben nur auf Christus hoffen, sind wir beklagenswerter als alle Menschen. Nun aber ist Christus auferweckt worden von den Toten, als Erstling der Entschlafenen.

1 Kor 15, 42-47:

So ist es auch mit der Auferstehung der Toten. Gesät wird in Verweslichkeit, auferweckt in Unverweslichkeit. Gesät wird in Unansehnlichkeit, auferweckt in Herrlichkeit; gesät wird in Schwachheit, auferweckt in Kraft. Gesät wird ein sinnenhafter Leib, auferweckt ein geistiger Leib. Gibt es einen sinnenhaften Leib, so gibt es auch einen geistigen Leib.

Denn es steht auch geschrieben: Der erste Mensch Adam wurde zu einem lebenden Sinnenwesen (Gen 2,7), der letzte Adam zum lebendigmachenden Geist. Das Geistige aber kommt nicht zuerst, sondern das Sinnenhafte, dann das Geistige. Der erste Mensch ist aus Erde, ist irdisch, der zweite Mensch vom Himmel (ist himmlisch).

Mt 13, 36-43:

Darauf entließ er das Volk und ging nach Hause; da traten seine Jünger zu ihm und sprachen: "Erkläre uns das Gleichnis vom Unkraut auf dem Acker!" Er antwortete: "Der den guten Samen aussät, ist der Menschensohn. Der Acker ist die Welt; der gute Same, das sind die Söhne des Reiches, und das Unkraut, das sind die Söhne des Bösen. Der Feind aber, der es säte, ist der Teufel. Die Ernte ist die Vollendung der Welt, und die Schnitter sind die Engel.

Wie man nun das Unkraut sammelt und im Feuer verbrennt, so wird es sein bei der Vollendung der Welt. Der Menschensohn wird seine Engel aussenden, und sie werden zusammenholen aus seinem Reich alle, die Ärgernis geben und das Böse tun und sie hineinwerfen in den Feuerofen; dort wird Heulen sein und Zähneknirschen. Dann werden die Gerechten leuchten wie die Sonne im Reich ihres Vaters. Wer Ohren hat, der höre!"

Offb 21, 1-4:

Und ich sah einen neuen Himmel und eine neue Erde, denn der erste Himmel und die erste Erde sind vergangen, auch das Meer ist nicht mehr. Ich (Johannes) sah die Heilige Stadt, das neue Jerusalem herniedersteigen aus dem Himmel von Gott her, gekleidet wie eine Braut, die geschmückt ist für ihren Mann. Und ich hörte eine laute Stimme vom Thron her rufen: »Seht, das Zelt Gottes unter den Menschen! Er wird bei ihnen wohnen, und sie werden sein Volk sein, und er selbst wird als Gott bei ihnen sein. Er wird jede Träne wegwischen von ihren Augen, der Tod wird nicht mehr sein, und nicht Trauer und Klage und Mühsal; denn, was vorher war, ist vergangen.«

Arbeitsaufgaben:

❶ Wie wird die Bedeutung der Auferstehung Christi in 1 Kor 15 beschrieben?
❷ Können Christen an die Errichtung des Reiches Gottes und an die Wiederkunft Christi glauben?
❸ Werden die Toten auferstehen?
❹ Wie erklärt Jesus das Gleichnis vom Unkraut auf dem Acker?
❺ Wie sieht Johannes den neuen Himmel und die neue Erde?
❻ Wie wird die Welt von Gott vollendet?

Lest auch Mt 25, 30-46!

❼ Wie wird hier das Endgericht beschrieben?
❽ Wonach urteilt der Weltenrichter?

RELIGION	Name:	Klasse:	Datum:	Nr.

"Es wird die Hölle, furchtbar!"

Begleitet von Engeln stürzen vier Reiter herab, bewaffnet mit Dreizack, Schwert, Pfeil und Bogen und Waage, mit den Hufen ihrer Pferde alles niederreißend - Bauern, Könige, Bischöfe. So stellte sich Albrecht Dürer 1497 in seinem berühmten Holzschnitt "Die vier apokalyptischen Reiter" das Ende der Welt vor. Schon seit dem frühen Mittelalter haben die Menschen - durchwegs aus religiösen Gründen - den Weltuntergang erwartet. Für den Wissenschafts-Publizisten und TV-Autor Professor Dr. Hoimar von Ditfurth hat das Ende bereits begonnen.

Für Ditfurth, der seine Erkenntnisse in einem Buch verarbeitete („So lasst uns denn ein Apfelbäumchen pflanzen - Es ist soweit", Rasch Röhring-Verlag), das seit kurzem mit einer verkauften Auflage von 100 000 Stück zum Bestseller geworden ist, gibt es Hunderte von Indizien für das bevorstehende Ende. Als die primäre Ursache für alle Umweltprobleme nennt er die Überbevölkerung der Erde.

In einem Interview in München sagte der 64jährige: „Jedem Aquarierbesitzer kann man klarmachen, dass er in seinem Aquarium nur eine beschränkte Anzahl von Fischen halten kann. Aber in bezug auf den Menschen wollen wir das nicht einsehen."

Dabei könnte, so Ditfurth, eine weltweite Geburtenkontrolle mit dem Ziel der Zwei-Kinder-Familie uns noch retten. Aber derartige Pläne hält der Wissenschaftler nicht einmal in der Bundesrepublik für durchsetzbar. Denn eine vor kurzem veröffentlichte Hochrechnung, wonach bei weiterem Rückgang der Geburtenzahlen im Jahre 2050 nur noch 25 Millionen Bundesbürger leben, löste heftige Reaktionen aus.

Ditfurth: "Niemand sprach aber davon, dass dies auch positive Aspekte haben könnte - Abfall- und Energieprobleme würden abnehmen, das Problem der Massenarbeitslosigkeit könnte gelöst werden und die Lebensqualität würde steigen, weil dem einzelnen wieder mehr Lebensraum zur Verfügung stünde."

Als eine der Folgen der Bevölkerungs-Explosion sieht Ditfurth „Verteilungskämpfe". Der Wissenschaftler: „Glaube doch niemand, dass wir uns in isolierten ‚Wohlfahrtsinseln' abschotten können, wenn vier Fünftel der Menschheit aus akuter existentieller Not in Panik und Verzweiflung geraten. Anfang des kommenden Jahrhunderts wird es mindestens ein Dutzend, vielleicht sogar zwei oder drei Dutzend Länder geben, die im Besitz von Kernwaffen sind. Den Verzweifelten werden dann auch die Waffen der Verzweiflung zur Verfügung stehen.

Waldsterben, Bodenvergiftung, Luftverschmutzung, Trinkwasserknappheit, Klimaveränderungen, atomares Hochrüsten - unser Leben ist hundertfach bedroht.

Nach der Fertigstellung des Buches erklärte der vor allem durch seine Fernsehreihe „Querschnitt" in den 70er Jahren bekanntgewordene Autor: „Ich bin nicht mehr derselbe, der ich war, bevor ich es geschrieben hatte." Für ihn stellte sich immer wieder die Frage, ob es überhaupt Rezepte gibt, die Umweltzerstörung aufzuhalten. Seine kurze Antwort darauf: "Lösungen gibt es genug, doch aufgnund unserer Unbelehrbarkeit, die nicht zuletzt auf genetisch veranlagten Besonderheiten der menschlichen Natur liegt - machen wir von ihnen keinen Gebrauch."

Ausgespart hat Hoimar von Ditfurth eine Beschreibung der "letzten Tage". In einem Interview meinte er nur knapp: "Es wird die Hölle. Es wird furchtbar."

Allerdings gesteht der Wissenschaftler auch ein, sich irren zu können. Ditfurth: „Ich glaube es zwar nicht, muss diese Möglichkeit aber einräumen." Warum er trotzdem nicht müde wird, zu wamen: "Schon aus Gründen der Menschenwürde sollten wir nicht aufhören, das Richtige zu tun."

Peter Leuschner, in: tz, 24. Februar 1986

Arbeitsaufgaben: ✍ ☺ ✋ 💡

❶ Wie sieht der Naturwissenschaftler "das Ende der Welt"?
❷ Warum stellt Hoimar von Ditfurth die Umweltzerstörung des Menschen in einen Zusammenhang mit dem sog. "Weltuntergang"?
❸ Wie denkst du über die Thesen des Wissenschaftlers?
❹ Kann die Welt ewig bestehen?
❺ Es gibt immer wieder Sekten, die vom bevorstehenden Weltuntergang berichten. Wie denkt ihr darüber?
❻ Vergleicht "Weltuntergangs"-Meldungen mit christlichen Haltungen und Sichtweisen!
❼ Könnt ihr Bildmaterial aus der Kunstgeschichte finden, die das Ende der Welt darstellen?
❽ Könnt ihr einen Science-fiction-Film über die sog. "letzten Tage" zur Verfügung stellen und darüber diskutieren?

RELIGION	Name:	Klasse:	Datum:	Nr.

"Ja, wenn der Herr einst wiederkommt!"

Die Menschen sterben, doch die Weltgeschichte geht weiter. Sie wird aber "plötzlich" angehalten. Gott wird eingreifen. Das ist "das Ende der Welt", "der jüngste Tag"!

Stellt in Stichpunkten zusammen, wie die Heilige Schrift diesen Zeitpunkt der Menschen-, Welt- und Heilsgeschichte beschreibt! ✍ ☺ ✋ 💡

Offenbarung 21, 3:

____

____

____

RELIGION	Name:	Klasse:	Datum:	Nr.

Lösung: "Ja, wenn der Herr einst wiederkommt!"

Die Menschen sterben, doch die Weltgeschichte geht weiter. Sie wird aber "plötzlich" angehalten. Gott wird eingreifen. Das ist "das Ende der Welt", "der jüngste Tag"!

Stellt in Stichpunkten zusammen, wie die Heilige Schrift diesen Zeitpunkt der Menschen-, Welt- und Heilsgeschichte beschreibt! ✍ ☺ ✋ 💡

Jesus Christus wird wiederkommen

Er wird das Reich Gottes errichten

Die Toten werden auf-erstehen

Christus wird Gericht halten

Sieg über den Tod

Sieg über die Macht des Bösen

Neuer Himmel

Neue Erde

Offenbarung 21, 3:

***"Er wird bei ihnen wohnen,
und sie werden sein Volk sein,
und er selbst wird als Gott bei ihnen sein."***

RELIGION	Name:	Klasse:	Datum:	Nr.

Die Deutschen glauben zwar zu 65 Prozent an Gott, aber nur noch zwölf Prozent meinen ausdrücklich den christlichen. Die Focus-Umfrage entdeckt einen fast unüberersichtlichen Pluralismus

Glauben Sie an Gott?

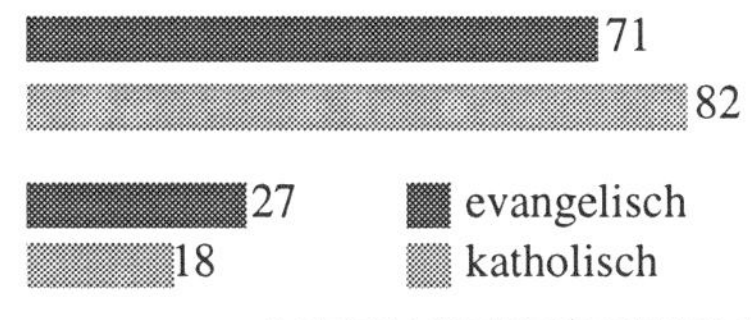

MEHRHEIT BEKENNT SICH ZU GOTT
65 Prozent aller Deutschen glauben an Gott, 34 Prozent nicht, ein Prozent machte keine Angaben. Nicht einmal alle Kirchengänger glauben an Gott (Protestanten: 71 Prozent)

Glauben Sie an Gott als Schöpfer der Erde?

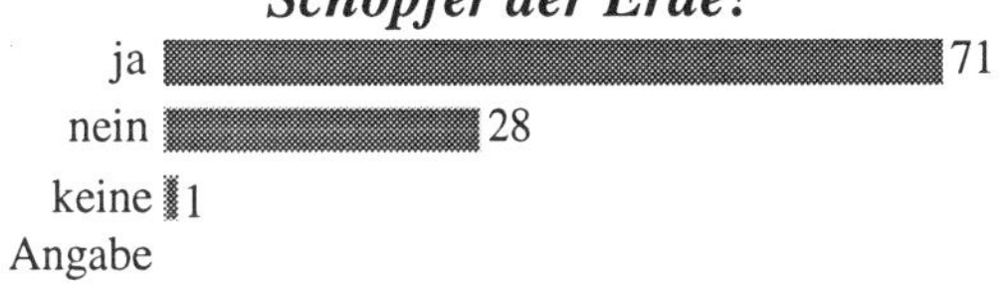

KEINE UNTERSCHIEDE
Der Anteil der Protestanten und Katholiken, die an Gott als Schöpfer glauben, unterscheidet sich nicht, jeweils 71 Prozent. Bei den über 60jährigen sind es sogar 83 Prozent.

Wie stellen Sie sich die Hölle vor?

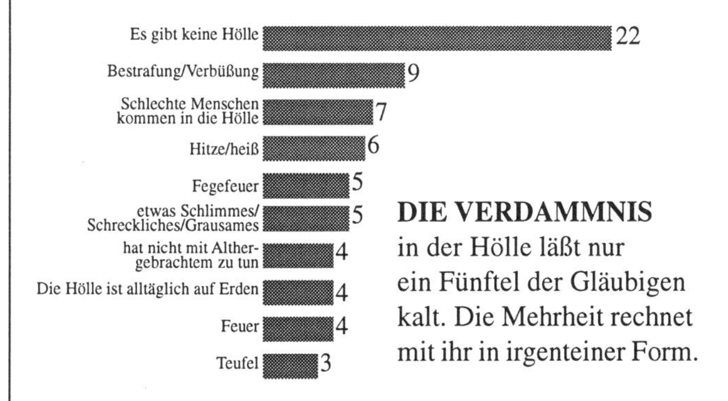

DIE VERDAMMNIS
in der Hölle läßt nur ein Fünftel der Gläubigen kalt. Die Mehrheit rechnet mit ihr in irgenteiner Form.

An welche Inhalte des Christentums glauben Sie?

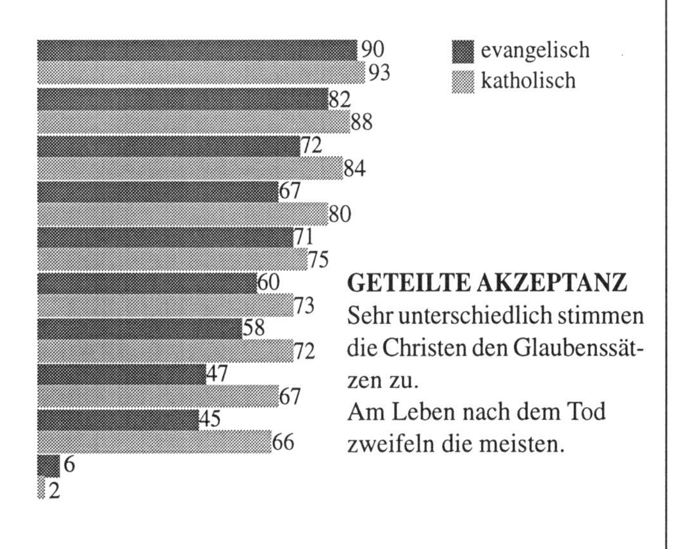

GETEILTE AKZEPTANZ
Sehr unterschiedlich stimmen die Christen den Glaubenssätzen zu.
Am Leben nach dem Tod zweifeln die meisten.

RELIGION	Name:	Klasse:	Datum:	Nr.

Gehorchen Sie der Kirche?

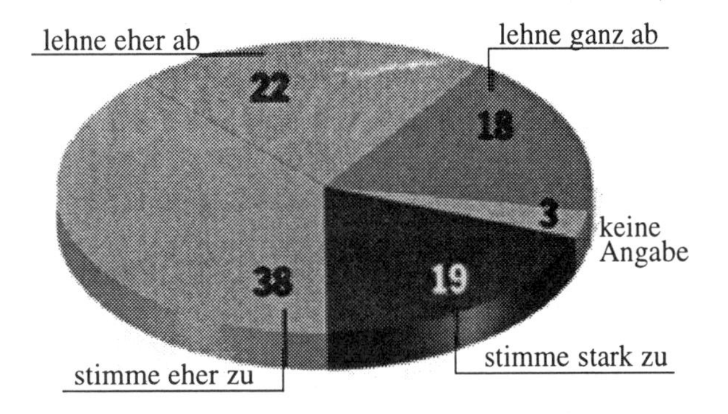

BEDINGTE GEFOLGSSCHAFT
„Im großen und ganzen" befolgen nur 57 Prozent der Gläubigen (Katholiken 61) die Kirchenlehre

Denken Sie, daß es mehrere Götter geben kann?

DIFFUSE VIELGÖTTEREI
Jeder fünfte Gläubige schließt mehrere Götter nicht aus. Der eine Gott wiederum erscheint sehr vielseitig.

Kennen Sie den Ihnhalt der Zehn Gebote?

	evangelisch	katholisch
sehr gut	23	29
gut	24	21
befriedigend	34	28
ausreichend	12	15
mangelhaft	4	3
ungenügend	1	4
keine Angabe	2	0

42 PROZENT
also weniger als die Hälfte aller Deutschen insgesamt, kennen sie gut bis sehr gut.

Kennen Sie den Inhalt des Vaterunsers?

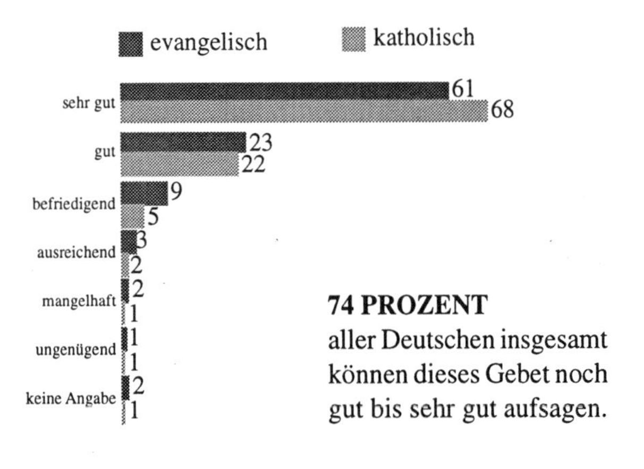

74 PROZENT
aller Deutschen insgesamt können dieses Gebet noch gut bis sehr gut aufsagen.

Innerhalb der 9. Klasse schreibt der bayerische Lehrplan auch das Thema: **"Partnerschaft, Ehe und Familie"** vor.
Zur Abdeckung der Lernziele verweisen wir auf unsere Publikation:
Katholische Religion
Lebensplanung und Sinnfindung
8. Jahrgangsstufe

Folgende **Themen** werden darin behandelt:

1. Liebe Liebe
2. All you need is love
3. Wie unterscheiden sich Sexualität und Liebe?
4. Liebe Toni, liebe Nicola!
5. "Sexuelle Freiheit schadet dem Zusammenleben!"
6. Warum haben junge Leute Probleme in der Pubertät?
7. Was sagt die Bibel zur Geschlechtlichkeit des Menschen?
8. Nur nicht aus Liebe heiraten?
9. Partnerschaft, Liebe und ein paar coole Fragen
10. Vom Verliebtsein zur Liebe
11. Gibt es noch glückliche Ehen?
12. Ein freier Abend - ist das gut für die Ehe?
13. Welche Gründe lassen eine lebenslange Partnerschaft gelingen?
14. Die Liebe hört niemals auf
15. Was verstehen Christen unter "Ehe"?
16. Männer entdecken die Familie - die "neuen" Väter
17. Krach um den Ehrentag für Mutter
18. Als Vater und Mutter Verantwortung übernehmen

Für die Bereitstellung von Bild- und Textmaterial danken wir:
Redaktionen "Weite Welt" und "17", Steyler Pressevertrieb
besonders Herrn P. Joachim Gloger
Religionspädagogisches Seminar Bayern
Dr. Adelheid Kautz
Prof. Arnulf Rainer
Margot Fürst/Riccarda Grieshaber

Zeichnungen, Grafiken, Bilder:
pb-Bildarchiv, Karl H. Grünauer, deike-press,
Prof. Arnulf Rainer, HAP Grieshaber

Deutsch

Stundenbilder

362 7. Schuljahr *160 S.* ✍ 20,90
363 8. Schuljahr, *160 S.* ✍ 19,90
401 9. Schuljahr, *148 S.* ✍ 19,90

Deutsch integrativ

942 7. Schuljahr *118 S* ✍ 17,90
943 8. Schuljahr *150 S.* ✍ 20,50
944 9. Schuljahr *1 60 S.* ✍ 21,50

Rechtschreiben

487 Rechtschreiben 7.-10., *96 S.* ✍ 16,50
543 Mein Rechtschreib-Regelheft
Schülerheft, *48 S. DIN A 4* ✍ 9,90
Im Klassensatz nur 6,90

Nachschriften/Diktate UP
mit abwechslungsreichen Übungen zu den einzelnen Nachschriften, Arbeitsblättern zur Überprüfung des Lernerfolges und weiteren Arbeitsmaterialien. Die Texte greifen Themen aus den Sachfächern auf.

906 7./8. Schuljahr, *96 S.* ✍ 16,50
907 9./10. Schuljahr, *96 S.* ✍ 16,50

Sprachlehre

434 Sprachlehre 7.-10. *136 S.* ✍ 19,50
483 Sprachlehre KP 7./8. *96 S.* ✍ 16,50
486 Sprachlehre KP 9./10. *128 S.* ✍ 18,90
988 Sprach-Spiel-Spaß 7.-9. *66 S.* ✍ 13,90

Aufsatzerziehung

864 7./8. Schuljahr ✍ 21,50
mit Stundenbildern, 160 S.
865 9./10. Schuljahr ✍ 21,50
mit Stundenbildern, 160 S.
911 Kreatives Schreiben 7.-10. ✍ 16,50
Techniken, Tipps, Schülerbeisp. 96 S.
976 Aufsatz - mal anders 7.-10. ✍ 15,50
80 S.
482 Aufsatz 7./8. ✍ 15,50
Kopierheft, 80 Seiten

Unterrichtspraxis
Dagmar Witschas/Brigitte Stiefenhofer
Kreatives Schreiben
7.-10. Jahrgangsstufe
Techniken - Tipps - Schülerbeispiele

485 Aufsatz 9./10. ✍ 16,50
Kopierheft, 96 Seiten

Begleithefte zu aktueller Jugendliteratur

914 Jugendbücher 9./10. *106 S.* ✍ 15,90

Gedichte

427 7.-9. Schuljahr 17,90
122 Seiten, 17 Gedichte z.B. von Kästner, Rilke, BrittingTucholsky, Fontane, Bachmann, Eichendorff...
510 10. Schuljahr ✍ 15,50
92 Seiten, 16 Gedichte z.B. von Goethe, Hölderlin, Benn, Brecht, Celan, Hesse, Heym, Huchel, Kästner, George...

Literatur/Lesen

570 Kurzgeschichte Band I ✍ 17,90
Texte v. Borchert, Böll, Lenz, Gaiser, Dürrenmatt, Langgässer...
120 S., 15 StB, 20 AB, 13 FV

€ = Alle Aufgaben in Euro und Cent

826 Kurzgeschichte Band II ✍ 17,90
Texte v. Eich, Schnurre, Bender, Andres, Borchert, Böll..., 124 S.
571 Erzählung, *104 S.* ✍ 16,90
572 Fabel/Parabel/Anekdote ✍ 21,50
160 S., 22 StB, 23 AB, 23 FV
573 Märchen/Sage/Legende, *176 S.* ✍ 21,90
574 Satire/Glosse.../Schwank ✍ 16,50
96 S., 13 StB, 14AB, 14 FV
577 Novelle ✍ 20,50
152 S., 5 Novellen von G. Keller, J. Gotthelf, G. Hauptmann, A. v. Droste-Hülshoff, E.T.A. Hoffmann
578 Roman ✍ 20,90
172 S., Abenteuer-Roman, Jugend-Roman, Zukunfts-Roman, Kriminal-Roman, Entwicklungs-Roman, Gesellschafts-Roman
579 Lyrik ✍ 19,50
136 S., 18 Gedichte von Mörike, Hesse, Brecht, Fontane, Goethe, Schiller, Kaschnitz, Jandl...
580 Texte aus den Massenmedien ✍ 19,90
144 S., Kommentar, Nachrichten, Reportage, Bericht, Werbung - aus Zeitungen, Magazinen, TV, Rundfunk
581 Triviale Texte ✍ 19,50
Merkmale, Figuren, Handlungsschemata und Wirkung von Groschenheften, Western, Krimis, Arzt- und Heimatromanen, Comics im Vergleich mit literarischen Texten, 136 S.
538 Gründlicher lesen-besser verstehen
mehr behalten, *78 S.* ✍ 14,50
999 Liebe-und jeder meint was anderes
25 Geschichten zum Lesen und Diskutieren
54 S. ✍ 11,90

Mathematik

Stundenbilder

340 7. Schuljahr, *160 S.* € ✍ 21,50
Dezimalbrüche, Prozentrechnung, Terme/ Gleichungen, Größen, Proportionalität
341 8. Schuljahr, *164 Seiten* € ✍ 21,50
Taschenrechner, Prozentrechnung, Zinsrechnung, Gleichungslehre...
342 9. Schuljahr, *158 Seiten* € ✍ 21,50
Geschwindigkeitsaufgaben, Verhältnisrechnung, Gleichungen,...

Geometrie

343 7. Schuljahr *134 S.* € ✍ 18,90
Dreiecke, Vierecke, Gerade Prismen,
344 8. Schuljahr, *144 Seiten* € ✍ 19,50
Vielecke, Kreis, gerade Körper
345 9. Schuljahr, *138 Seiten* € ✍ 19,50
Konstruktionen, Pythagoras, gerade und spitze Körper, zusammengesetzte KörperÜbungen und Rechenspiele

Lernzielkontrollen

Proben in Mathematik und Geometrie

328 7./8. Schuljahr, *86 S.* € ✍ 15,50
986 9. Schuljahr, *77 S.* € ✍ 14,90

Mathe-Kartei 7.-10. Schuljahr

Übungsaufgaben mit Lösungen zur Lernzielkontrolle, Wiederholung, Partner- u. Freiarbeit

854 Zuordnungen/Einführung 12,50
897 Zuordnungen/weiterf. Aufgaben ✍ 12,50
855 Größen/Rationale Zahlen 14,50
830 Prozentrechnen/Einführung ✍ 15,50
856 Prozentrechnen/weiterf. Aufgaben ✍ 12,90
899 Bruchrechnen 10,90
915 Regelmäßige Vierecke 12,90

Konzentration/Denksport

Geistreiche und vergnügliche Denkspiele, nicht nur für den Mathematikunterricht

873 Gripsfit 7.-10. Schulj., *78 S.* ✍ 14,90

Religion

Unterrichtspraxis Kath. Religion

918 Religion UP 7., *144 S.* ✍ 19,90
623 Foliensatz zu Religion 7. 19,90
919 Religion UP 8. *130 S.* ✍ 18,90
618 Religion UP 9./10., *144 S.* ✍ 19,90

Ethik

UP nach Themenkreisen

614 In sozialer Verantwortung leben und lernen *110 S.* ✍ 17,50
615 Weltreligionen unter religiösen und sozialethischen Gesichtspunkten *120 S.* ✍ 17,90
616 Nach ethischen Maßstäben entscheiden und handeln *88 S.* ✍ 15,90
617 Ethische Grundfragen in der Literatur *102 S.* ✍ 16,50

Erdkunde

Stundenbilder

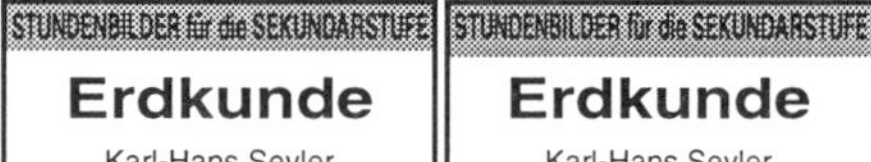

Erdkunde
Karl-Hans Seyler
AFRIKA/ASIEN

LEHRSKIZZEN, TAFELBILDER, FOLIENVORLAGEN
ARBEITSBLÄTTER mit LÖSUNGEN

Erdkunde
Karl-Hans Seyler
AMERIKA

LEHRSKIZZEN, TAFELBILDER, FOLIENVORLAGEN
ARBEITSBLÄTTER mit LÖSUNGEN

331 Asien und Afrika ✍ 21,50
160 S., 19 StB, 30 AB, 18 FV
333 Amerika ✍ 21,50
Topographie,...160 S.
330 Entwicklungsländer ✍ 19,50
138 S.
332 Naturkatastrophen ✍ 19,90
144 S.
870 Russland/GUS ✍ 15,50
661 Folien zu Russland/GUS 21,50
9 Farbfolien, 36 Schwarzweißfolien

Geschichte

Stundenbilder

STUNDENBILDER für die SEKUNDARSTUFE
S. MARC/G. STUCKERT (Hrsg.)
Beginn der Neuzeit bis Ende 18. Jahrhundert

STUNDENSKIZZEN - ARBEITSBLÄTTER
TAFELBILDER - FOLIENVORLAGEN

9 Farbfolien

312 Neuzeit bis Ende 18. Jahrhundert
176 S. ✍ 21,90
673 Folien zu Neuzeit bis 18. Jahrh. ✍ 21,50
9 Farbfolien m. ca. 40 Abb.
831 19. Jahrhundert u. Imperialismus
112 S. ✍ 17,90
832 I. Weltkrieg u. Weimarer Republik
128 S. ✍ 18,90

✍ = Neue Rechtschreibung